实用对外汉语教学丛书

汉语作为第二语言教学语法

杨建国　主编

图书在版编目(CIP)数据

汉语作为第二语言教学语法/杨建国主编. —北京：北京大学出版社，2012.6
（实用对外汉语教学丛书）
ISBN 978-7-301-20894-6

Ⅰ. 汉… Ⅱ. 杨… Ⅲ. 汉语－语法－对外汉语教学－教材 Ⅳ. H195.4

中国版本图书馆 CIP 数据核字（2012）第 139816 号

书　　　　名：汉语作为第二语言教学语法
著作责任者：杨建国　主编
责任编辑：王　飙　李　凌
标准书号：ISBN 978-7-301-20894-6/H・3097
出版发行：北京大学出版社
地　　　　址：北京市海淀区成府路 205 号　100871
网　　　　址：http://www.pup.cn
电子信箱：zpup@pup.pku.edu.cn
电　　　　话：邮购部 62752015　发行部 62750672　出版部 62754962
　　　　　　　编辑部 62753374
印　刷　者：河北滦县鑫华书刊印刷厂
经　销　者：新华书店
　　　　　　730 毫米×980 毫米　16 开本　14.75 印张　314 千字
　　　　　　2012 年 6 月第 1 版　2012 年 6 月第 1 次印刷
定　　　　价：36.00 元

未经许可，不得以任何方式复制或抄袭本书之部分或全部内容。
版权所有，侵权必究
举报电话：010-62752024　电子信箱：fd@pup.pku.edu.cn

目 录

第一讲　从理论语法到对外汉语教学语法 / 1
- 一　语法和语法体系 / 1
  - 1.1　什么是语法 / 1
  - 1.2　汉语的语法有自己的特点 / 2
  - 1.3　什么是语法体系 / 4
- 二　理论语法与教学语法 / 5
  - 2.1　理论语法和教学语法的区别 / 5
  - 2.2　理论语法与教学语法的不同特点 / 7
  - 2.3　教学语法的评价标准与定位 / 9
  - 2.4　理论语法和教学语法的联系 / 10
- 三　对外汉语教学语法 / 11
  - 3.1　第一语言语法教学和第二语言语法教学 / 12
  - 3.2　对外国人的语法教学和对海外华人的语法教学 / 15
  - 3.3　完善对外汉语教学语法体系的两点建议 / 16

第二讲　对外汉语教学语法体系的形成和发展 / 19
- 一　对外汉语教学语法体系的形成 / 19
  - 1.1　对外汉语教学语法体系的界定 / 19
  - 1.2　对外汉语教学语法体系的形成 / 19
- 二　对外汉语教学语法体系的发展 / 23
  - 2.1　第一阶段的发展 / 23
  - 2.2　第二阶段的发展 / 25
  - 2.3　对外汉语教学语法体系的总体发展特征及其趋势 / 31

第三讲 《对外汉语教学语法大纲》述评 / 34
- 一 《对外汉语教学语法大纲》简介 / 34
  - 1.1 编写背景 / 34
  - 1.2 编写理念 / 34
  - 1.3 对外汉语教学语法大纲与汉语学生教学语法大纲的区别 / 35
  - 1.4 大纲体系 / 35
  - 1.5 词组 / 36
  - 1.6 句子 / 37
  - 1.7 动作的态 / 38
  - 1.8 表达方式 / 39
- 二 《对外汉语教学语法大纲》的评价与修订 / 39
  - 2.1 学界的积极评价 / 39
  - 2.2 存在的问题 / 41
  - 2.3 修订建议 / 44

第四讲 对外汉语教学语法的层级划分与项目排序 / 55
- 一 对外汉语教学语法内容的确定原则 / 55
- 二 对外汉语教学语法的层级划分与项目排序的原则及策略 / 57
- 三 对外汉语教材语法项目排序的原则与策略 / 62
- 四 对外汉语教学基本句型的确立依据与排序 / 69
- 五 对外汉语虚词教学等级大纲 / 74

第五讲 对外汉语教学语法新体系的构建探索 / 82
- 一 对传统的对外汉语教学语法体系的反思 / 82
- 二 对传统的对外汉语教学语法体系的意见 / 84
- 三 对外汉语教学语法新体系探索设想举隅 / 90
  - 3.1 基于语体的对外汉语教学语法体系构想（李泉 2003）/ 91
  - 3.2 基于表达的对外汉语教学语法设想（卢福波 2000）/ 93

第六讲 对外汉语语法教学的意义和原则 / 98
- 一 对外汉语语法教学的意义 / 98
- 二 对外汉语语法教学的原则 / 103
  - 2.1 对外汉语语法教学原则研究综述 / 103
  - 2.2 对外汉语语法教学的共识性原则 / 106

第七讲　对外汉语语法课堂教学常用方法与技巧(上) / 115
　　一　如何导入语法点 / 115
　　　　1.1　预现 / 115
　　　　1.2　复习 / 116
　　　　1.3　听写 / 117
　　　　1.4　提问 / 118
　　　　1.5　引例 / 119
　　　　1.6　定义 / 120
　　　　1.7　实景 / 120
　　　　1.8　对话 / 124
　　二　如何练习语法点 / 125
　　　　2.1　机械练习 / 125
　　　　2.2　半机械练习 / 133
　　　　2.3　准交际性练习 / 138
　　　　2.4　交际性练习 / 144

第八讲　对外汉语语法课堂教学常用方法与技巧(下) / 145
　　三　如何解释语法点 / 145
　　　　3.1　对比法 / 145
　　　　3.2　公式符号法 / 154
　　　　3.3　归纳法(示例法) / 159
　　　　3.4　演绎法 / 160
　　　　3.5　图示法 / 162
　　　　3.6　情景法 / 173
　　　　3.7　翻译法 / 179
　　　　3.8　以旧释新法(以旧带新法) / 181
　　　　3.9　简化法 / 183
　　　　3.10　发现法 / 184
　　　　3.11　解释法 / 184
　　　　3.12　综合法 / 184

第九讲　对外汉语虚词教学 / 187
　　一　虚词研究概述 / 187
　　　　1.1　古代的虚词研究 / 187
　　　　1.2　《马氏文通》及之后的虚词研究 / 187
　　　　1.3　虚词研究存在的不足 / 188

二 对外汉语虚词教学的原则、策略及方法 / 189
    2.0 虚词教学的重要性及主要问题 / 189
    2.1 对外汉语虚词教学的原则、策略及方法 / 190

第十讲 外国人学汉语语法偏误分析 / 205
一 偏误概说 / 205
    1.1 什么是偏误 / 205
    1.2 偏误研究与对比分析理论、中介语理论 / 205
    1.3 偏误的类别 / 206
    1.4 对待偏误的态度 / 207
    1.5 偏误辨认与纠正 / 207
二 针对不同母语背景学习者的汉语语法偏误教学 / 208
    2.1 英语母语者 / 208
    2.2 韩语母语者 / 211
    2.3 日语母语者 / 216
三 汉语篇章语法偏误 / 221
    3.1 省略偏误 / 221
    3.2 照应偏误 / 223
    3.3 词汇衔接偏误 / 224
    3.4 连接成分偏误 / 225

后记 / 228

第一讲　从理论语法到对外汉语教学语法

一　语法和语法体系

1.1　什么是语法

如何界定语法？我们先来看看权威的工具书对它的解释：

其一，语法：语言是线性的序列，序列里的基本单位——词——不是任意组合的，而是按规则组合的。……这些规则的总和即是本体语法。(《中国大百科全书·语言文字》,1988 年,第 467 页)

其二，语法：语言系统的组成部分,语言中用词造句的结构规则。是人类思维高度抽象化的结果,具有抽象化的特点。(《语言学百科辞典》,1993 年,第 445 页)

其三，语法：一是指"语言的结构方式,包括词的构成和变化、词组和句子的组织";二是指"语法研究",如描写语法；历史语法；比较语法。(《现代汉语词典》,1996 年,第 1539 页)

上述这些解释凝聚了 20 世纪八九十年代汉语语言学界的一般认识,其共同点都指向语言的结构规则。说一般认识,就是说并非所有语法学家的共识。

语法学者对于语法的定义不一,随着科学的发展、认识的深化,对"语法"这一术语的定义也在不断发展：

1.1.1　《马氏文通》时代,完全模仿西欧传统语法体系,对语法作了"作发表意思之术"的不够明确的解释。《新著国语文法》注意到了汉语的特点,建立了"句本位"的语法体系,但对语法的解释没有触及语法这一概念的内涵,实际上指的是语法学。上世纪 40 至 50 年代,语法学界对语法的解释都以句法为转移,认为语法就是"用词造句的规则"；60 至 80 年代,由于更多地接受了结构主义语言学的影响,对语法的解释不但突破了"用词造句"的限制,而且特别重视语言结构的内在组合关系,这才真正触及语法的内涵。

1.1.2　当前比较有影响的"语法"定义,将认识的重心放在了结构功能上。黄伯荣、廖序东主编的《现代汉语》说"语法是词、短语、句子等语言单位的结构规律";胡裕树主编的《现代汉语》说"语法是语言结构的规律"。这种定义的突出特点就在于用"结构"或功能来衡定所有语言单位的语法特征并以此定下基调,整体上实现了内容和形式的结合,理论体系也趋于严整统一。但不能不看到,最后这种定义类型所容含的合理性因素不是每一位使用它的人都能够清晰地认识到的。就"结构"一词来说,含义也不免有些笼统,如果没有必要的科学的追加补充阐释,这种定义的价值也在不可知之数。黄廖本在它的语法定义后边添补了这么一句:"是语言结构规律的一种。"这种解说越发使人懵懂,不禁要问:语言结构规律,除了"语法"外,其他的又是些什么呢?恐怕编著者也难说得清楚。胡本的有关阐述或许能作参照,它曾分析指出词语的结构组合,往往要牵涉到这样的一些条件:"语法的""语义的""语用的"三个平面。由这种解说我们可以自然推出这样的一些基本认识:(1)语法的定义及其对语法特征的认定,终究不能脱离意义与形式的纠葛缠绊;(2)这里将"语法的"和"语义的"相对全("语用的"很难同前二者处在一个平面或一个层次上),实际上"语法"就成了"结构形式"的代名词;(3)那么将下边语句看作合乎语法的句子便成了顺理成章的事了:

① 我喝饭。(邢公畹例)
② 月亮吃苹果。(王希杰例)
③ 鲸鱼是鱼。(范晓例)

这种认定在中外语法学界都颇有市场。好在胡本很快将"三个平面"中的"语法"改为"句法"。这里一字之改确实不容等闲视之。原来的"语法"只是等同于现在的"句法",名称改变以后,不但包括句法,且将语义、语用全部包容了进来,内部统辖范围骤然拓展了许多。自然而然,将上述三例中的前两例也相应地改判为不合乎语法规则的句子了。(崔应贤 1995)不过,我们还是愿意如此推测,著名的语言学家胡裕树等先生提语法的三个平面包括"语法"并非一时疏忽,而是处于两难的无奈:只提句法,构词法统辖不住;将语法、语义、语用并提,则更像是书面语言(不考虑语音)的三个平面。

1.2 汉语的语法有自己的特点

1.2.1 汉语缺乏严格意义上的形态标志和形态变化,不同于印欧语系有丰富的词形变化。印欧语系语言一般都有丰富的词形变化,也就是以词的形态变化为手段来表达各种语法意义,如数、性、格、时、体、态、级等,例如英语中有表示过去时态的"-ed",表示名词的词尾"-ness""-ment""-ation"……形态变化附丽于词,语言有较复杂的构形法和构词法。不同于英语中表示复数意义的"-s",汉语"们"字虽然可以表示复数的意义,但是并不适用于所有的名词,而且大多数名词不能加"们"表复数,如(*)"书们",而可以加"们"的名词不加"们"也可以表示复数:"小孩子(们)都爱去游乐场。"

1.2.2 词类与句法成分是一对多的对应。印欧语的词类(实词)大体上都有自己的形态变化,词类不同,词形变化不同,这样在一定程度上限制了它的句法功能,因此词类与句法成分之间基本上是一对一的关系。如英语,名词作主、宾语,动词作谓语,形容词作定语(或作表语),副词作状语。汉语词类没有专门的形式标记,跟句法成分的关系错综复杂,一个词类可以充当多种成分,一个成分可由多个词类充当。如动词"学习",可以作谓语:"他在学习";可以作主语:"学习要全身心投入";可以作宾语:"他讨厌学习";可以作定语:"学习效率"。

1.2.3 句子的构造规则跟词组的构造规则基本上是一致的。主谓、述宾、述补、偏正、联合是句子和词组的五种基本构造规则,不少词组加上句调就成了句子,如"头疼"→"头疼?"

1.2.4 一个短语可以隐含多种语法关系而没有任何形式标志。如"参考资料",可以理解为述宾短语,也可以理解为偏正短语,没有任何形式的标志,要在具体的语境中作不同的理解,这对于外国学习者来说,也是一个难点所在。

1.2.5 语序相对固定,它和虚词是汉语表示语法意义的重要手段。汉语的语序是表示语法意义的手段之一,因而语法单位的组合顺序不能随便颠倒,如:主语在前,谓语在后;定语在前,名词(中心语)在后。"本子厚"是主谓短语,倘若颠倒一下,"厚本子"则是偏正短语,意思不同;虚词"的"表示从属关系,虚词"和"表示联合关系,"我的爸爸"与"我和爸爸"意义完全不同,它们是短语的结构标志。

1.2.6 注重词语间的语义联系(意合)和语境。所谓"意合"是指词与词的组合、分句与分句的组合是凭着语义上的联系,在形式上没有明显的标志。如"吃苹果"和"吃食堂",结构上都是述宾关系,但语义关系并不相同。这种意合的特点往往是外国人学习的难点。因为印欧语有明显的以形统意的特点,强调语法成分的形式分布,看到了语法形式,就可以说明语法关系。由于汉语缺乏形态标志,于是在汉语语流中,各块语言单位往往没有形式标志,成分之间结合显得比较松散,移动自由,往往以意治形。比如"木头桌子"可以是偏正结构,也可以是联合结构,其中没有形态标志,须凭上下文来判断语义。又比如汉语主谓结构比较松散,主谓之间可以停顿,主语也可以省略。"我没有看第一本""第一本我没有看""我第一本没有看"三句话,四块语言单位在不影响语义表达的情况下语序排列显得松散自由。有时候几个名词短语都放在句前,如"这个问题,老张的意见组里的人都很有看法",有时几个动词短语都连在句后,如"我的妹妹出门上街买汽水喝"。再如在复句中间,没有关联词语标示的靠意合组成的所谓"流水句"比比皆是。如"起了大风,从山顶压到谷底,四处横冲直撞,震得窗户嘎嘟嘎嘟响"。(钱乃荣1990)

汉语语法系统的规范语句常常在日常交际过程中变形,甚至不合语法,但在交际中受特定语境约束,不仅无碍于理解,而且能产生最佳的交际效果。(徐思益2007)如"张三饼"两个名词在一起成为一个句子,看似不合语法,但是如果放在张三、李四去饭馆吃饭,点菜时"张三饼,李四面"这样的句子却是正确的。

1.2.7 汉语语法的其他一些特点：

1.2.7.1 有丰富的量词和语气词。现代汉语量词十分丰富，不仅有物（名）量词，还有动量词，英语没有与汉语相当的量词。汉语的量词不仅有计量的作用，而且有丰富的表意功能，使意义更加具体形象。例如：一帘幽梦、一线希望、一缕忧愁、一弯新月、一轮满月、一钩残月……

汉语的语气词也很有特色。语气词配合语调能够细微地传达各种语气。例如：

④ 你买书。（语气肯定）
⑤ 你买书吧。（语气和婉）
⑥ 你买书吗？（表询问）
⑦ 你买书呢？（无疑而问）

英语表达语气靠语调和结构，不用语气词。例如提去北京旅行的建议：英语的表达是"How about going to Beijing?"；而汉语的表达则是"咱们去北京吧？"。

1.2.7.2 有复杂的补语系统。汉语的补语种类繁多，有结果补语、趋向补语、程度补语、状态补语、可能补语、量词补语……尤其对于母语非汉语的学习者来说，补语是一个难点。

1.2.7.3 主谓结构可以作谓语。主谓谓语句是汉语中的一种特殊现象，如："我头疼""老王星期三上班"……

1.3 什么是语法体系

语法体系有两个含义，一个是指语法结构成分的组合规则和关系所构成的整体。在这个意义上，一种语言只能有一个客观的语法体系。但是在语法学界，由于众多语法研究者的认识不尽相同，所使用的析句方法和术语也就不同，对同一语法现象分析的结果和解释会出现分歧，从而形成不同的语法体系，这一含义的语法体系应该说成语法学体系。

不同的语法学体系都是为了帮助大家认识和运用好各种语法结构的，它们往往大同小异，各有长短，因此学习的时候要细心观察，拿它来同语言事实相印证，采用符合事实的说法。不能因体系分歧而否定学习语法的必要性和可能性。语法学体系的分歧，是人类认识规律决定的，不可避免的。只有通过对语法的深入研究才有可能逐步减少分歧。我们有必要分清语法体系的两个含义，知道通常说的语法体系往往是指语法学体系。

二　理论语法与教学语法

2.1　理论语法和教学语法的区别

语法从使用对象、作用、目的角度看,可以分为理论语法和教学语法。我们以"被"字句为例来说明二者的区别。

2.1.1　理论语法即通常所说的语言学语法,它是对语法系统与语法规律做出理论概括与说明,建立一个语法系统理论,着重研究语言的组合关系和聚合关系,着力于揭示语言结构的规律,注重对语言事实各方面的描写。《语法讲义》(朱德熙 1982)是理论语法的标志性著作之一,它是这样讲解"被"字句的:

2.1.1.1　"被"字的作用在于引出施事,"叫、让、给"也有同样的作用。例如:

① 杯子被他打破了。
② 杯子叫他打破了。
③ 杯子让他打破了。
④ 杯子给他打破了。

"被"和"给"后有时不带宾语,这往往是因为动作的施事不可知或者不必说出来,例如:

⑤ 他被逮捕了。
⑥ 衣服全给淋湿了。

"叫、让"不带宾语的时候很少。

2.1.1.2　"被、叫、让"的宾语指动作的施事,动作的受事往往在句子的主语位置上出现,有的时候动词后头另有受事宾语,主语不是直接的受事。例如:

⑦ 他被炮弹炸断了右腿。
⑧ 他被人家抓住了把柄。
⑨ 新买的自行车就让他扎破了后带。

这种句子的主语指某种遭遇的承担者,可看成是一种广义的受事,值得注意的是这类格式里动词的宾语跟主语之间往往有领属关系。

2.1.1.3　"被、叫、让"还可以跟"给"字配合起来使用。例如:

⑩ 杯子被他们给打破了。
⑪ 杯子叫他们给打破了。

⑫ 杯子让他们给打破了。

甚至还可以说:⑬杯子给他们给打破了。
此类格式里动词前面的"给"作用在于引出与事。

2.1.2 教学语法是根据语法教学的要求所制定的语法系统,它以教学服务为目的,以提高语言运用能力为目标,内容是规范的、简洁扼要的、系统的,着重研究语法形式的用法。《对外汉语教学语法大纲》(王还主编1995)是这样讲解"被"字句的:

2.1.2.1 有标志的被动句是由介词"被、叫、让"来表示的。在口语中多用"叫"或"让",而在书面语中多用"被"。这些介词是用来引进施动者的。例如:

① 我叫一块石头砸伤了脚。
② 他让老师好好地批评了一顿。
③ 他们那个小组被大家选为模范小组。
④ 咱们的报纸叫人给拿走了。
⑤ 那个特务还没有被人发现。

2.1.2.2 "被"字句须注意的几点:
A."被"字句的主语是专指的。
B.动词多有后附成分说明结果,至少是个本身有结果意义的双音动词。
C. 施事者如不必指出或无法指出,以泛指的"人"表示。
D.否定词要放在介词之前。
E.没有什么意义的结构助词"给"可以用在动词前。
F."被"有时可以直接用在动词前,并不引进施事。其他介词不能。例如:

⑥ 他被宣布为不受欢迎的人。
⑦ 那一股土匪不久就被消灭了。

2.1.2.3 在书面语中有"为……所……"或"被……所……"这种格式表示被动。

通过比较我们可以发现:理论语法注重分析句子成分、结构或某种现象出现的原因,探索规律,相对来说比教学语法要更深一层次;而教学语法注重描述"被"字句的用法,还提到了运用的语体,而且教学语法会根据我们实际运用中会犯什么样的错误来指出运用"被"字句需要注意的问题,更像是应用指南。

总之,借用语言学家的表述,理论语法和教学语法的关系就是:"语言学语法把语言作为一种规则的体系来研究,教学语法把语言作为一种运用的工具来学习。"(许国璋1988)"理论语法和描写语法是教学语法的基础,教学语法是对理论语法和描写语法研究成果的普及、推广和应用,同时也是对理论语法和描写语法的验证。"(张志公1991)在举例方面,理论语法所举例子内容单一,主要目的在于说明语法问题,不需要太多变化;而教学语法所举的例子比较丰富,也是为了从更多的角度展示该语法是如何运用的,可以看出教学语法是对理论知识的应用。

2.2 理论语法与教学语法的不同特点

2.2.1 理论语法的理论性与教学语法的实用性

理论语法可以不考虑其对象是否能掌握这些规律及掌握了这些规律后有无实用价值,它只注重如何从科学角度对这些规律进行描写,作理论上的研究讨论。

而教学语法是非研究性的,它的任务在于让学习者能够掌握规范的语法规则,从而进行正确的语言表达,其重点在于应用而不是理论的描写与阐释。因此,教学语法应该注重联系生活实际中实用的语法,服务于学习者的实际交流使用。

2.2.2 理论语法的详尽性与教学语法的简明性

理论语法的理论性决定了必须对语言系统的规则体系进行全面、细致的描写与解释,对一些复杂的、有争议的问题要深入研究探讨,详尽是理论语法所追求的目标之一。

教学语法的实用性决定了它的第二个特点只能是简单明了。因为简单明了是与实用连在一起的,为了让学习者学习语法之后能够掌握常用的、基本的语法规则,尽快收到能够正确表达的效果,教学语法体系就应该简明扼要地描写那些实用的语法规则,并把什么情况下使用它们解释清楚;而对那些不太常用的理论问题、复杂的问题则不必阐释,特别是对一些有争议的问题,理论语法提倡百家争鸣,致力于探讨并提供深入独到的、有说服力的见解;而教学语法则回避或采取一种较通行的处理意见。教学语法做到了简单明了,就变得易学、易懂、易用,符合实用性的特点。

但是需要注意的是,教学语法的简明性并不只是一味强调删繁为简,它也应该是一个完整的、包容性强的语法体系,不求面面俱到地分析解释语法现象,但要能够解决学习者语言应用中常常会遇到的各种语法问题,因此,教学语法需要抓重点和那些常用的基本语法。

2.2.3 理论语法的创新性与教学语法的稳定性

理论语法贵在创新,理论语言学家致力于研究探讨一些复杂的、有争议的问题,不断从新的角度发现问题,用新的方法解决问题,只要能自圆其说,任何新的理论都是值得称道的。而教学语法贵在稳定,应该保持教学语法体系和教学内容的相对稳定:它面向众多的教师和学生,影响广泛,应尽量采用有定论的知识,不采用有争议的学说,对新的观点、学说的态度更加慎重,一旦形成一个教学语法体系,就不能轻易变动。倘若提倡创新,根据层出不穷的各种新理论,每时每刻不断修改自己的教学体系,教学工作将无所适从,出现混乱局面。

但是,教学语法在总体稳定性中应包含渐变的因素,理论语法在不断创新与深化,教学实践的经验也在不断积累,新的研究成果层出不穷,教学语法也应该不断吸收那些已被公认的成熟的理论成果,对教学语法体系中不合理的地方加以修订,不成熟的地方加以完善,使得教学语法更加科学与充实。因而教学语法不能"常变",也不能"常不变"。

2.2.4 教学语法的趣味性

不同于理论语法,教学语法的实用性决定了它应该具有趣味性的特点。教学语法应用于教学,考虑到输入和输出的效率,要尽量避免枯燥乏味的抽象化、理论化的说教,表达要深入浅出,生动活泼,要尽可能减少语法术语的使用,采用普遍的句型模式教学。例如,"了"字的教学,重点不应该放在对它在句中是作结构助词还是语气助词的解释上,而应该通过大量的带有这样的语法点的句型进行练习,同时这些句型应该是结合生活场景的例子,在模拟的生活场景中理解讲授的语法点如何正确、合理地使用,才能更好地调动学生学习语法的兴趣。(张先亮、李爱民 1994,刘钦荣、杜鹃 2004,赵丽君 2010)

2.2.5 教学语法在时间特征上表现为有序性

这也是教学语法区别于理论语法的最基本的特征之一。外国学生在学习汉语时所遇到的语法问题必然有一个先后次序,而对外汉语教材在语法点编排上也是非常讲究这样的次序。尽管我们对此研究的具体成果不太多,目前在教学中还主要凭经验来操作,没有作出科学合理的解释,但广大对外汉语教师普遍有这样的职业直觉。这样的语法点编排次序不是绝对唯一的,而是应该具有菜单的特点。菜单的框架相对稳定,而菜单选项是有限的,可针对不同情况的学习者加以调整,表现出语法教学的多样性。而理论语法的分类标准则没有时间特征,在结构编排上体现的是逻辑顺序(形态、功能等)。

2.2.6 教学语法在空间特征上表现为选择性

理想的基础语法(描写语法)应该提供对全部语法事实的精确描写。而理想的理论语法可根据这些描写把全部语法事实纳入一个规则体系中。它们所追求的是无一例外。教学语法则根据学习者的实际需要选择部分基础语法点进行编排。菜单的并列选择项不需要做到对全部语法事实的穷尽。选择项在轻重详略上有所差异,并不等值。就如词典中的某个字会把所有的义项都列出,但不可能标明该义项使用的频度如何。而在教学中,必须按使用频度和实际需要对众多义项作出取舍,不可能做到面面俱到。尤其是在对外汉语教学中,要选择那些对第二语言学习者来说最容易出现问题的部分和最有教学价值的内容。(周子衡 2007)

2.2.7 教学语法在具体展开上表现为词汇化

语法是从大量语言现象中高度浓缩概括出来的使用规则,教学语法的应用本质决定了其必然最终要落实到大量的语言应用中去。而汉语语法具有非形态的特点,语法在结构层面的规则十分有限,大量的规则蕴含在非形态的语义、语用中。外国留学生在学习汉语词汇时,无法根据有标记的形态来类推语法规则,只能学一个消灭一个。因此汉语的教学语法落实到语言应用中便很自然地表现为对大量词汇用法的学习。相对而言,理论语法的研究人群已经掌握了具体的词汇可以出现的语法结构的位置,其研究往往在已理解文本的前提下对语言现象进行归纳分析,只举例稍加印证规则的正确性,不可能要求研究者或学习者本身必须用该语法规则来提高自身语言应用能力,因此理论语法的词汇化倾向不明显。如"从来"表示从过去到现在都是这样,但是"它常常是出现在否定句中",这样的用法对于理论语法研究人群来说是已经掌握但由于没有分析过,或许还没有意识到的规则,但是对于汉语教学,尤其是汉语作为第二语言教学的学习者来说,如果词汇和语法分家,只讲语法规则,不讲具体词汇所限制的语法规则应用范围,则容易使学习者将语法规则扩大化,出现"他从来去上课"这样的错误。教学语法不是向学习者灌输语法知识,而是要让他们运用实际语法规律,正确地遣词造句,因而在具体展开上需要具体化、细化到每个词汇的用法,有学者已经提出一些具体的设想,例如建立以虚词为核心的词汇—语法教学模式。(吴勇毅 2002,李晓琪 2004)

2.2.8 教学语法的实践性评估方式更加直观可信

一门学科要健康发展必须要有相对独立的评估体系。对外汉语教学语法体系是否科学,留学生学习汉语的实际效果是其最直观的检验方式。每年数次不同级别的汉语水平考试(HSK)可以算是目前最权威的客观性评估手段。而具体教学过程中针对教学语法体系和语法教学手段的主观性评估几乎每天都在进行。一个优秀的对外汉语教师会根据留学生的反馈不断调整自己的教学内容和策略。对外汉语教学语法体系正是在这种良性互动中逐渐发展成熟起来的。而理论语法着重于体系内部是否合理,能否自圆其说。内部评估由于有倾向性选择的缺陷,评估结果并不可信。基础语法的大量实例可以作为比较直观可信的外部评估方式。然而汉语的基础语法研究还十分不足,对理论语法的很多研究领域无法提供有效评估。而教学用的理论语法缺乏实践性,学生的考试属于知识考试而非能力考试,因而不能作为评价其理论科学与否的手段。(周子衡 2007)

2.3 教学语法的评价标准与定位

陈海洋(1991)认为所谓的理论语法就是语法学家按照自己的语言观和方法论对某种语言的语法所做的分析和描述,汉语的理论语法如《语法讲义》《中国话的文法》等。而教学语法就是根据语法教学的要求所制定的语法系统。《暂拟汉语教学语法系统》和《中学教学语法系统提要》就是汉语的教学语法。郭熙(2002)也认为上述解释在学术界一般是认可的。要给理论语法和教学语法下一个精确的定义并不简单。从直觉上,我们都认为有必要把这两者区别开来。常见的思维习惯是把这两个概念和现实中存在的语法体系简单对应。但久而久之,现实中的语法体系所具有的特征替换了原来的概念,似乎中小学采用的暂拟系统或系统提要就是我们原本所指的汉语教学语法。类似的看法在学术界十分普遍,如"教学语法,顾名思义就是指学校语法,包括所使用的语法教材"。(张先亮等 1994)张志公(1997)认为:"教学语法又称学校语法。这个学校是 school 的意思,指中学、小学,不包括大学,所以用个更通俗、简单的说法,所谓的'教学语法'就是指教中学、小学的学生学习的语法系统、教材和方法。"这样的看法在逻辑上有值得商榷的地方。正如说的未必就是口语语体,写的也未必就是书面语语体,用于学校教学的未必可以归为教学语法。高更生(1996)的《汉语教学语法研究》认为教学语法内部可以分为大学教学语法和中小学教学语法,大学教学语法又可以分为大学基础课教学语法和大学选修课以及研究生课教学语法。如果按照这样的说法,大部分理论语法著作都曾作为教学讲义,也都可以归在教学语法的范围内了。另外,想写教学语法,最后却写成了理论语法但仍冠名为教学语法的情况也实际存在。因此判定是不是教学语法,不能简单地依据其名称,也不能依据其使用的场合和目的,而需要有特定的评判标准。教学语法是为教学服务的,而且学生通过语法的学习的确能真正有效地提高其掌握语言并运用语言的能力,那么这样的语法就更贴近教学语法的实质。用教学语法的这条功能标准来稍加评判的话,作为第一语言教学的中小学教学语法的教学效果显然不如作为第二语言教学的对外汉语教学语法。

可以这么认为,《暂拟汉语教学语法系统》、《中学教学语法系统提要》以及众多版本的现代汉语教材大体上属于教学用的理论语法,是一种简化版的理论语法。《现代汉语八百词》(吕叔湘等 1996)具有基础语法的特点,无论对理论语法还是教学语法都有很大的参考价值。《实用现代汉语语法》(刘月华等 2001)是借鉴了理论语法模式的基础语法,从严格意义上讲还欠缺教学语法的主要特征。相比较而言,《实用对外汉语教学语法》(陆庆和 2006)比前者更进一步,增加了部分教学语法的色彩。《外国人学汉语难点释疑》(叶盼云、吴中伟 2006)和《对外汉语教学语法释疑 201 例》(彭小川等 2004)则是带有典型教学语法色彩的基础语法点汇编,虽然贴近语法教学,但并没有体现教学语法的动态特征。总之,无论是在汉语作为第一语言教学的领域还是作为第二语言教学的领域,符合教学语法标准的系统专著几乎没有,但符合该标准的零散论文却大量存在,符合该标准的非系统的教学事实也大量存在,特别是在对外汉语教学领域。一套教学效果良好的对外汉语教材中所编排的语法点系列本身就具有教学语法的特征。教学语法模式可以多样化,语法教学的具体策略更可以不拘一格,但教学语法的实质却始终不变:帮助学习者最终掌握目的语。(周子衡 2007)

由于对教学语法的理论研究还不太充分,因此目前对"教学语法"只能提供一个基本的框架性的定位。我们选择卢福波(2002)的认识来界定:所谓教学语法,就是依据学习者的学习目的选择语法内容,再把教与学的规律、方法融入其中,使之形成一个水乳交融的整体。因此,教学语法不能脱离学习者的实际需要,一厢情愿地只考虑汉语语法本身的系统性问题,而要突出汉语的特点,根据学习者学习目的和基本条件确定语法教学体系,把这种教学应遵循的规律、方法及学生第二语言的习得方法、特点融入语法教学体系当中,如:选择哪些内容,从哪个角度、用什么方法教学等,这是教学语法和理论语法既有联系又有区别的根本所在。

2.4 理论语法和教学语法的联系

教学语法和理论语法都建立在基础语法的基石上。两者通过共同的基石互相产生间接的影响。而这种间接影响不是决定性的,而且也不是对等的。我们认为教学语法对理论语法的正面影响力比理论语法对教学语法的正面影响力更大些。了解理论语法的一些基本概念便于我们在语法教学中的探讨;而理论语法研究从结构向功能、认知方向转变,从描写向解释深入的趋势,不但增加了理论语法应用于实践的可能性,而且通过实践反过来评估理论的科学性,这对学科自身的发展也更为有利。理论语法研究说到底要为应用服务,而对外汉语语法教学恰恰是非常重要的一个方面,从这一意义上讲,对外汉语语法教学正是检测汉语理论语法是不是做得比较成功的一个试金石。而且,在对外汉语语法教学中还会不断发现新的问题,对汉语本体研究提出新的课题,是推动汉语理论语法研究向纵深发展的主要动力之一。(邵敬敏等 2005)然而目前在学术界,重理论语法、轻教学语法的现象仍然存在。其最大的理由就是认为教学语法的学术性不强。而实际上,单从学科特点来说,教学语法的研究难度其实大于理论语法。理论语法研究的对象位于同一的逻辑平面,而且可预设理想条件,一般能够细致描写就可算成功。由于缺少有效的评估手段来证明,理论语法研究更易产生学术泡沫。而教学语法研究的对象还要考虑其时空上的特征,而且必须结合复杂的教学实际,需要众多学科知识的支撑,除了描写更要有合理的解释,对研究结果的评估也直观易行,因此教学语法研究要出像样的成果更难。此外理论语法重理论的提高,而教学语法更重实践;教学语法要研究如何将理论更好地用于实践,因而教学语法的学术成果的表现形式多种多样,很多成果很难用一两句精炼的话来概括,不符合理论语法对成果形式的理解,不能因此而否定教学语法研究成果的学术性。而从学科现实来看,汉语理论语法的研究有上百年的历史,目前理论语法书或教学用的理论语法书数量众多,语法研究正处在一个快速发展的阶段,研究成果的包装也更规范。而真正意义上的汉语教学语法(以对外汉语教学语法为代表)的研究才刚刚起步,仍处在一个摸索阶段,还有大量的空白点,研究成果零散不成系统,包装简陋。除了国家汉办颁布的语法等级大纲外,几乎找不到一本可以直接指导教材语法点编写的对外汉语教学语法书。那些从事对外汉语教学的工作者,也常常偏离自己的方向,自觉不自觉地转向本体研究。如果拿处在两个不同发展阶段的学科来比较其学术性强弱,且不辨学术之虚实,显然有失公允。(崔希亮 2003,周子衡 2007)

三 对外汉语教学语法

为方便讲述,我们以第一语言语法教学作为参照,将汉语作为外语或第二语言的语法教学一并视为第二语言语法教学。按照传统约定,对外汉语教学语法不包括中国境内的面向少数民族的汉语语法教学。

3.1 第一语言语法教学和第二语言语法教学

第一语言语法教学是教授本族人语法的教学,汉语作为第一语言的语法教学即针对母语为汉语的学习者的语法教学。

第二语言语法教学主要是教授外国人语法的教学,汉语作为第二语言的语法教学即针对母语非汉语的学习者的语法教学。也称对外汉语语法教学。

这两种语法教学虽然都属于语法教学,但有着重要区别,例如同样讲汉语语法,对汉族学生来讲,他们把老师讲的语法规则,只作为一种知识来学习、对待,他们很少考虑老师讲的语法规则是否真的能概括汉语事实,更不会严格按照老师讲的来说话,因为他们早就会说会用了;可是外国学生对汉语原先一无所知,你怎么教,他们就怎么学,怎么说,而且本能地要按老师讲的语法规则去类推,这样很容易就会出错,如:"书我买了"宾语可以提前,但是"他我一见到就喊"却不常用,类似的问题不胜枚举。

3.1.1 第一语言语法教学和第二语言语法教学有各自不同的特点:

3.1.1.1 二者的教学目标不同。

第一语言语法教学:提高学生运用汉语的能力,培养从事语言教学与研究的能力。

第二语言语法教学:学会汉语,提高学生运用汉语进行交际的能力。

语法教学应该针对学习者学习目的、层次的不同而展开深浅不同的教学。比如,母语为汉语者在中学阶段开始学习汉语语法,属于母语语法教学,因为中学生在入学以前实际上已经比较熟练地掌握了汉语的基本语法和各种常规用法,尽管他们还没有掌握汉语语法的理性知识,但却拥有丰富的语感,可以掌握汉语语法。不同层次、不同要求的语法教学各不相同。中学语法教学,不是大学语法教学,更不是大学中文系语言专业的语法教学,后者的教学目的是培养从事语言教学与研究的能力,因而更注重理论知识的学习,而中学语法教学的教学目的是提高、理解和运用语言文字的实际能力,所以中学的语法课只能是一门实践课,不能是一门知识课,更不能是一门理论课。因为中学语法教学的对象是本国人,汉语是学生的母语,又因为教学目的是提高理解和运用语言文字的实际能力而不是提高对语法的理论认识水平,所以教学内容的重点应该是学生还不熟悉还没有掌握的语法现象和用法,而不应该是对已经掌握的语法现象和用法进行理论分析。而汉语作为第二语言语法教学的学习者将汉语作为一种技能来学习,更要注重实用性。所以中学语法教学和对外汉语语法教学都是实践课,在教学方法上应该深入浅出,精讲多练,而所有的练习、口头作文和书面写作,以及其他形式的教学活动,都应该为提高学生理解和运用语言文字的实际能力服务,考试命题也应该以考查学生理解和运用语言文字的实际能力为重点。(胡明扬 1995)

3.1.1.2 二者的教学内容不同。

第一语言语法教学:系统地教授语法理论、知识、方法。

第一讲　从理论语法到对外汉语教学语法

第二语言语法教学：系统地、有选择地对最有用的、交际最需要的语法进行讲解，语法项目是有限的。

汉语作为第一语言的语法教学首先把汉语当做重要的交际工具，重要的文化载体，教学目的是教给学生母语的系统知识，要求体系上的一致性。而第二语言的教学语法则应该是多角度的、综合的，可以不追求系统的一致性，其教学需要的规则和解释可以是局部的、临时的、不完善的、就事论事的，甚至是片面的。在学生学习中恰到好处的解释可以帮助学习者在学习的不同阶段扫除相关障碍，使学生的学习得以顺利进行。例如：当一个外国学生问"为什么可以说'张三被李四杀了'，而不能说'张三被李四爱了'"时，当然可以有不同的回答，但是哪一种回答最好呢？或许我们可以用"'被字句'表达不希望发生的事情"来作出解释。当然，知道这样的解释或许并不"科学"，因为汉语中的确有许多相反的情况。但是，对于初学者来说，这可能又不失为一种很好的方法。因为这样解释起来既方便，又的确有一定的代表性，同时也考虑到了学生的可理解性和可接受性。（郭熙2002）再如，"表示动作的进行"，对外汉语教材中出现了五种形式：

　　我正在看电视（呢）。
　　你在做什么（呢）？
　　工人代表正欢迎他们（呢）。
　　我正听新闻呢。
　　老师（正）在辅导他们吗？

以上五种形式在汉语中都存在，但在实际交际中，最基本、最常用的只有两种形式，即：

　　你在做什么（呢）？
　　我听新闻呢。

其他三种形式是附加副词"正"后出现的。而副词"正"主要表示强调，无需在初次接触时就完整无缺地全部罗列出来，这样不仅显得繁琐，也给学生掌握带来一定的困难。

另外，自《汉语教科书》始到上世纪80年代初的基础汉语教材中，范句、课文大都是为了练习语法点的需要而设计的，课文题材生活面窄，只局限于生活学习方面，自然真实、富有交际价值的口语很少进入课堂。80年代以来，口语课以及按语言技能划分课型的说话课中，语言多为在特定情境下富有交际价值的自然语言。口语大量进入课文，一些口语的说法或许并不符合汉语语法，但是因为在生活中常常会遇到，纳入对外汉语教学中也是必要的。如主谓关系松散：打电话时说"你哪儿？""我语言大学"；省略和隐含：买票时说"两个颐和园"；特殊格式："真有两下子"……

在内容上汉语作为第二语言语法教学还有一些特点：如针对外国人学习的特点，第二语言教学要反映汉语语法特点，如汉语缺乏印欧语系语言那样的形态标志，因而相对于汉语作为第一语言语法教学而言，对外汉语语法教学要更加注意汉语的意合性，多年来检查学生的病句，发现其中大部分都错在"搭配"上，这恐怕就与在语法教学中没有充

分揭示句法结构内部的语义关系和词与词的语义搭配规律有关。(吕文华1994)

3.1.1.3　二者的教学方法不同。

第一语言语法教学：以讲授为主。

第二语言语法教学：要求将语法融入语言材料之中，进行实践语言教学。

汉语作为母语的语法教学注重对语法点进行分析解释，系统讲授语法规则。而作为第二语言教学的对外汉语语法教学，既不教授理论语法，也不需通过演绎或归纳给学生展示系统的语法规则，语法作为语言要素之一，不是作为知识去传授而是通过言语操练的方法进行教学。其做法是将语法系统切分为若干个语法点，按照语言学习和语言教学的规律进行筛选编排，融入言语材料中通过言语操练的方式进行实践语言教学，培养学生的交际能力。例如，同样是比字句的教学，第一语言语法教学重分析，将语言点归纳为语法规则系统讲授。胡裕树主编的《现代汉语》介绍"比"这一知识点时，将"比"与"和、同、与、跟"等介词放在虚词部分讲解，将"表比较"作为其中一类集中讲授。而第二语言语法教学则是对语言点按照"选择—切分—排列"的顺序，结合语言材料讲授操练。

格式	例句
(1) A 比 B+形	我比他高。
(2) A 比 B+形+数量	我比他高5公分。
(3) A 比 B+动+数量	今年的学生比去年增加了二百人。
(4) A 比 B+早、晚/多、少+动+数量	我比他早来一年。
(5) A+动+得+比+B+形+得多	他跳得比我高得多。
(6) A 比 B+更/还+动/形	他比我还高。
(7) A 比 B 在句中作状语	天气一天比一天暖和。 他身体今年比去年好多了。
(8) A 比 B+助动词+动+多了/一些	姐姐比妹妹能吃苦多了。
(9) A 比 B+让/叫+名+形/动	猫比狗更叫人喜欢。
(10) A 比 B+还 B	小李比雷锋还雷锋。他比阿Q还阿Q。

对外汉语教学和中小学语文教学虽然分属第二语言教学和第一语言教学，在目标、内容、方法上有各自不同的特点，但是在语法教学方面，仍有不少相通之处，两者并不存在不可逾越的鸿沟。教学语法具有针对性，应根据教学对象水平的差异，教学目的的不同而进行难度深浅不同的语法教学：外国留学生起点低，学习周期短，需从字、词入手，一般达到短语层面便会遇到瓶颈。汉语高级阶段的外国留学生会问：如何进一步提高自己的水平以达到在中国从事科学研究、法律、商务等方面的工作要求？是否有可能最终达到和母语使用者一样的汉语水平呢？中国学生在入学前就已基本完成了口语习得，语法教学起点高，应该直接从句、句群入手，难度在于篇章层面。因此教学重点可放在提高学生书面语应用的能力和语言逻辑思维能力上。现代汉语的书面语中仍保留着大量文言格式，而汉语的语言逻辑思维有其特殊性，我们对这两方面的研究还有很多空白。中小

学的语法教学目前并没有很好地解决这些问题,因此也无法提供给对外汉语高级阶段教学更多的成功经验。如果中小学的语法教学也回归教学语法的本位,真正以培养学生的实际应用语言的能力为终极目标,将汉语语法作为技能来教授,而不是作为本体教授,传授系统的语法知识,那么汉语作为第二语言教学的高级阶段最终可以和汉语作为第一语言教学相衔接,打通交流平台,促进学科双方共同发展。

3.2 对外国人的语法教学和对海外华人的语法教学

对外国人的语法教学和对海外华人的语法教学的教学对象差异很大,因而虽然它们都属于第二语言语法教学的范围,但是两者的教学方法、教学内容侧重有很大不同。

对外国人的语法教学的学习者,几乎毫无中国语言文化背景,其学习中文的目的不外乎谋生工具和个人兴趣,这种语法教学的特点是零起点、课时少,因而语法教学也是从零开始,教学内容应更重视基础性、实用性;海外华人的语法教学的学习者虽然也算外国人,但大多生长在有中国文化背景的家庭中,大多数有华语或汉语方言的基础,自幼便受到中国文化熏陶,他们处在多语环境中,说华语,学习中文的时间较长,下的工夫较深,实用性也相当明显,但是海外华人很多由于方言上与汉语语法不同的地方,同时又受到所在国家第一语言的影响,语法上往往有一些不符合汉语标准语法规则的地方,因而规范教学、对比教学应该是海外华人的语法教学的重点。以新加坡的华语语法教学为例:

一方面,新加坡的华语和大陆的普通话的语法结构大体相同,但是新加坡华语因受中国南方汉语方言的影响形成一些特殊语法结构,即与标准华语有所差异。例如:

  A. 副词"先、早"出现于动词之后——粤语
  ① 你去先,我一下子就来。(新)
  ② 你先去,我一会儿就来。(标)
  B. "Ⅴ看看"取代"ⅤⅤ看"——闽南语
  ③ 吃看看,这个如何?(新)
  ④ 吃吃看,这个如何?(标)

新加坡华语的特殊句法倘若与标准华语相距太远,就应视为不合规范的句子,但在华人口中此种句式却屡见不鲜。学生经常因遇到不规范的口语和标准书面语的不对应而造成困扰。这是新加坡华语语法教学的重点之一。

另一方面,在新加坡,英语是学校的第一语文,也是其他学科的教学媒介,学生接触英语的机会和时间非常多。华语只作为一个语文科目来学习,在学校能应用的情景受局限,两种语言的混杂现象也就层出不穷。新加坡英语有很多汉语方言和华语的痕迹,同样的新加坡华语也少不了受英语的干扰。例如:

C. 滥用被动句

⑤ 戏票已被卖光了。（新）
(The tickets have been sold out.)
⑥ 戏票已卖光了。（标）

欧化语法和学生所造的英语式华语句子虽然同受英语影响，但前者是已经经过历史的考验而留存的"精华"，且不违反华语句法的基本规律，甚至有补苴罅漏的作用；后者是学习者对华语和英语的异同认识不足而产生的病句，这是新加坡华语语法教学的另一个重点。到目前为止，在新加坡特殊语言环境之下，中英语法对比的研究似乎还是空白，即使有也只是散见于报章杂志的短文。这项研究是迫切等待开拓的领域，其研究成果对华文教学的改善将是必不可少的资料。（吴英成 1988）

通过上述分析，不难看出海外华人的语法教学需要借助对比进行规范教学。路径是把学习者所在国的华人语言的独特特征进行归纳，把汉语与所在国家的母语进行对比研究，并将成果编入教材。教师讲语法的时候注意多加提醒，有针对性地训练即可收到明显成效。

3.3 完善对外汉语教学语法体系的两点建议

3.3.1 加强基础语法的研究。作为理论语法和教学语法的基石，目前的汉语基础语法研究仍然十分薄弱。而没有充分的基础语法研究的支持，教学语法研究也就成了无源之水。像《现代汉语八百词》这样的教学参考书毕竟还很少，很多对外汉语教师在教学中找不到可以直接借鉴的基础语法研究成果，不得不自己摸索出一套虽说实用但还不规范的语法规则来对付。从长远来看，这种局面对学科发展是不利的。而作为理论语法研究者，不应只热衷于对宏大的语法体系框架的建构，也不应只关注自己感兴趣而目前缺乏应用价值的理论语法领域，而应集中力量踏踏实实地搞好基础语法的微观研究，这样才会更好地推动教学语法和理论语法良性发展。

3.3.2 做好理论语法与教学语法的衔接。虽然理论语法属于本体语言学范畴，而教学语法属于应用语言学范畴，二者各有自己研究的目标、特点、范围和作用，但是我们前面也讨论过，二者之间是相互影响的，它们之间应该形成一种互动的关系。应该说，经过最近二十多年的努力，汉语理论语法研究跟对外汉语语法教学已经建立起一个良性的互动格局，并且摸索出一些颇有影响的规律。但是，我们认为目前的适配水平是远远不够的。汉语理论语法研究跟对外汉语教学语法，好像还是两张皮，没有能够有机地结合起来，或者更加尖锐一点说，汉语理论语法研究，还没有真正能够从汉语语法的特点出发摸索出一条比较切合对外汉语语法教学需要的研究思路。而反过来看，对外汉语语法教学界也还没有找到如何把汉语理论语法研究的成果转化为自己营养的最佳途径。（邵敬敏等 2005）因而需要我们在对外汉语语法教学中，做好理论语法与教学语法的衔接，这是当前语法教学研究中的重要任务。我们必须继续深入地解决好下面的问题:理论语法应该提供什么?理论语法提供了什么?理论语法可以提供什么?教学语法需要什么?教学语法从理论语法中得到了什么?教学语法能为理论语法提供什么?教学语法是否应该建立自己的理论?教学语法和语法教学有什么样的关系?等等。对此,对外汉语教学界已经有了一些理论探讨(如郭熙 2002,崔希亮 2003),实践方面,《对外汉语教学语法大纲》(王还等 1995)可以视为把理论语法和汉语作为第二语言教学的教学语法的衔接的一个重要尝试。当然,要达到二者的无缝衔接,必须进一步重视和加强对外汉语教学语法的基础研究工作,注意把握好衔接的原则、技巧、方法。

周子衡(2007)认为应该把基础语法(即对语法事实的描写)单独列出,这样更能理清理论语法和教学语法的关系,以便给教学语法一个更精确的定位。理论语法是建立在基础语法上的静态方法论,符合人类思维模式对静态事物的认识规律,着眼于对语法要素的概念化和分类,所体现的语法规则应该适用于所有的基础语法要素。而教学语法则是建立在基础语法上的动态方法论,涉及更为复杂的菜单式思维模式,着眼于对语法要素的有序选择和应用,所体现的语法规则并不同时涵盖所有的基础语法要素。换句话说,教学语法不必一定要建立在理论语法的基础上,它和理论语法是从不同视角出发,采用不同策略的两种方法论。生活常识证明,母语学习者即便没有学过理论语法,不知道词和短语的概念,仍然可以掌握自己的母语;而父母即便没有学过理论语法,仍然可以找到一些实用的方法教会自己的孩子母语。而这些实用方法本身就蕴含了某些教学语法的策略。

在理论语法与汉语作为第二语言教学语法的衔接中,可以注重增加留学生汉语习得偏误实例的分析,及如何将理论语法规则和科研成果进行简化和浅化处理后转化为教学语法的具体原则、方法、技巧等教学语法理论方面的内容。

对外汉语教学语法体系不仅是学科发展成熟的标志,也是编写教材、进行汉语水平考试标准和等级大纲的重要依据,它的改革一直是对外汉语界普遍关注的一个问题。建立一个更加科学、合理、完善的对外汉语教学语法体系对于开展对外汉语语法教学工作意义重大。

因此,针对外国人学习汉语的特殊性,同时结合语法教学的特点,我们要不断吸收汉语语法学界和对外汉语教学领域的新的研究成果,致力于完善我们的教学语法体系,使它既不同于一般理论语法著作中的语法体系,也区别于教本族人的教学语法体系。

参考文献

卞觉非 2004,理论性和应用性:理论语法与教学语法的分野,《扬州大学学报》第 1 期。
陈海洋等 1991,《中国语言学家大辞典》,江西教育出版社。
程书秋 2004,关于理论语法与教学语法科学衔接的构想,《黑龙江高教研究》第 2 期。

汉语作为第二语言教学语法

崔应贤 1995,语法的定义及其他,《河南师范大学学报》(哲学社会科学版)第 3 期。
崔希亮 2002,试论理论语法与教学语法的接口,《中国对外汉语教学学会第七次学术讨论会论文选》,人民教育出版社。
崔希亮 2003,试论教学语法的基础兼及与理论语法的关系,《对外汉语教学语法探索——首届国际对外汉语教学语法研讨会论文集》,中国社会科学出版社。
高更生 1996,《汉语教学语法研究》,语文出版社。
高更生 2002,论教学语法的学术性,《东方论坛》第 1 期。
郭　熙 2002,理论语法与教学语法的衔接问题——以汉语作为第二语言教学为例,《汉语学习》第 4 期。
胡明扬 1995,中学语法教学的目的、内容和方法,《课程教材教法》第 4 期。
胡裕树主编 2004,《现代汉语(重订本)》,上海教育出版社。
黄伯荣、廖序东主编 2007,《现代汉语(增订版)》,高等教育出版社。
李晓琪 2004,关于建立词汇—语法教学模式的思考,《语言教学与研究》第 1 期。
刘钦荣、杜　鹃 2004,论教学语法的性质和特点,《通化师范学院学报》第 3 期。
刘月华、潘文娱、故韡 2001,《实用现代汉语语法(增订本)》,商务印书馆。
卢福波 2002,对外汉语教学语法的体系与方法问题,《汉语学习》第 2 期。
陆俭明 2000,"对外汉语教学"中的语法教学,《语言教学与研究》第 3 期。
陆庆和 2006,《实用对外汉语教学语法》,北京大学出版社。
吕叔湘主编 1980,《现代汉语八百词》,商务印书馆。
吕文华 1994,《对外汉语教学语法探索》,语文出版社。
彭小川、李守纪、王　红 2004,《对外汉语教学语法释疑 201 例》,商务印书馆。
戚雨村等 1993,《语言学百科词典》,上海辞书出版社。
钱乃荣 1990,汉语的特点,《汉语学习》第 4 期。
邵敬敏 罗晓英 2005,语法本体研究与对外汉语语法教学,《暨南大学华文学院学报》第 3 期。
王　还主编 1995,《对外汉语教学语法大纲》,北京语言学院出版社。
吴英成 1988,关于华语语法教学问题,《语言教学与研究》第 3 期。
吴勇毅 2002,汉语作为第二语言语法教学的"语法词汇化"问题,《暨南大学华文学院学报》第 4 期。
许国璋 1988,论语法,载《论语言》,外语教学与研究出版社。
徐思益 2007,汉语的特点及其研究方法,《语言与翻译》第 3 期。
叶盼云、吴中伟 2006,《外国人学汉语难点释疑》,北京语言大学出版社。
张先亮、李爱民 1994,教学语法与理论语法,《浙江师范大学学报》(社会科学版)第 4 期。
张志公 1991,汉语语法研究与汉语教学语法,载《张志公文集》第 1 卷,广东教育出版社。
张志公 1997,《张志公汉语语法教学论著选》,山西教育出版社。
赵丽君 2010,理论语法与教学语法在实际中的运用——以汉语作为第二语言教学为例,《西安社会科学》第 2 期。
中国大百科全书总编辑委员会 1988,《中国大百科全书·语言文字》,中国大百科全书出版社。
中国社会科学院语言研究所词典编辑室 1996,《现代汉语词典(修订本)》,商务印书馆。
周子衡 2007,从对外汉语教学的视角重新审视教学语法,《语文学刊》第 4 期。
朱德熙 1982,《语法讲义》,商务印书馆。

第二讲　对外汉语教学语法体系的形成和发展

一　对外汉语教学语法体系的形成

1.1　对外汉语教学语法体系的界定

在汉语语法教学中,语法体系问题始终占有中心地位。作为同样的汉语语法教学(只不过对象不同),对外汉语语法教学的体系问题当然也是一个核心问题,必须加以考虑和解决。我们认为,对外汉语教学语法体系即是指专门为学习汉语的外国人编写的书中所使用的语法教学体系。

1.2　对外汉语教学语法体系的形成

对外汉语教学自20世纪50年代开创至今已有50多年的历史。教材的建设经历了50年代以语法结构为主的草创时期,60年代到80年代初以语法结构为主同时融进了直接法、听说法、功能法等因素的探索时期,80年代开始出现了大发展的局面,教材品种、类别多样化,并向系列化、立体化方向发展。纵观这一时期的各类教材,并没有超出"结构—功能"法的范畴,即以语法结构规则为纲,结合语言的交际功能以加强学生交际能力的训练。由此可见,对外汉语教学在30多年的发展过程中,教材虽几经变更,但语言结构自始至终都在教材中起着主要作用。因此对外汉语教学语法体系的科学和完整是实现教材科学化的基础,是提高教学水平的关键。

对外汉语教学语法体系是在1958年出版的《汉语教科书》基础上建立起来的。《汉语教科书》吸取了其问世以前中国语法学界各家的研究成果,如《国语入门》《现代汉语法讲话》《中国语法理论》《中国文法要略》以及当时刚刚颁布实施的《暂拟汉语教学语法系统》等,因此它建立起来的对外汉语教学语法体系既能反映当时语法研究的最新成果,又能体现对外汉语教学的特点。50多年来,这套教材有关语法项目的切分、编排以至说明,基本上沿用了下来。据外国同行考察,"除了美国一些学校编写了具有独特语法体系的汉语教材外,其他国家的汉语班恐怕差不多都采用北京语言大学教材和语法体系,这样,50年代在北京定型的对外汉语教学语法体系……从当时到现在沿用于一代一代的汉语教科书上,也遍及了全世界。"(柯彼德1991)

由于现行的对外汉语语法体系几十年来变化甚微,不少文章呼吁要修改这套体系,有的称之为"在理论基础上太陈旧","体系的描写缺乏针对性,教材所使用的基本上是教中国人的体系,在根本上没有突出外国人学习汉语的特点和学习难点"。也有人认为"传统语法体系是构成汉语教学难以达到更高水平的最大障碍之一"。

作为现行教学语法体系的奠基者,《汉语教科书》究竟应该如何评价,传统的语法体系究竟是什么面貌,几十年来各套教材在沿用的情况下是否有所变革,为适应对外汉语教学蓬勃发展的形势,语法体系应该在哪些方面进行修改和调整,都需要讨论。下面我们将具体分析《汉语教科书》的语法体系。

1.2.1 对外汉语教学语法体系的初貌

我们从分析《汉语教科书》的语法体系中可窥见对外汉语教学语法体系的初貌。《汉语教科书》是新中国第一部对外汉语教材,它属于单一型综合性教材,由北京大学外国留学生中国语文专修班邓懿等编写,1958年时代出版社出版。全书分上下册,共72课,前12课是语音,后60课是语法。该书有196个语法项目,自成体系,其语法体系由以下几部分构成:

1.2.1.1 词类。《汉语教科书》把词划分为11类:名词、代词、动词、形容词、数词、量词、介词、副词、连词、助词、叹词。

在词类的划分上基本上与《暂拟系统》一致。主要区别有两处:一是"是"的归类。《暂拟》把"是"归为判断词,与后边的成分构成判断合成谓语。《汉语教科书》将"是"归为系词,与后带成分合称体词谓语。二是"着、了、过",《暂拟》称作时态助词,《汉语教科书》叫做词尾。

1.2.1.2 句子。对句子进行了层级划分,按结构分为单部句和双部句。单部句分为无主句和独词句;双部句按谓语的不同分为体词谓语句、动词谓语句、形容词谓语句、主谓谓语句。按句子用途分为陈述句、疑问句、命令句、感叹句。

句子分类大体与《暂拟》相同。但《汉语教科书》吸取了《现代汉语语法讲话》的做法,将主谓句分为四种。但体词谓语句谓语的含义有所不同,《汉语教科书》是指系词"是"及其后带成分,《现代汉语语法讲话》是指名词、代词、数量词等体词直接做谓语。

1.2.1.3 时间和情貌。动作有开始、进行、持续和完成等阶段,该书称之为动作的情貌,并把它与时间表示法相结合。该书明确提出汉语中动作的时间主要是由时间词语来表示,从动作本身看不出时间的形态变化。它提出了五种情貌:完成貌、进行貌、持续貌、发生貌和经历貌。该书对情貌的处理除了反映了汉语的特点,也照顾到了外国人学习的难点。

1.2.1.4 句子成分。包括主语、谓语、宾语、定语、状语和补语。其中较有特色的是不同于当时多数语法著作按结构标志划分补语的做法,而是按动词和补语的意义关系划分出程度补语、趋向补语、结果补语、可能补语、时间补语等。

《汉语教科书》的句子成分划分基本上是按照《暂拟系统》的词类系统进行划分的,所以它吸取了《暂拟系统》中"复指成分"的说法,除六大成分外,该书还有两个句子成分,同位语和外位语。

1.2.1.5 几种动词谓语句。该书的编写者介绍了动词谓语句中六种比较复杂或特殊的句式。它们是兼语式、连动式、处置式、被动式、表示出现存在消失的句式和强调动作的时间地点方式等的句式。

这部分明显吸收了王力《中国语法理论》、吕叔湘《中国文法要略》、丁声树等《语法讲话》以及《暂拟系统》的研究成果。

1.2.1.6 复合句。《汉语教科书》中把复句叫做复合句。它介绍了九种是用关联词语的复合句,它们是:表示因果(因为……所以……)、表示条件(要是……就……)、表示转折(虽然……但是……)、表示更进一步(不但……而且……)、表示时间紧紧衔接或表示条件(一……就……)、表示关联(越……越……)、强调条件(只要……就……)、表示并列(又……又……)和疑问代词活用表示特指。但是没有给这几种复句定出一个合适的名称。

该书只介绍了用关联词语的复合句,没有介绍意合句。

1.2.1.7 表达。《汉语教科书》选择了多种语言交际必需的表达方式,如时间表示法、称数法、钱的表示法、方位、比较、强调、语气等。

如关于"比较"的介绍:"比"字句、用"有"比较、用"跟……一样"、"一天比一天""一年比一年"作状语。

1.2.2 《汉语教科书》语法体系的特点及其局限

1.2.2.1 特点。上世纪50年代对外汉语教学尚处于萌芽时期,《汉语教科书》已确立起这套针对性、适应性、完整性都较强的语法体系,其功绩值得载入对外汉语教学的史册。

作为一本语言教科书,他与当时教本族人的教学语法体系《暂拟汉语教学语法系统》相比,有很明显的区别,可谓同中有异,不乏创见。它结合交际的需要,突出了句子系统、表达系统、情貌系统和补语系统。在结构上,切合外国人学习汉语的需要,按语言学习规律对语法系统进行了切分,每课安排3-4个语法点,结合语言材料进行教学;在语法点的选择、切分和编排次序上,每课的语法点和生词量都有控制,而且做到了循序渐进,表现出了极高的技巧;在表现语法规则上,主要采取了线性序列,以利于外国人模仿造句,而且成功的通过汉外对比、意义相同或相近的词语和句式的对比以及对语法运用条件细致入微的描写,体现了对外汉语教学的针对性,因此它在结构系统上既合理又实用。不过,该书从整体上是重结构形式的,这与上世纪50年代语言学界的结构主义倾向相符合。

同时也注意提供语言交际中表达意念的各种方式,使该书没有走纯结构主义的路子。

1.2.2.2 局限。《汉语教科书》的指导思想是从语法理论入手,偏重于语法知识的讲解,而且以语法知识巩固为中心的练习形式比较呆板,练习题的数量比较少。它毕竟是上世纪 50 年代的产物,所以不可避免地存在以下局限:

1.2.2.2.1 教学方法的局限

上世纪 50 年代在语言教学法上主要受语法翻译法的影响,贯穿着以语法为纲,把语法讲解放在了首位,因此条目繁琐,讲解过细,不利于交际语言的学习。

1.2.2.2.2 教学经验的局限

上世纪 50 年代中国内地主要接受来自社会主义国家的留学生,除桂林有过成批的越南学生外,北京主要是少量的东欧学生,教师人数开始时仅有六名。自 1950 年 12 月首次接受五名罗马尼亚学生到 1958 年编写和出版教材,仅有六七年的时间,因而在教学经验的积累、对学生学习汉语的特点、难点的观察和分析等方面都受到了局限。

1.2.2.2.3 汉语语法研究水平的局限

朱德熙先生(1989)说:"应该强调汉语研究是对外汉语教学的基础,是后备力量,离开汉语研究,对外汉语教学就没法前进。"上世纪 50 年代语法研究在深度、广度以及研究方法上都不能与当前相比。特别是由于对外汉语教学处于草创阶段,还没有形成为一门学科,教师队伍也不够壮大和成熟,所以专门研究对外汉语教学语法的著作、文章很少,科研队伍也没有形成,受此局限,语法体系中不免存在某些不够成熟、不尽科学的部分。如,对某些具体的语法项目的处理:

① 词的兼类问题:将某些能充任主宾语的动词,如"介绍、表演、劳动"等做兼类词对待。

② 对于词组的划分,只提到了动词结构、主谓结构、动宾结构、动补结构、介词结构。整套教材涉及词组的地方只有几处。这是由于《汉语教科书》主要讲词法和句法,词组没有得到充分的重视。

③ 将句子结构划分为单部句和双部句,容易和一级的单句和复句产生混淆。

④ 关于"提宾说"的讲法不太恰当。如将"练习做得很好"解释为意义上的被动句,将"练习还没做完"解释为宾语提前,即前一句中的"练习"为主语,后一句中的"练习"为宾语,很难自圆其说,将语义层面上的施受关系和结构层面上的动宾关系混为一谈。

⑤ 在具体语法点的解释上,把知识的讲解放在首位,解释过于琐细。而且,为了保证语法点的全面和系统,语法学习量大,难点集中。学生掌握起来困难。

总的说来,该书所创建的语法体系基本上是传统的语法体系,其核心内容是只讲词法和句法,该书以句子为基点进行句法分析,语法分析的方法是中心词分析法。虽然该书杂有结构主义因素,但基本上还是传统语法。这个体系明显反映了静态的封闭的句本位思想,它偏于系统知识的讲授,不怎么重视对学生的语言应用能力的培养。

二 对外汉语教学语法体系的发展

自1958年《汉语教科书》问世以来,几十年来,对外汉语教材在内容、体例、教学方法等方面发生了很大的变化。其发展大概可分为两个大的阶段:60年代到80年代初为对外汉语教学的探索阶段,这一阶段以北京语言学院正式出版的四套教材为代表,都是单本综合型的教材;80年代以来,教材建设进入发展阶段,其品种之繁、类别之全、数量之多是前所未有的,并变单本综合型为系列教材。虽然不同类型的学生用书已出版了200种以上,但作为教材主干部分的语法体系却基本上沿用下来,变化甚微。以上世纪60年代到上世纪80年代初的几本教材为例,据统计,其语法点与《汉语教科书》的相同点比例为82.2%——91.6%,后编的系列教材在语法点的切分、编排以及语法点的证明等方面,也基本上与《汉语教科书》相类似。

2.1 第一阶段的发展

德国柯彼德博士在文章中指出"从1958年出版的《汉语教科书》开始到《基础汉语》(1971年)、《汉语课本》(1977年)、《基础汉语课本》(1980年)、《实用汉语课本》(1981年)、《初级汉语课本》(1985年)等教材,传统语法体系大同小异地保留到现在,只在《汉语课本》和《初级汉语课本》里边的语法注释里有一些值得考虑的变动。"

以下我们分析一下《汉语课本》和《初级汉语课本》在语法体系方面所做的修改和变动。

2.1.1 《汉语课本》

七十年代初,国内各外语院校纷纷采用"句型教学",这股浪潮也影响了对外汉语教学领域。《汉语课本》是由北京语言学院李德津等编写,1977年出版,采用了句型替换一课文一语法注释的编排方式。为了更突出语言实体的作用,除了增加句型替换部分以外,还加大了课文的分量,课后附有一段简单的会话。语法注释部分的文字解释更加完整、精确。全书共有语法点108个,句式83个。从《汉语课本》和《汉语教科书》的语法复习提纲来看,格局和内容大致相同,但也有一些做了修订。据王还先生介绍,在语法体系方面的主要变动有:

2.1.1.1 把"是"由系词改为动词,取消了原来的体词谓语句的说法。明确了"是"是动词,后边的成分是宾语,因此用"是"的句子是动词谓语句。把由名词、数量词等作谓语的句子叫做名词谓语句,如:今天星期三。这一提法被后编教材沿用了下来。

2.1.1.2 把程度补语改成情态补语,把由"很""极了""透了"等作补语的叫做"程度补语"。把可能补语改成结果补语和趋向补语的可能式。这两处变动在后编的教材中没有被采纳,基本上又恢复了《汉语教科书》的提法。

2.1.1.3 把"了"分别称为词尾和句尾。

2.1.1.4 从语义上对"把"字句进行解释,说明"把"字句是对某事物进行处置,强调"把"字句是为了某种表达的需要而独立存在的句式,从而避免了《汉语教科书》提宾说所产生的"把"字句仅是动词谓语句的变式这一印象。

2.1.1.5 其他提法还有变化的如把时间词语作补语叫做时量补语,把说明动作数量的补语叫数量补语,恢复了连动式等等。

总的来说,该书是在国外盛行的听说法和交际性原则的教学影响下诞生的,它适应了当时的形势。在对外汉语语法教学方面有其创新之处。如以句型体现语法点:本书设置了83个句式,以句型体现并练习语法点,反复操练句型,注重了语言交际;而且在上述增改的语法点中,也体现了语法界研究的新成果;另外,还介绍了一些与文化有关的表达法,在语法解释中出现了"问候语"等交际性表达方式,注重了功能性。当然,由于研究水平的局限,其基本格局和大致框架仍与《汉语教科书》一致,而且有某些提法也不够准确,如"把"字句的处置说、语气助词"了"表示"过去发生的某一件事"等都不够完善。

2.1.2 《初级汉语课本》

1985年出版的《初级汉语课本》是最早进行分课教学实验的教材。该教材主持人鲁健骥在谈到这项实验时说:"我们目前的教学,从内容到方法(包括教材、教学方法和测试方法等),偏重于语言知识的传授,而不适于语言能力的训练。"这次实验正是力图在课型安排、教学方法、教材内容以及测试等方面都以培养学生的语言能力为出发点。由于这一指导思想,《初级汉语课本》在语法体系上也有了某些新的探索和变化。

2.1.2.1 简化了语法项目

以往教材以传授知识为出发点,对语法点的选择讲求完整,对语法项目中的各种形式常常全部列举,对语法点说明也过于琐细。《初级汉语课本》注意到对语法项目按交际的需要进行筛选。例如趋向补语,历来教材都分为简单趋向补语和复合趋向补语两大类,还分别介绍带宾语和不带宾语两种形式,带宾语的又可分为可移动的物体和不可移动的物体两种。这样繁杂的内容又往往放在两课中学习,难度比较集中。《初级汉语课本》提出"来"和"去"表示动作趋向,"来/去"既可用在动词后也可用在"动词+结果补语"后表示趋向。而且在频率统计的基础上,只选择常用的句式,如不带宾语,及宾语在"来/去"之前,而将口语中极少出现的宾语在"来/去"之后略去不提,这种处理既简化了内容,又降低了教学的难度。对其他带宾语的补语句以及动作的进行、动作的持续等,编者也都从有利于表达的角度作了不同程度的简化。

2.1.2.2 减少了语法术语,以公式法和语言的功能概括语法

以培养学生交际能力为目的的语言教材,应尽量减少语法术语以减轻学生负担。《初级汉语课本》中减少了许多语法术语。该书采取了只出句型模式不给术语的办法,如

练习句型"V₁＋着＋V₂"而不出连动句概念,类似处理的还有兼语句、存现句等。或者只出意念表达法,如日期、时间、年龄、身高、体重表达法等,不给名词谓语句的概念。该书还简化了补语系统,除了结果补语和程度补语外,不出现其他补语概念。

2.1.2.3 语法教学贯穿两个阶段,消除了语法阶段和短文阶段的界限。

它跟以往的教材一样采取中外文注释的方法。而且语法难点更加分散,讲解更简明,更有针对性。例如,"了"是语法教学的难点之一,过去的教材往往把它安排在后面,但是《初级汉语课本》有意识地在前面选出一些带"了"的常用句子,加以注释或翻译。例如,第14课的课文注释部分出现"汽车来了"的句子,而接着说明"语气助词'了'表示某事已经发生"。第15课"今天几号了"、第21课"您六十几岁了吧?"、第27课"太……了"、第30课"别送了"等这些句子也分别说明"了"的用法。然后到第31课才小结"……了",接着第32课出现有关助词"了"表示变化的讲解。这样,在讲"……了"的时候,学生会比较容易接受。

2.1.2.4 提出了"A 没有 B＋Adj"是"A 比 B＋Adj"的否定式这一新见解。

2.1.2.5 对句末助词"了"作了新解释:表示在某段时间内出现的情况或发生的事情,如果句中没有时间状语,句子表示说话时刚刚出现或发生的事情。

2.1.2.6 在语法点的说明上,该书主要采取句型模式的展示,避免过多进行语法术语的解释。

2.1.2.7 在文化交际上也作了有益探索,通过课文内容和注释,对外国人和中国人交往所必须了解的交际文化做了简单而实用的介绍,如称呼、打招呼、问姓名年龄、问路、乘车、访友、待客请茶等。

《初级汉语课本》在语法体系上作了不少可喜的尝试,以功能法(交际法)为主,兼顾传统的翻译法,并吸取了情景法和认知法的某些长处。一切都以如何形成和发展学生的交际能力为核心。从语言材料的选择、情景的安排、文化背景知识的介绍、语音教学的编排、语法点的出现和讲解到练习的设计,无不体现了交际的特点.对汉语语法不作系统全面的解释,而是注重易懂、实用,较少使用一些抽象概念和语法术语。而且,语法点的编排以功能项目为纲,独具匠心,循序渐进,按先易后难、先基本后活用的次序编排,并注意到重复率和常用率,将语法点化整为零,分散学习。但就其整体来看,仍没有超出《汉语教科书》的框架,其变动也多局限在某个范围,并没贯穿全部。在某些语法点的解释上也不够严密科学,对语言形式所表达的意义及用法介绍不足。《初级汉语课本》之后又出现了几套系列教材,其语法体系,无论是语法条目的选择、说明,还是编排等,基本上与《汉语教科书》相同。

2.2 第二阶段的发展

80年代末以来,我国对外汉语教学事业空前繁荣,学科建设空前发展,其中成就最大的就是对外汉语教材建设,这也标志着对外汉语教材进入到发展的第二阶段,这20多年中,教材品种之繁、类别之全、数量之多是前所未有的,并变单本综合型为系列教材。新一代教材的语法体系又有何发展,下面我们将具体分析三本教材在语法上与之前教材的差别。

2.2.1 《现代汉语教程》

《现代汉语教程》(读写课本、听力课本、说话课本)是北京语言学院1988年出版的。它贯彻了"结构——情境——功能"三结合的系列综合法原则,体现了编者将结构、情境、功能项结合的编写意图。

该教程的语法项目的学习主要集中在《读写课本》一册。其语法教学内容和框架和前编的教材基本一致。其主要区别如下:

2.2.1.1 系统地介绍汉语的基本语法,如逐类地介绍13类词、逐个地介绍六大句子成分等,并通过课文、阅读材料等设置的情境介绍该结构使用的场合及其表达的意义。具体来说,先通过句型及替换训练来介绍语法结构,再通过课文所提供的情景和语境,使学生理解并进一步掌握在什么情况下使用某种结构或表达方式。

2.2.1.2 详尽地列举语法项目。如比较句,除了以往介绍的"比"字句、"跟……一样"、"更、还、最"、"有"和"没有"外,还介绍了形容词单独作谓语、程度补语、"还是"、"A像B(这么)……"等表示比较。

2.2.1.3 全面归纳并罗列了八种词组:联合词组、数量词组、主谓词组、动宾词组、偏正词组、补充词组、"的字词组"和介词词组。

2.2.1.4 介绍了常用的15种句子格式。如"只有……才……""怎么……也……"等。

2.2.1.5 没有提及宾语提前。

2.2.1.6 提出主语和谓语是话题和陈述的观点。

2.2.1.7 值得一提的是,此书采用了塔式结构形式"词、词组、句子"来展示句子的结构是一种创新,使语法结构的练习显出层次性、灵活性。而且,练习中的"熟读词组"一项较有特色。有的体现语法关系,如"把门开开、把作业写了……";有的体现了搭配关系,如"认识那个人、认识那个字"等等。

《现代汉语教程》的编写参考了1983年初编写的《文科基础汉语一年级语法结构大纲》和《功能意念大纲》的初稿,并据此较顺利的排出了语法结构出现的顺序,选择了与之相对应的功能项目,保证汉语的结构和功能项目很好地结合。但是此教程也有不少局限,如过于讲求语法知识的系统性,而且偏重于语法概念的介绍,对形式特征和语法功能也作了详细的描写。同时还详尽地列举和解释语法项目,如比较句,除了以往介绍的"比"字句、"跟……一样"、"更、还、最"、"有、没有"外,还介绍了形容词单独作谓语、程度补语、"还是"、"A像B(这么)……"等表示比较,将好多简单的语法点复杂化了。

2.2.2 《新实用汉语课本》

2.2.2.0 概况。《新实用汉语课本》,刘珣主编,北京语言大学出版社2002年3月出版,主要是面向海外(尤其是北美地区)专业性汉语教学的初级对外汉语综合教材。它是新时代、新形势下的汉语教材创新和突破之作,继承了《实用汉语课本》的一些主要特点,融合了编者20多年来汉语教学的经验和研究成果。全书共六册70课,前四册为初级和中级以前阶段,后两册为中级阶段。从第一册到第四册共50课,涉及语法点282个,平均每课5.62个,基本上涵盖了大纲规定的语法项目。课本体例由课文、生词、补充生词、注释、练习与运用、阅读和复述、语法、汉字、文化知识部分组成。书后附有繁体字课文、生词索引和汉字索引。

2.2.2.1 特点。与其他教材相比,其语法方面的特点有:

2.2.2.1.1 采取以结构为基础,结构和功能、文化相结合的路子。在结构上,该书采用了螺旋式的安排方式,通过四次大循环和更多的小循环(如每课一定要出现上一课的主要句型和语法点),环环相扣地介绍汉语语法的基本规则。如:"了"、"把"字句和各种带补语的句子,都不是在第一次出现时或在一课中一下子全部塞给学生,而是由易到难分成几个阶段逐步展示;功能项目方面,从第一课起就强调让学习者用刚学会的语言结构进行交际,让学生一开始学习就能交流,使其有一定的成就感;文化方面,特别注重课文内容的人文性,介绍了很多习俗文化、交际文化、中西文化对比的内容。

2.2.2.1.2 语法点的讲解贯穿于整个学习阶段。《新实用汉语课本》语法点总量虽然多,但是编者将一些语法含量比较大的项目切分为几次来讲,分散在不同阶段或同一阶段的不同课中,避免在一课中教学量过大。如"比"字句,《汉语教程》在第37课就出现了3种比较句的类型(比字句、A有/没有B…、不如),这一课的难度可想而知。而《新实用汉语课本》是将比较句分成用"比"表示比较、"跟……(不)一样"表示比较、用"更、最"表示比较、用"有/没有"表示比较等几个小的语法项目,分散在若干课中进行处理的。而且,在初级阶段严格控制语法项目的总量,只选择最基本、最典型、必不可少的项目。中、高级阶段对初级阶段语法教学进行衔接、扩展和深化,形成循环、螺旋式上升的语法教学的第二、第三个周期。而且,与其他教材不同,把语法教学提前,语音和语法同时开始,在教授语音阶段的前六课中,已让学习者先接触多种基本句式,但不作语法的系统讲解。

2.2.2.1.3 语法解释加强了对比分析。由于《新实用汉语课本》是面向海外英语地区的教材,因此它加强了语言的对比分析,在语法项目的处理上比通用型教材《汉语教程》更加具有针对性。如时间词语作状语这一语法项目,《汉语教程》仅仅说明"可以放在谓语前面作状语,也可以放在句子前面",而《新实用汉语课本》除了一般性的说明以外,还特别指出时间词作状语不能放在句末(不能说"我们吃烤鸭今天"),较大的时间词要放在较小的时间词前面(明天上午)。这样的特别说明体现出了《新实用汉语课本》的针对性,因为英语语法中时间词作状语可以放在句末,英语中是先说小的时间,再说大的时间。再如介词词组"在……"作状语这一语法点,《汉语教程》仅指出"介词'在'加上处所词放在谓语动词前面",而《新实用汉语课本》还强调指出不能说"我学习在语言学院"这样的句子。这也是对汉语和英语的语法进行了对比分析的结果。

2.2.2.1.4 具体的语法点

《新实用汉语课本》的语法项目可以归纳为 11 类,分别是词类、动作的态、短语、固定格式、句子种类、句子成分、强调的方法、数的表示法、特殊句型、提问的方法和复句。

a. 在词类的讲解中,专门说明了离合词这项。在 27 课"入乡随俗"一课的语法讲解部分,介绍了汉语中有一类特殊的词,中间能插入别的成分,而且往往其结构形式是 V+O 的形式,并举了离合词的代表例子,如"游泳、吃饭、睡觉、看病"等等。并注释其后边不能接宾语,表示时间和动作的量的词只能插入其中。举了错误形式,如"我朋友帮忙我""他在银行排队了两次"。这在以前的教材中是没有提到的。

b. 动作的态,讲到了 6 种:完成态、经历态、将变态、进行态、现变态、持续态。

c. 短语部分,王还编写的《对外汉语教学语法大纲》中列出了 13 种,在《新实用汉语课本》中对词组的介绍,只讲到了介宾短语(由介词"跟、在"构成的词组)和"的"字短语。其他词组虽然没有用语法术语概述,但是在第四册每课的"练习与运用"部分,都有一个"熟读下列短语"的练习;同时在第五册课本中每课的"语法"部分,都有一个"短语组合"的环节,通过这样对词组大量的熟读和操练,也会使学生更多地形成语感,对汉语里的词组有更深的体会。

d. 提问的方法,前后共讲到了 10 种,它们是:用"吗"的是非句、用疑问代词的问句(如"谁、什么、哪儿、哪")、正反疑问句、用"呢"构成的省略问句式、用"几"和"多少"提问、用"……,好吗"提问、选择疑问句、双重疑问句、用疑问语调表示疑问和"用疑问副词'多'"提问。其中,双重疑问句如:你明白他说的话是什么意思吗?汉语学界极少有人将这类句式定义为"双重疑问句"。

e. 总结了 14 类连词的五种复句:并列复句、递进复句、假设复句、承接复句、因果复句,15 类连词的四种复句:让步复句、条件复句、转折复句和选择复句。

2.2.2.2 对《新实用汉语课本》的评价

《新实用》的编写目的主要是通过语言结构、语言功能与相关文化知识的学习和听说读写技能训练,逐步培养学习者运用汉语进行交际的能力。为达到这一目的,力求体现"以学习者为中心"的原则;在教学方法上汲取各种教学流派的长处,既重视语言的交际功能,又要让学习者懂得必要的语法知识和组词造句的规则,有助于学习者了解目的语的文化和社会,从而更好地运用目的语进行交际。以上也是《新实用》编写的主要理念。

尽管有以上种种优点,主编刘珣本人认为还存在以下不足:

a. 尽管作者将结构—功能—文化三者相结合,并有意突出功能的地位,但仍然过分拘泥于传统的语法教学体系,很多功能、开放题的设置并没有实现作者的初衷,没有达到正常交际的目的。功能项目由于研究不够,脉络不甚清楚,随意性大。总体看来仍是以结构为主,而功能仅居于附属地位。只是他们除了注意语言结构外,还注意了从意念和功能,从语义和语用的角度丰富教材的内容。

b. 语法项目出现的顺序基本上是以语法结构的难易度的传统看法为依据的,未能从语言学习理论的角度考虑到学习者的语言习得顺序和语法规则内化的规律,当时实际上也不可能。直线式的安排,对尚未教到的语法项目一般采取回避的做法,这就难免出现不自然的句子,也不利于交际性练习。

  c. 对学生应该掌握的有关汉语及中国的背景知识、文化知识,多采用课文后附加英语短文的方式介绍,这就显得游离于课文之外,未能成为语言教学的有机部分。对与语言交际直接相关的文化知识,即交际文化或行为文化,介绍得很不够也缺乏系统性。

  d. 某些语法项目的解释值得商榷,如将"把"字句的教学一分为四,分四次进行讲解,最后还有一次小结。其"把"字句1是"主语＋把＋宾语＋动词＋了"式,"把"字句2是"主语＋把＋宾语$_1$＋动词(给、送)＋宾语$_2$"式和"主语＋把＋宾语＋动词＋来/去＋了"式,"把"字句3是"主语＋把＋宾语$_1$＋动词＋到/在/成＋宾语$_2$"式,"把"字句4是"主语＋把＋宾语＋动词重叠"式。而"把"字句最典型的语义特征是通过动作使某种特定事物("把"的宾语)发生某种移动、变化或结果,因此,反映这一典型语义特征的"把"字句是"动词＋在/到/给＋宾语"和动词后带补语的,即课本中的"把"字句3和"把"字句2式。根据对1094个例句的考察,这两种句式的句子占77.8%。而"把"字句中的"把"字句1式和"把"字句4式,都不表示"把"字句的上述典型语义特征,是非典型的"把"字句,"把"字句1的出现频率仅为3.8%,"把"字句4的出现频率仅为2.7%,出现频率很低。《新实用汉语课本》可能是考虑到"把"字句1形式上是最简单的,那么也应该容易学,因此就将"把"字句1编排在最前面讲解。但是,根据我们的教学经验,"把"字句1虽然形式简单,但是它的语义特征很难讲解,往往是讲了半天,学生最大的问题是仍然不明白什么时候用、为什么要用"把"字句1来表达。而编排在后面的"把"字句3讲解时不用费太多时间,学生就能理解了。可见,在语法项目的具体编排上,千万不能仅凭编者自己的主观感觉,而必须建立在科学的分析基础之上,从典型式到非典型式、由常用式到非常用式,这样才是编排中应遵循的次序。

  2.2.3 《长城汉语·生存交际》

  2.2.3.0 "长城汉语"是中国国家汉语国际推广领导小组规划、组织、研发、运营的重点项目,是一种有别于以往传统的课堂教学、基于网络多媒体技术开发的全新汉语教学模式。以培养学习者的汉语交际能力为主要目标,运用多媒体课件与面授教学和练习册相结合的多元化教学方法,是一个完整的对外汉语教学体系。主体内容分为"生存交际""交际发展"和"自由交际"三个阶段,各阶段相互衔接又各自独立。整套教材图文并茂,可配合多媒体课件学习和面授教学使用,也可用于自学。全套教材以"创业、爱情、传奇、当代"四个故事为线索,话题涉及经济、文化、体育、伦理等,故事生动有趣,语言口语化,地道实用,语法介绍简明,并配有大量循环练习。

  《长城汉语·生存交际》系列教材,主编马箭飞,北京语言大学出版社2006年4月出版。全书共六级,每级包括课本、练习册、CD-ROM等。《生存交际》课本面向初级汉语学习者,主要是课文和生词,以解决日常生活中最基本的语言交际问题。与其他课本不一样,本书只在练习册部分出现了语法知识,所出现整理的语法知识共 161 个,语法知识涉及词类、特殊句式、句子成分、时态、提问、数的表示和复句等各个语法项目的知识以及常用的词语、词组和句型。所有解说文字使用英文,方便英语国家汉语学习者学习。

2.2.3.1 《长城汉语·生存交际》练习册中语法点的特点

2.2.3.1.1 与以往传统教材的编写有很大不同,本套教材没有过多的讲解语法。课本只是编写了实际生活中比较实用的课文,以期解决日常生活中最基本的语言交际问题,而在练习册中稍微补充整理了此课所涉及的语法知识。整个六本练习册所涉及的语法点与传统教材相比甚少。而且许多语法知识也只是一些常用词语的使用,不能算严格意义上的语法项目。

2.2.3.1.2 注重实际的交际功能,强调功能与结构相结合。对于语法知识的讲授,多数是用实际的句型公式和范例出现,很少使用语法术语来解释。如对于时态中表"经历态"的"过"的讲解中,在第三册第十单元的语法知识部分,只是给了三个公式,并在各个句型公式下边分别举了两个实例——"V+过"(我见过他的女朋友;我去过那家饭馆)、"没+V+过"(弟弟从来没去过上海;我没寄过特快专递)、"V+过+quantity"(我去过两次古玩城;来中国以后,我给他寄过两封信)。通过公式和例句,让学生能够直观地感受到"过"的用法。这样的设计方式,也是为了让同学们会说会用,并让学生自己慢慢感悟其语法意义内涵。

2.2.3.1.3 具体的语法知识

a. 对于同一个语法知识,会循环渐进地展示。比如对于比较句的讲解。在练习册第三册第六单元的语法知识中出现了句型"跟……一样",并给出例句:我买的词典跟麦克的一样,今天的气温跟昨天一样;在第五册的第六单元出现句型公式"a 比 b+形容词"以及它的否定式"a 没有 b+adj";第七单元又出现程度比较"A+V+得+比+B+形容词"(麦克写得比玛丽好;他的汉语说得比我好);最后在第六册第一单元又一次出现"比"字句"a+比+b+形容词+一点儿/多了"(我比他高一点儿/多了)、"A+比+B+更+形容词"(今天比昨天更冷)和"比"字句的否定形式"A+不比+B+形容词"(我不比冬生高)。这样对于比较句型循环渐进而且重现复习,使学生能更好地掌握比较句。而且,这样的安排也是考虑补语等其他语法项目是否出现,才能进一步深化比较句句型的讲解。在语法项目出现的先后顺序上,应该算是很合理的。

b. 介绍了一些中国人在日常生活中经常使用的固定句式,如:"可+形容词+了"(现在找工作可难了)、"形容词+死了"(今天我累死了;最近我忙死了)、"挺+形容词+的"(在那儿打工挺累的;跟他谈话挺有意思的)、"V+一下儿"(你试一下)、"主语+不+ A+也+不+B"(我的房间不大也不小)、"又+A+又 B"(他又聪明又能干)以及一些经常使用的说法,如"对……感兴趣/有意见/很热情"和"……什么的"(我上网就是收发电子邮件,看看新闻什么的,很少聊天儿)等等。这样的表达充分体现了汉语口语语法的特点,会使外国人汉语说得比较地道。

c.对于相近的同义词,放在一起讲解,给出例句,使学生感受它的不同。如在第三册第一单元讲到了副词——"又"和"再",并给出范句:昨天我们又去爬山了;我下班以后再给你打电话吧。同时,在第五册的第十单元还对此组易混的同义词进行了复习,又一次给出例句:他的感冒还没好,今天又去医院了;对不起,请您再说一遍。这样让学生对此印象深刻,并能够很好地体会这两个词的区别。

　　d.另外要提的一点是,在词类的讲解中,也讲到了离合词。在第四册第二单元的课文中讲到了"帮忙"这个离合词,于是语法知识点中给出了说明:The separable word"帮忙",给出公式和例句"Noun(Pronoun)...＋帮＋Noun(Pronoun)＋个(的)＋忙"(请你帮我个忙,好吗?我很想帮你的忙)。对于离合词的出现,并没有系统的进行全面讲解,只是坚持相对分散、随堂教学的原则,出现一个讲一个,让同学们明白有这种形式即可。这种对离合词的教学策略是值得肯定的。

　　2.2.3.2　总的来说,为了适应国际上学习汉语的迫切需要,我国的汉语国际化推广也正在发生着一些重大的转变:从对外汉语教学向全方位的汉语国际化推广转变,从将外国人"请进来"学汉语向汉语加快"走出去"转变,从专业汉语教学向大众化、普及型、应用型转变,从纸质教材面授为主向充分运用现代化信息技术、多媒体网络教学为主转变。《长城汉语》这种基于网络多媒体开发的新型对外汉语教学模式,也为对外汉语教学模式改革的深化提供了前所未有的机遇。而《长城汉语·生存交际》教材也与以往传统教材的编排有很大的不同,它重在功能,着重解决日常生活中最基本的语言交际问题,以培养学习者的汉语交际能力为主要目标。因此,此套教材对于语法的介绍简明,对于初级学生来说,可能能在很短的时间内学到最多的实用的交际用语。但不可否认的是,本套教材过于重视功能交际,对语法结构的解释甚少,而且也没有很强的系统性,在学生学到一定阶段以后,难免会感到学习的速度减慢。

2.3　对外汉语教学语法体系的总体发展特征及其趋势

　　通过对上述各个阶段教材语法体系的分析,我们可以看出:几十年来,对外汉语教学语法体系的发展是很缓慢的,变化是局部和微小的,可以说《汉语教科书》所创建的语法体系大同小异地保留在历代更迭的教材中。然而,随着语法研究的深入、教学经验的积累以及教学法的更替,历代教材在基本沿用《汉语教科书》中确立的语法体系的基础上,也有所发展、有所完善。

　　从基础汉语教材发展的历史看,更新的一代教材总是针对着旧教材中那些理论上不符合新的原则或实践上不适应教学实际的缺点而产生的。1958年的《汉语教科书》,到60年代初、中期,已明显地暴露出偏重语法讲解、条目过于琐细,不利于贯彻"实践性"教学原则的缺点,从而产生了编写实验教材以准备取而代之的计划;1977年北京语言学院复校后,受国内外语"句型教学"的启发,针对范句教学不利于课堂操练以及原有教材的

"量"不适于教学安排的缺点,编出了句型替换为中心的《汉语课本》;1985年出版的《初级汉语课本》则是针对着原有综合式教材不利于"不同语言技能需用不同材料、不同方法训练"的原则而编出的;1988年出版的《现代汉语教程》(读写课本、听力课本、说话课本)参考了《文科基础汉语一年级语法结构大纲》和《功能意念大纲》的初稿,并据此较顺利地排出了语法结构出现的顺序,选择了与之相对应的功能项目,保证汉语的结构和功能项目很好的结合。而且此书采用语法塔式结构形式"词、词组、句子"来展示句子结构,使语法结构的练习显出层次性、灵活性;2002年出版的《新实用汉语课本》采取以结构为基础,结构和功能、文化相结合的路子。在结构上,该书采用了螺旋式的安排方式,通过四次大循环和更多的小循环(如每课一定要出现上一课的主要句型和语法点),环环相扣地介绍汉语语法的基本规则;功能项目方面,从第一课起就强调让学习者用刚学会的语言结构进行交际,让学生一开始学习就能交流,使其有一定的成就感;文化方面,特别注重课文内容的人文性,介绍了很多习俗文化、交际文化、中西文化对比的内容;《长城汉语·生存交际》更是适应当今网络时代快速发展的趋势,是一种有别于以往传统的课堂教学、基于网络多媒体技术开发的全新汉语教学模式。它以培养学习者的汉语交际能力为主要目标,运用多媒体课件与面授教学和练习册相结合的多元化教学方法,也为对外汉语教学模式改革的深化提供了前所未有的机遇。具体说来,语法体系的变化发展如下:

2.3.1 语法体系本身的完善。

《汉语教科书》之后的一些教材在语法具体项目上有所建树,如《基础汉语》纠正了《汉语教科书》中把能充任主、宾语的动词划为动、名兼类的作法,严格按词的语法功能和意义划分词类;二是确立了名词、名词性词组直接做谓语。《汉语课本》确立了名词谓语句,如:今天星期三,他是北京人等;三是进一步明确了词组的造句功能,并按其造句功能划分为动词词组、名词词组、形容词词组等。四是更注重常用格式的句型总结,这样可以减轻语法知识,转换成为词汇词组的学习。此外,对某些语法点的解释也较为科学,如"把"字句、语气助词"了"、各种补语的用法的讲解。

2.3.2 语法解释删繁就简,讲求简明、实用。

随着实践性原则在教学中的深入贯彻,《汉语教科书》中以传授知识为目的而形成的语法教学量大、语法注释较繁琐、语法术语多等现象有所克服。像《基础汉语》语法点为116个、《汉语课本》语法点为108个、《现代汉语教程》语法点有130个,等等,这些教材删减了一些不必要出现的语法点;在语法解释上力求简明,不成篇累牍地讲解语法知识,不分条析目地罗列规则,简明扼要,点到为止。而且,像《新实用汉语课本》在语法解释中还加强了对比分析,《初级韩语课本》尝试以公式法和语言的功能概括语法。总之,这些教材在简化语法项目和语法术语,注重语法解释的和实用上做出了很有价值的尝试。

2.3.3 语法点的编排独具匠心、更加合理。

后编教材继承了《汉语教科书》先易后难、难易相间的编排原则。有的教材将语法教学贯穿始终,进而将语法点化整为零,分散学习,把语法项目划分为若干个小语法点,从而降低了教学难度,使语法点的编排更有利于教学。如《初级汉语课本》将"比"字句划分为 6 个语法点分散在 3 课学习。大大降低了教学难度。

2.3.4 语法项目的层级性与排序将日趋合理。

语法教学单位将向两头扩展,语素、词组以及语段的教学将会得到重视;语义、结构、语用三结合的语法教学模式将深入人心。

参考文献

曹漫雯 2009,《新概念英语》与《新实用汉语课本》的对比研究,东北师范大学硕士毕业论文。
丁崇明 2006,20 世纪 80 年代以来对外汉语教学语法研究综述,《北京师范大学学报》(社会科学版)第 3 期。
格桑央京 2009,长城汉语课堂教学模式设计与研究,《西北民族大学学报》(哲学社会科学版)第 2 期。
焦华英 2008,对外汉语教学语法体系研究综述,《现代语文(语言研究版)》第 4 期。
柯彼德 1991,汉语作为外语教学的语法体系急需修改的要点,《世界汉语教学》第 2 期。
柯彼德 2000,汉语作为外语教学语法体系革新的焦点——汉语动词词法,《汉语学报》第 2 期。
李　泉 2006,对外汉语教学语法研究述评,《世界汉语教学》第 2 期。
刘　珣 1994,新一代对外汉语教材的展望——再谈汉语教材的编写原则,《世界汉语教学》第 1 期。
刘　珣 2002,《新实用汉语课本》,北京语言文化大学出版社。
刘　珣 2003,为新世纪编写的《新实用汉语课本》,《暨南大学华文学院学报》第 2 期。
吕文华 1994,《对外汉语教学语法体系探索》,语文出版社。
吕文华 1999,《对外汉语教学语法体系研究》,北京语言文化大学出版社。
马箭飞 2006,《长城汉语·生存交际》,北京语言大学出版社。
赵金铭 1994,教外国人汉语语法的一些原则问题,《语言教学与研究》第 2 期。
郑梦娟 2009,英汉国际教材编写技术的对比研究,中国人民大学博士后出站报告。
朱德熙 1989,在纪念《语言教学与研究》创刊十周年座谈会上的发言,《语言教学与研究》第 3 期。

第三讲 《对外汉语教学语法大纲》述评

一 《对外汉语教学语法大纲》简介

1.1 编写背景

20世纪80年代以来,我国的对外汉语教学事业迅速发展,对外汉语教学成为了一门新型专门学科。有关对外汉语教学的研究特点从经验型逐渐转向科学型,老一辈对外汉语教学工作者为了建立起本学科的理论框架,形成学科特点,他们结合我国对外汉语教学及汉语语言文化自身的性质和特点,出版了一大批有关学科理论建设的专著。进入90年代后,对外汉语教学语法进入多角度探索的阶段,大家越来越清楚地意识到对外汉语教学的存在和发展首先得以汉语语言学作为基础,结合对外汉语教学需要对汉语进行本体研究是必不可少的。同时,在教学活动中大家一方面积极开展课程改革、教学创新,另一方面也开始了另一项影响深远的基础性工作——汉语作为第二语言能力标准的创制。因此,在此大背景之下,为了适应对外汉语教学的需要,为对外汉语教师提供教学和教材编写的语法方面的依据和参考,中国国家对外汉语教学领导小组办公室组织十多位奋斗在一线的专家学者编写了《对外汉语教学语法大纲》,由王还教授任主编。

1.2 编写理念

1.2.1 教学对象:外国留学生
1.2.2 教学目的:以培养学生语言交际能力和语言能力为目的而制定的语法大纲

1.3 对外汉语教学语法大纲与汉语学生教学语法大纲的区别

1.3.1 不详细介绍语法理论知识,突出语言运用规则和规则的使用条件;
1.3.2 既重视语言结构形式的描写,也注意与语义、语用的结合;
1.3.3 对语法不作全面系统的介绍,而是从交际需要出发选择语法项目,不强调系统全面;
1.3.4 对语言规则的归纳要简明、易懂,尽量形式化、格式化,能举一反三;
1.3.5 不引导学生分析语法,而是引导学生应用语法去运用语言、使用语言。

1.4 大纲体系

《对外汉语教学语法大纲》的基本面貌是传统语法的,总体四平八稳,形成了一个相对完整的教学语法基本框架体系,它不分项目和等级。概括起来,主要包括以下六大内容:

1.4.1 语法单位
《对外汉语教学语法大纲》沿用传统语法体系,包括三级语法单位:词、词组、句子。

1.4.2 词

1.4.2.1 词的分类
《对外汉语教学语法大纲》把现代汉语的词根据词的语法特征和句法功能分为十三类:

名词、代词、数词、量词、动词、助动词、形容词(以上为实词);副词、介词、连词、助词、叹词、象声词(以上为虚词)。

1.4.2.2 词的重要小类
名词:从不同的角度对名词可以进行不同的分类,如专用名词与一般名词、个体名词与集体名词、具体名词与抽象名词等。除此之外,名词还有两个特殊小类——时间词和方位词。

代词:分为人称代词、指示代词和疑问代词三种。

数词:包括基数、概数和序数。

量词:包括名量词和动量词。

形容词:有一类特殊的形容词——非谓形容词。

动词:分为及物动词和不及物动词。

助动词:作为封闭类,十几个助动词可分为表示可能性的、表示有某种能力或技能的、表示情理上需要的和表示主观愿望的。

副词:按其表示的意义分为八类——程度副词、时间副词、范围副词、重复副词、否定副词、估计副词、语气副词、疑问副词。

介词:按其表示的意义分为指出地点、时间、对象、依据或凭借的事物、原因目的和其他类。

连词:分为联合连词和偏正连词两个小类。

助词:分为结构助词和语气助词两个小类。

最后,叹词和象声词由于情况特殊,数量有限,并未对其进行分类。

1.4.2.3　词类内容在教学中的分布

1.4.2.3.1　构成语法点

有的词类是教学中的重点和难点,如虚词、动词重叠、能愿动词、代词活用;

1.4.2.3.2　构成交际中的表达形式

名词中的时间词、方位词;

数量的表达——钟点表达法、日期表达法、钱数的表达、号码、身高体重的表达等;

时间范畴、方位范畴、数量范畴;

1.4.2.3.3　构成句式

动词谓语句、形容词谓语句等;

1.4.2.3.4　不构成语法点

如叹词、象声词。

1.4.2.4　识别词类的标准

主要看语法功能,包括组合功能、句法功能、表述功能。

1.4.2.4.1　组合功能

1.4.2.4.2　句法功能

如:

	突然	忽然
组合功能:+"很/不"	+	—
句法功能:	谓、定、状、补,且意义不变	状语
判断词类:	形容词	副词

1.4.2.4.3　表述功能

名词——指称作用　　代词——指代作用　　动词——动作、关系作用

形容词——陈述作用　数词——数值作用　　量词——计量作用

副词——情状作用　　介词——介系作用　　连词——连接作用

助词——表语法关系　叹词——感叹作用　　象声词——摹声作用

1.5　词组

《对外汉语教学语法大纲》从两个不同的角度对词组进行了分类:

1.5.1 按词组成分之间的语法关系来分:联合词组、偏正词组、补充词组、动宾词组、主谓词组、方位词组、数量词组、介宾词组、"的"字词组、复指词组、连动词组、兼语词组、固定词组。

1.5.2 按词组进入句子担任的成分的性质来分:名词词组、形容词词组、动词词组等。

1.6 句子

1.6.1 句子成分

《对外汉语教学语法大纲》把一个句子的成分按照地位、作用分成基本成分——主语、谓语,连带成分——宾语、补语、定语、状语,还有特殊成分——复指、插说。

1.6.1.1 主语和谓语

依次介绍了充当主语的词语、充当谓语的词语、主语和谓语的关系。

1.6.1.2 宾语

依次介绍了充当宾语的词语、宾语和动词的意义关系、双宾语及前置宾语。

1.6.1.3 补语

按照意义和结构特点把补语分为八种:结果补语、程度补语、趋向补语、可能补语、时量补语、动量补语、数量补语、介宾词组补语。

1.6.1.4 定语

依次介绍了充当定语的词语、定语和中心语的关系、定语和结构助词"的"以及多项定语的排列次序。

1.6.1.5 状语

依次介绍了充当状语的词语、状语和中心语的关系、状语和结构助词"地"以及多项状语的排列次序。

1.6.1.6 复指和插说

介绍了不同类型的复指成分和插说成分。

1.6.2 句子的类别

1.6.2.1 句型(结构分类)

为了清楚地显示《对外汉语教学语法大纲》根据结构对句子划分的类别,列表如下:

句型			
单句(一级句型)		复句	
主谓句 (二级句型)	动词主谓句(三级句型)	并列关系	一般并列句
	形容词主谓句		连贯并列句
	名词主谓句		递进并列句
	主谓谓语句		一般选择句
非主谓句	动词性非主谓句	偏正关系	因果关系
	形容词性非主谓句		假设关系
	名词性非主谓句		条件关系
	叹词性非主谓句		目的关系
	称呼句和问答句		转折关系
省略句和倒装句			

1.6.2.2 句类(语气分类)

按句子的功能,单句分为五类:陈述句、疑问句、应答句、祈使句和感叹句。其中,基本陈述句包括肯定式和否定式;疑问句分为是非问句、特指问句、正反问句和选择问句四种。

1.6.2.3 句式(汉语的特殊句式)

分为连动句、兼语句、"有"字句、"是"字句、"是……的"句、"把"字句、表示被动的句子、存现句和比较的方式。其中,连动句又根据句内几个动词或词组之间意义的不同分为六种。兼语句又根据结构特点和意义分为八个小类。"有"字句则分为表示"领有"、"具有"、"存在"(发生或出现、列举和包括)、"等于"、"是"、"达到"等六类。"是"字句按主语和宾语的语义关系,分为表示"相等(同一、等同),归类,特征,比喻,说明,解释,存在,强调"等几类。"是……的"句强调动作时间、处所、方式、条件、目的、对象、工具、施事、受事等,分为两种不同的类型。"把"字句未作分类。表示被动的句子分为无标志被动句和"被"字句两种。存现句分为存在句和隐现句两种。

1.7 动作的态

1.7.1 完成态:V+动态助词"了"。

1.7.2 变化态:已经变化态:V+句尾语气助词"了"/S+了。
将要变化态:(要/快要/快/就要)+V+了。

1.7.3 持续态:V+动态助词"着"。

1.7.4 进行态:(在/正/正在)+V+(呢)。

1.7.5 经历态:V+动态助词"过"。

1.8 表达方式

1.8.1 比较:两个比较/两个以上比较/相同比较/比较差异
1.8.2 强调:双重否定、反问句、连……也、非……不可、是……的
1.8.3 时间、日期表示法
1.8.4 钱数表达法
1.8.5 号码表达法

《对外汉语教学语法大纲》直接面向参与对外汉语教学的教师和教材编写者,以上内容较为全面,基本反映了汉语的语法体系,各项语法点的阐述也较为具体。但是由于汉语作为外语教学的特点,有些在汉语中是重点的语法点不一定是教学过程中的难点,且对于不同母语背景的学生来说可能学习难点也不尽相同,为了更为清楚地显示普遍的教学难点,我们将其以表格的形式梳理出来,见下表:

语法教学难点分布表

主要内容	教学难点
语法单位	区分词和词组
词	虚词
	名词、形容词、动词、助词的重要小类
词组	离合词的问题
句子	定语和状语"的""地"的隐现
	多项定语和状语的顺序
	宾语的位置
	补语
	关联词语(连词和副词)
	"把"字句
动作的态	完成态、变化态("了"的使用)
表达方式	反问句

二 《对外汉语教学语法大纲》的评价与修订

2.1 学界的积极评价

《对外汉语教学语法大纲》于1995年出版后,在对外汉语教学界引起了强烈的反响,各位编者的工作成果也得到了充分肯定。德国著名汉学家柯彼德(2000)称赞《对外汉语

教学语法大纲》是专为外国学生学习汉语编写的语法体系的一个里程碑。大纲所产生的积极意义主要表现在以下三大方面:

2.1.1 《对外汉语教学语法大纲》是把理论语法和汉语作为第二语言教学的衔接的一个重要尝试。

语言学的理论语法和教学语法是两个概念,"语言学语法把语言作为一种规则的体系来研究,教学语法把语言作为一种运用的工具来学习"(许国璋 2005)。二者不是相互矛盾、相互对立的,而是既有区别,又有联系的。"理论语法和描写语法是教学语法的基础,教学语法是对理论语法和描写语法研究成果的普及、推广和应用,同时也是对理论语法和教学语法的验证"(张志公 1991)。从上个世纪 50 年代开始,汉语作为外语教学的语法体系是在汉语作为母语教学语法体系的基础上建立起来的。对外汉语教学成为一门独立的专门学科后,各位专家学者不断尝试将教学特点与本体研究结合起来。《对外汉语教学语法大纲》在这方面就进行了有益的探索,它例句丰富,努力将语法知识融入语言材料中,根据外国留学生的交际需要选取合适的知识点,然后根据语言本身的规律和教学的需要予以切分,最后根据学习者的习得规律,进行体例编排,为汉语作为外语教学的语法体系做出了重要的贡献。

2.1.2 《对外汉语教学语法大纲》为日后其他大纲的制定与编写提供了实用依据。

它是一个综合性的语法教学框架,体系完整,系统性强。大纲较详细地对汉字、音节、词,以及词与词组、同音词、兼类词、词类问题、词组问题、句子成分、句子等内容分别进行了阐释,并附有较多例子,如同一个"语法总纲"。在《对外汉语教学语法大纲》出版之前,1988 年北京语言学院出版社曾出版了中国对外汉语教学学会汉语等级标准研究小组撰写的《汉语水平等级标准和等级大纲》(试行)。这个等级大纲的语法大纲语法项范围宽泛,语法点提示简略,内部划分为甲、乙、丙三级语法大纲。与此不同,《对外汉语教学语法大纲》不考虑为不同层次不同类型的教学对象制定不同的要求,它总揽全局,语法点清楚而详尽,故日后若再编写、修订等级大纲,可以此"总纲"为据,依据总体设计的要求和教学的需要,将"总纲"的内容切分成语法项目或语法点,重新进行编排,有计划地分派给各个教学阶段。另外,如果以后要研制新的对外汉语教学大纲,"也应该事先对《对外汉语教学语法大纲》做出细致的剖析。只有打好基础,才可以开始作一些尝试性的工作"。

2.1.3 《对外汉语教学语法大纲》作为一个通用语法大纲为对外汉语教学和教材编写提供了重要语法方面的依据和参考。

无论是教学实践还是教材编写,语法点如何安排、何时讲解、如何讲解都是一个个无法回避且极其重要的问题。如果没有一个"总纲"的框架指导,很容易出现各教材语法点出入太大,各执一词的局面。有了《对外汉语教学语法大纲》,以此为参考,应该囊括哪些语法项目,语法点的讲解应该深入到何种程度,如何讲解到位,怎样是规范无误的,这些都给教师教学和教材编写者提供了及时而实际的帮助。有的教材在编写时明确提出以

《对外汉语教学语法大纲》为依据进行分类编排,如商务印书馆出版的由彭小川、李守纪、王红联合编著的《对外汉语教学语法释疑201例》。

2.2 存在的问题

无论多么优秀的成果,都不可避免地存在这样那样的问题。有的问题来源于时代局限性,随着时间的推移,理论有了新的发展,结出了新的成果,于是曾经的观点成为过时;有的问题来源于各方的争议,可能曾经难以统一、争议较大的问题日趋达成了共识。大纲性的文件总是要接受更为严格的审阅与实践的考验,可谓句句值得推敲,字字力求精准,因此下文试图综合各家之见,把各路慧眼识得的《大纲》存在的具体问题依照大纲中的顺序分别列出,以便日后补充完善。

2.2.1 关于汉字的性质

《大纲》在"汉字和音节"部分说道:"无论是书面的还是口头的汉语都是以'汉字'为最小的单位。"

虽然此处"汉字"加上了引号,但这样的表达容易在教学中引起学习者的误会,混淆了语言和文字的关系。我们知道,汉字是记录汉语的书写符号系统,只能算是书写单位,不能算是口头上的最小单位,故此处原材料的说法不妥。

2.2.2 关于"词素"

《对外汉语教学语法大纲》在"词的构成"部分指称构成词的单位为"词素",原材料如下:"在现代汉语中,一个音节,也就是一个汉字,虽然有意义,但不一定是一个词,不一定能独立运用,仅仅是个词素。有些词素同时又是词。"这里,编者把构词单位称为"词素",但是目前我们用得更多的是"语素"一词,为了教学的便利,我们到底该用"词素"还是"语素"呢?

这个问题的产生本是由英语的一个词语的译法引发的。刘叔新先生在他的《汉语描写词汇学》一书中介绍道:"词的构造成分,一般提出的就是词素或语素。这两个说法,本来是 morpheme 先后不同的译名,传统语言学采用'词素',结构主义语言学兴起之后较多采用'语素'。"

其实,汉语语法学界关于"词素"和"语素"的讨论由来已久,似乎到今天也没有一个圆满的结论。曾经有段时间大家对二者的舍取问题进行了热烈地讨论,主要有三派意见。第一派主张保留"词素"而舍弃"语素",如宋玉柱先生。宋先生认为为了尊重传统"词素"的定义不用改变名称,并且为了指称多层次的语素结合体,宋先生创造了一个新术语——"复合词素",但是显然这一术语并未被大多数学者接纳。第二派主张"语素"说,放弃"词素"说。早在 1979 年,吕叔湘先生就在《汉语语法分析问题》中指出用术语"语素"比用术语"词素"更好些,主要理由是"语素的划分可以先于词的划分,词素的划分必得后于词的划分,而汉语的词的划分问题是比较多的"。第三派主张保留"词素"这个概念,并且赋予其新的内涵,即"旧瓶装新酒",使"语素"和"词素"并存并用,各司其职。如刘叔新先生认为起用"词素"而赋以新义,主要的作用正是利于对词的结构作层次分析。

从目前的发展情况来看,由于一些著名学者的积极倡导,"语素"大有取代"词素"之势,许多供母语学习者使用的教材,如胡裕树先生的《现代汉语》,陆俭明和沈阳先生的《汉语和汉语研究十五讲》都只用"语素"一词。现在专门针对外国学生学习汉语编著的语法教程也几乎都采用"语素"说,如卢福波先生的《对外汉语教学实用语法》。

我们认为,对于语法学界争议尚存的问题来说,为了教学的统一与便利,最好统一术语,采用目前学界普遍接受的术语"语素"。

2.2.3 关于"专用名词"

《对外汉语教学语法大纲》从某个角度把名词分为"专用名词"和"一般名词"。分类没有问题,但是对"专用名词"这个称呼来说,我们还有一个"专有名词",用哪个更妥当呢?"专用"和"专有"的区别似乎是在咬文嚼字,二者的确差别不大,但是我们认为现在使用"专有名词"更合适,一是如人名、国家名这样的名词说是专门具有、持有的比专门使用的更为贴切,二是现在大家的习惯倾向于使用"专有名词"。

2.2.4 关于"可数名词"和"不可数名词"

《大纲》专门列出了名词分类中的一种分法:可数名词和不可数名词。原材料为:"可数名词,如问题、东西、书、黄瓜、碟子、床;不可数名词,如酒、面粉、水、粮食、暖气。"

我们知道,英语中的名词是有可数与不可数之分,至于汉语有没有这种分法其实也是大家争议的话题。如郑礼珊和司马翎称汉语的名词本身就能从词汇方面区分可数与不可数,认为像"酒""水"这样的名词我们不能对其进行语义划分,所以它们被称为不可数名词;而"书""人"这类可数名词本身就可以切分出自然的单位(郑礼珊,司马翎1999:515)。而学者Yicheng Wu和Adams Bodomo回应道汉语名词本身就能通过语义区分可数和不可数的观点缺乏说服力,尤其是在同一名词前可添加不同量词的情况下。

我们认为,教学中区分名词的可数、不可数没有重要的意义,故是否有必要在《大纲》中划分可数名词和不可数名词还可以进一步商量讨论。

2.2.5 关于"半"

《大纲》在介绍数词"半"的用法时说:"'半'是二分之一的意思。无整数时,用在量词前,如:半公斤、半天、半个瓜、半瓶酒……""半"的确表示整体的二分之一,所举的例子也都恰当无疑。但是,"半天"这个词组是否应该以附注的形式说明其他的含义,因为有时候我们说"半天"可能实指12个小时左右,但似乎生活中我们更常使用"半天"的另外一个含义,即说话人主观地认为时间长,如"我等你半天了,你怎么还不来?","他写了半天汉字了。"外国的汉语学习者在这个地方比较容易犯糊涂,把"半"完全等同于"二分之一"。

2.2.6 关于形容词

《大纲》在形容词的部分整体介绍了语法特征、句法功能和一类特殊的形容词"非谓形容词",但是我们知道形容词主要分为性质形容词和状态形容词两大类,二者在语法特征上有共同点,也有一些鲜明的不同之处,如果此处作分类的功能描述会更为妥当。对学习者来说,没有必要掌握"性质形容词"和"状态形容词"这两个术语,但是明晰的分类有助于学习者重视二者在语法表现上的不同。

2.2.7　关于"和""跟""同"

《大纲》在"连词"部分对"和""跟""同"的用法作出了说明,介绍了这几个词分属介词和连词的特点,并以"和"为例给出了两组例句,然后比较说明了"跟"与"和"在哪些情况下不用这些连词连接,比如不能连接并列分句或并列谓语,口语中一般不用连词来连接作为谓语的动词、动词词组或形容词。

这些说明在对外汉语教学中都非常实用,而且我们也看到编者考虑到了语体因素,但是和这三个词的用法容易混淆的还有一个"与",书面语中常用,所以我们认为此处的语体因素考虑得还不够充分,应该添上"与"。还有一个问题,虽然小标题为"和""跟""同",但是无论是下文的说明还是例句,除了解释"同"也具有介词、连词的双功能外,再也找不到关于"同"的说明。另外,"同"与"和""跟"有什么小的区别,是否具有语体或地域色彩,最好也能作出说明。

2.2.8　关于助词的分类

助词在《大纲》中分为"结构助词"和"语气助词",结构助词如"的""地""得"等,语气助词如"了""吧""吗"等。但是我们一般都把助词分为三个下位小类,除了结构助词和语气助词,还有动态助词,如"了""着""过"。在《大纲》中没有关于动态助词的说明,但是在后文"祈使句"部分突然有一处说道:"动词加动态助词'了'也可以用在否定祈使句中表示提醒。"前文没有出现的术语突然出现在后文就显得比较突兀了。

2.2.9　关于数量词组的分类

《大纲》中的"数量词组"的常见结构包括"数词+名量"和"数词+动量",这种分法没有错。问题在于,如果我们采用"数量词组"而非"量词词组"的提法,那我们如何将"指量词组"考虑进去?因为量词前我们也常常使用指示代词"这""那""哪"等,如"这所房子""那个人""哪批货"。

2.2.10　关于"介宾词组"

《大纲》的短语分类的第八类为"介宾词组",原文为"这类词组是在介词后边带上一个名词或代词,或者名词词组,有时还可以带上动词词组"。

对于"从学校""在这个问题上"等词组,柯彼德认为把这类词组称为"介宾词组"不妥。理由如下:一、这样的"宾语"与一般宾语的性质不同;二、"介词"是词类,"宾语"是句子成分,不能把两个属于不同层次的概念混为一谈(柯彼德 1991)。因此,他建议另找一个准确的概念。有些专家学者同样意识到了这个问题,黄伯荣、廖序东主编的《现代汉语》称这类词组为"介词词组"。但是直至目前,我们也没有看到一个完全统一的准确概念。

2.2.11 关于"前置宾语"

《大纲》在宾语中提到了一种特殊的宾语——前置宾语,原文为:"在一定的情况下可以把宾语放在主语的前边或动词的前边。4.1　在谓语比较复杂或宾语带修饰成分的句子里,宾语前置,可以使句子结构紧凑。① 这篇文章他翻译得很不错。② 今天老师留的作业我做完了。"

"前置宾语"的说法是有争议的。从 20 世纪 50 年代开始,中国语言学界就有个规模较大的主语——宾语争论。主语应该一直在句子的前头还是宾语有时也可以搬到主语前边,这个问题曾经存在着分歧。中国学生学习汉语的两套经典教材——黄伯荣、廖序东的《现代汉语》和胡裕树的《现代汉语》都没有"前置宾语"这一小类,并且均把这种情况归为"主谓谓语句",卢福波的《对外汉语教学实用语法》也作了相同的处理。《大纲》在"主谓谓语句"的部分举了一个例句:"这本书我看过了。"这个句子的结构应该是和"今天老师留的作业我都做完了"完全一样,但两者却分属于不同的结构类型,显得自相矛盾。

2.2.12 关于"一般"

作为纲领性的文件,语言表达追求简洁而清晰。但是,《大纲》中很多地方都有"一般"这两个字眼,却并没有举出特例,如在讲"数词的语法特征与句法功能"时称:"数词一般要同量词结合在一起来修饰名词,如:一辆车、五六十本书、半张纸、两口人、四只船,数词一般不能重叠。"在讲"主语和谓语"时称:"主语是谓语陈述的对象,谓语是对主语加以陈述的。一般句子的主语在前边,谓语在后边。"说明中有"一般"也就意味着存在着特例,我们认为最好能够把特例明晰化,分而列之,因为这些特殊点也往往是学习者的疑惑之处。以数词说明为例,数词在一些特殊的场合也有重叠的用法,比如学生在中高级阶段会学到汉语的一些熟语,其中就有"三三两两、九九八十一难"等说法,且在汉语的乘法口诀中均为数词的叠用。在初级阶段,学生一般学到的是最规范最规律的语法,但到了中高级阶段,学生会接触到一些反类推的知识点,它们存在于"一般"之外,我们认为,这些不同阶段的教学内容都应该反映在《大纲》之中。

以上归纳的问题较为具体,主要针对的是《对外汉语教学语法大纲》现有语法项目的描述。其中关于语法术语的异议,主要目的并非让汉语学习者直接接受术语,学习术语,而是力求表达的精准性、普遍性与时代性。

2.3　修订建议

在《对外汉语教学语法大纲》出版前言里,王还先生写道:"为了教学需要,我们编写了这个语法大纲。另一方面,只有有了书面东西,才能广泛流传,得到更多行家的审阅、批评、指正,使它能逐步提高,日臻完美。"老一辈编写者的求实精神和审慎态度让我们感动。我们可以看到,为了反映语法体系的稳定性和连续性,大纲保留了传统语法体系的基本面貌。随着对外汉语教学事业的发展,语法学界和对外汉语教学界对语言事实作了大量深入细致的描写,语法研究取得了新的成果,不少专家在肯定《对外汉语教学语法大纲》的同时,也提出了不少宝贵的修订意见与建议。作为对语法教学和教材编写的指导和规约性文件,我们完全可以秉承"拿来主义",在吸取语法学界最新成果和总结教学经验的基础上,对原有大纲进行修订和完善,从而形成一个新的、与时俱进的语法体系。

对外汉语教学必须充分利用有关学科所取得的成果,早已成为共识。但现在的问题是我们应该吸取哪些成果,并且如何消化这些成果,使之得到最有效的利用?对于如何修改,大家的看法不一,现将各家的修订意见一一罗列,以供参考。

2.3.1 要不要把语法大纲的范围扩大到篇章结构?

一般说来,篇章结构不属于语法范畴,而属于语用范畴。但是教学实践显示,至少在高级阶段讲篇章结构很有必要。(竟成 1999)

鲁健骥(1992)认为:"只要一出现连贯的话语,就会出现篇章上和语用上的偏误,而这正是我们的教学所忽视的,一般也是病句分析没做到也做不到的。可见,对于偏误的分析,应该扩大到篇章和语用的层面上"。

张伯江(1994)也曾经提出一个重要的观点:"语气词只体现篇章功能,而不体现句法功能"。教学实践也告诉我们,如果不以篇章为例,很难讲清楚语气词的特点与用法。

再比如,"把"字句中的"把"字具有标示"次话题"的作用(曹逢甫语),通常不会作始发句。按照金立鑫的研究,要用这个句式的话就会受到以下一些因素的制约:语义上的表达要求→句法上的强制性(必须配合篇章上的选择)→篇章上的选择→说话人的语义重心→说话人的风格和爱好。这些因素之间形成了一个从强制性到非强制性的等级关系。(金立鑫 1997)

这样看来,诸多学者认为语法教学的范围应该扩大到篇章结构。我们认为,篇章语法的重要性在对外汉语教学的中高级阶段会逐渐凸显,从教学效果考虑,关注句子、语段之间的过渡与衔接必不可少。

2.3.2 要不要增加语素、构词法和句群的教学内容?

在我们的传统语法体系中语法层面由词类、词组和句子这三级语法单位构成,我们的《对外汉语教学语法大纲》也沿袭了这样的传统内容,仅在大纲第一节提到了"词素",阐述并不详尽,也没有关于句群教学的内容。近年来,许多来自专家学者和教学界的声音呼吁应该增加语素、构词法和句群的教学内容,使教学的语法体系框架由三级语法单位扩展为五级语法单位。

刘英林、李明(1997)认为,由三级语法单位发展为五级语法单位能使我国对外汉语教学的语法体系成为一个较为科学、完整的循环递进系统,并朝着建立"实际应用语言的语法系统"迈进。1996年出版的修订版《语法等级大纲》就把语法层面扩展到五级语法单位。

吕文华(1992)认为,传统语法体系只讲词和句子,而且把词作为语言中的最小单位。

现在认识到语素是语言中最小的语音语义结合体,学习语素对掌握构词法以及语言和文字的关系都很有帮助。在句群方面,为了有效地提高学生的表达能力,不能仅仅把语法局限在句子范围内,开展句群教学可以提高成段表达和阅读能力。

柯彼德(1991)认为,将来汉语教学语法非包括词法不可,因此必须脱离只讲词、词组、句子三个单位的老框架,进一步把语素编入教材作为重要分析和掌握汉语语法规律的内容之一。

还有一些来自教学前线的观点从实际出发,认为语素教学对外国人学习汉语的确很有必要。语素教学除了有助于汉字的认记、消除错别字以外,还可以大大提高学生学习词汇、掌握词汇、扩大词汇以及正确运用词汇的能力。比如,在对泰国学生进行汉语教学时,就可以强调语素教学,因为泰语语法系统里最小的有意义的语言成分也是语素,并且泰语语法系统中的构词法与汉语的构词法相似。在教学中可以介绍两种构词法:合成式和缩略式。

我们认为,可以在《大纲》里尝试建立语素教学,只有这样,才能进一步把语素编入教材作为分析和掌握汉语语法规律的内容之一。但是,增加语素的教学内容应该注意内部分级。分级的基本原则是由易到难,分为易学、不易、难学等层级;根据使用频率的统计分为常用、非常用、不常用。构词法的教学能够帮助学生进一步对词汇系统内部语素之间的关系进行梳理。此外,把句群纳入句型教学范围也符合对外汉语教学的需要,尤其是教学的中高级阶段,帮助学生掌握句与句之间、段与段之间的联结规则有利于学生的口笔头成段表达能力的培养。

2.3.3 是否需要强调突出离合词教学的内容?

长期以来,离合词是汉语语法学界研究的热点,也是对外汉语教学的一个难点。当然,对离合词性质的讨论文章很多,总结起来主要有三种认识:1、认为是词;2、认为是词组;3、认为是词与短语之间的中间状态成分。

在《对外汉语教学语法大纲》中,并没有明确提到离合词的问题,只在第一章的"怎样区别词和词组"时提到了两个单音节词结合的情况。原文是这样阐述的:这种组合如果意义是两个词的总合,中间可以插入其他成分,是词组,如:睡觉、见面。我们可以说:"睡了半天觉""睡不着觉",或"见了他一面""没见着面"。甚至"游泳""洗澡""上学"也都是词组。我们可以说:"洗了一个冷水澡""游了两次泳""上了三年学"。而两个单音节词结合后,中间不能插入其他成分的则是词。

在对离合词的教学过程中,我们发现学生的偏误率比较高,并且存在一些"顽疾",经常把离合词与一般动词等同起来(如:*见面了他、*游泳了半个小时)。就算学生已经知道汉语中有这样一类词拆开为词组,合成为词,也常常分不清那些词是所谓的"离合词",哪些不能直接带其他的句子成分。

从目前的教学效果来看,大纲中的阐述相比学生学习的难度来说是不够充分的,基于此,许多专家建议在教学中应该突出强调离合词的问题,改变它的"软肋"状态。

吕文华(1992)认为,离合词是介于词和词组之间的中间成分,由于它既可合又可分,具有独特的语法特点,在实际语言中又占有相当的比例,仅《现代汉语词典》就收了2533条,且有扩大之势。由于外国学生辨别不了哪些词是离合词,哪些词只是述宾式双音节词,因此经常出现错误。作为过渡式的语法归类——短语词,可以在教学中回避有时确定不了是词还是词组的问题。因此,离合词应明确作为语法项目纳入教学内容,并且教学中应重点强调离合词的扩展性。

柯彼德(2000)认为,这种如"吃饭、游泳、结婚"等日常用的基础词汇较多。因为以往的模糊处理和名称不能解决学生的困难,他建议把这种独特的结构列入汉语语法的重要课题之内,以便从各种语法标准来解释这个现象。

综上所述,不管大家对离合词的性质界定有什么不同的看法,都赞同应该强调离合词的教学,那么作为体系性的框架,修订大纲时也应该体现出来。

2.3.4 关于补语的分类问题

《对外汉语教学语法大纲》依照传统把汉语的补语分为八种:结果补语、程度补语、趋向补语、可能补语、时量补语、动量补语、数量补语和介宾词组补语。其实,关于补语的分类问题一直存在着争议。

补语之所以成为学界争议的热点和教学的难点,与汉语补语的特点密切相关。汉语中的补语是在谓语之后又不是宾语的成分,它的语义表达多种多样,非常复杂,所以需要学习者细分学习。

传统的补语类别看上去比较庞杂,学生学起来也觉得比较复杂,因此许多专家学者建议突破传统的补语类别划分,对补语的分类提出了自己的意见与建议。

柯彼德(1991)建议,把一切可以归入动词之间的结构的成分一律不叫做"补语"。依此推之,"传统语法体系"里边的"结果补语""趋向补语""可能补语"等三类完全应该放弃,并归入动词结构,就是要看成词法结构,不要看成句法结构。而对于"程度补语""时量补语""动量补语""数量补语"等四类,由于后三种有时在句子里很不容易与宾语区别开来,应该把它们归入宾语的附类。于是,剩下的"程度补语"只简称为"补语"。

柯彼德先生的提议可谓大胆之举,这样的划分完全颠覆了传统汉语的补语系统。国外的汉语教学,尤其是欧美国家,对动宾式、动结式和动趋式这三种组合式早有异议。他们不同意称这三种组合式为词组,而把它们看做词,如柯彼德先生就把它们称作复合动词。

还有一些学者认为在词与词组之间还存在着一种过渡成分。早在1979年,吕叔湘先生就在《汉语语法分析问题》中指出:"由于汉语缺少发达的形态,许多语法现象就是渐变而不是顿变,在语法分析上就容易遇到各种'中间状态',……划分起来都难于处理为'一刀切',这是客观事实,无法排除,也不必掩盖。"吕文华(1995)认为考虑到动结式和动趋式在结构上的特殊性,应该把它们从动补词组中分化出来,而它们就是词与词组之间的过渡成分。这样不仅简化了原语法体系中的补语系统,有利于补语教学,而且也使对外汉语教学语法体系与国外的汉语教学更为接近,容易接轨,有利于汉语的推广。

补语在对外汉语教学中占有重要地位,从上面的介绍我们可以看出,无论是语法学界,还是对外汉语教学界,都对原有补语系统提出了新的构想。作为针对对外汉语教学的大纲,语法项目的变动都应该坚守一个原则:即在符合汉语特点的情况下如何更有利于对汉语学习者的语法教学。可能对于母语为印欧语系的学生来说,把动结式、动趋式、动介式认定为复合动词,在教学中确实是一种接纳度高、行之有效的方法。短语词这个过渡单位的提出为我们提供了新思路,但是否能有效地实践服务还处于尝试阶段。另外,把《大纲》中的"时量补语""动量补语"和"数量补语"归为一类,再划分出下位小类是不是一种更好的分类方法。总而言之,对于补语的选择和分类还需要我们继续研究探索。

2.3.5 是否应该体现句法、语义、语用三个平面的结合?

在对外汉语教学中,关于理论和实践的关系早已定位,但是如何更好地让理论指导实践从而发挥实效一直以来是我们积极探索的方向。从理论迈向实践的那一步,需要三个因素的积极参与和配合,它们就是我们并不陌生的句法、语义和语用。针对这三个要素,我们已经拥有完整而翔实的"三个平面"之说,当初它的提出是基于汉语本体语法的,那么对于如今发展迅速的汉语作为外语教学的领域,是否也应该强调句法、语义、语用这三个平面的结合?如果答案是肯定的,我们是否应该在《对外汉语教学语法大纲》中把这种结合关系体现出来?

关于第一个问题,专家学者们纷纷给予了肯定的回答,它是发展的必然趋势,也立足于实践需求。

赵金铭(1994)针对句法和语义,也就是语法形式和语法意义的关系作出了精辟的结论:语法形式和语法意义的关系,从发现程序来看是从形式到意义,从发生学的角度看是从意义到形式。外国人学汉语、掌握汉语语法是个生成过程,也就是按照一个句式造出许多句子来,这是一个由意义到形式的过程。

更多的阐述讨论了对外汉语教学中三个平面结合的重要性:

程棠(2007)认为,无论是外国人,还是计算机,都关注着汉语语法的三个平面。因为每个平面都有各自的成分。在语法教学中,应该将句法平面、语义平面和语用平面有机地结合起来。句子的生成是由深层结构(语义)到表层结构(句法)的实现交际目的的序列化过程,这个序列取决于语义的正确性、句法的限制性和语用的选择性。

赵金铭(1996)根据汉语的习得过程,把对外汉语语法教学分为初、中、高级三个阶段。他说:我们从对外汉语教学实践中发现,习得者在学习汉语的过程中,首先得解决正误问题,就是得把词语的位置摆对,这就要解决语言形式问题;其次,要解决语言现象的异同问题,这是正误问题的深入,于是要涉及深层而具有隐形的语义理解;最后要解决高下问题,就是语言的得体性问题,这是语言的应用问题。

刘珣(2000)提出了七条语法教学的原则,其中第四条就是"语法结构的教学与语义、语用和功能的教学相结合"。

　　从上述各位先生的讨论来看,大家已经充分肯定了三个平面结合在对外汉语教学中的重要性,关注的视角已从语言输出的"正确性"扩大到"得体性"。

　　对于第二个问题,《对外汉语教学语法大纲》做得怎么样?显然,我们的大纲是以语法结构为纲编排教学内容,它从语言知识入手,对语法知识的解释比较全面系统,可谓在句法这个平面做了细致而完备的工作。我们谁也无法否认句法结构在对外汉语教学中的重要性,它提供给成年人(对外汉语教学对象多为成年人)一个有规律可循的模式,适应了成年人的学习特点,助其取得更快更好的语言学习效果。但是任何事物仅执其一端都会破坏机体的平衡,对外汉语教学也是如此。句法、语义、语用是一个有机系统,《大纲》在这个系统中对语义的关照不足,对语用的说明缺乏。如《大纲》的词组部分介绍了十三类词组,其中只有四类词组真正介绍了语法单位之间的语义关系,其他均为结构特征的说明,对语言符号与使用环境之间的关系分析则未予重视。

　　我们在教学当中要想学生说出"准确而得体"的话,那么我们教给学生的汉语语法规则也应该统筹安排,句法、语义和语用这三个平面为实现从"分析语法"到"组装语法"的跨越提供了保障。事实证明,对外汉语教学不在于引导学生"分析"而重点在于"组装",我们希望看到丰富的表达方式、语言使用环境说明的加入为《大纲》使用者带来更多的帮助和便利。

　　上文对各方提出的修订意见进行了汇总,主要从整体着眼,关乎《大纲》的语法项目的增删和调整,从中既可以看出专家学者们对对外汉语教学事业给予的关注,倾注的热情,也可以体现近年来汉语语法理论与汉语作为外语教学的发展。我们知道,编写大纲本身就是一项艰巨而细致的工程,对现有大纲进行修订更为复杂,它需要借鉴新的理论方法,参照教学实践的效果,并对《大纲》各组成部分之间的关系进行协调。也许有的修订建议还未在学界取得共识,但我们相信,提出问题是解决问题的前提,对《大纲》的修订也是对整体的对外汉语教学语法体系的关注与完善。

　　《对外汉语教学语法大纲》是一个综合性的语法教学框架,它凝聚着老一辈编写者们,也就是对外汉语教学事业开拓者们辛勤耕耘的心血,体现了某个时代汉语语法研究应用于对外汉语教学所达到的高度,指导过某个时期对外汉语教材的编写与语法教学实践,为汉语作为外语教学的语法体系的发展作出了巨大贡献。张志公先生曾经提出教学语法体系应该具有科学性、时代性、教学性和群众性,故本讲引各方之见,梳理《大纲》存在的问题,汇集修订建议,就是希望《对外汉语教学语法大纲》能够与时俱进,彰显它的科学性与时代性,我们也期待它能继续编以致用,保证它的教学性与群众性。只有对其进行深入的学习、讨论和剖析,我们才能更好地铺展下一步的工作,如是否应该以此为总纲,着手国别化的对外汉语教学语法大纲的编制。

参考文献

程　棠 2007,《对外汉语教学理论与实践关系问题综论》,北京语言大学出版社。
丁崇明 2006,20 世纪 80 年代以来对外汉语教学语法研究综述,《北京师范大学学报》第 3 期。
黄伯荣、廖序东主编 2003,《现代汉语(增订三版)》,高等教育出版社。
胡裕树 1995,《现代汉语(重订本)》,上海:上海教育出版社。
竟　成 1999,我们究竟需要什么样的语法大纲,《世界汉语教学》第 3 期。
柯彼德 1991,汉语作为外语教学的语法体系急需修改的要点,《世界汉语教学》第 2 期。
柯彼德 2000,汉语作为外语教学语法体系革新的焦点——汉语动词词法,《汉语学报》第 2 期。
刘叔新 1993,"词素"赋以新义的主要功效:词的结构层次分析——答宋玉柱先生,《世界汉语教学》第 4 期。
刘　珣 2000,《对外汉语教育学引论》,北京语言大学出版社。
卢福波 1996,《对外汉语教学实用语法》,北京语言大学出版社。
吕叔湘主编 1980,《汉语语法分析问题》,商务印书馆。
吕文华 1994,《对外汉语教学语法探索》,语文出版社。
吕文华 1999,《对外汉语教学语法体系研究》,北京语言大学出版社。
刘英林、李　明 1997,《语法等级大纲》的编制与定位,《语言教学与研究》第 4 期。
彭小川、李守纪、王　红 2004,《对外汉语教学语法释疑 201 例》,商务印书馆。
孙德金 2006,《对外汉语语法及语法教学研究》,商务印书馆。
宋玉柱 1992,也谈词素和语素——与刘叔新先生商榷,《世界汉语教学》第 3 期。
王　还 1995,《对外汉语教学语法大纲》,北京语言学院出版社。
许国璋 2005,论语法,载《中国现代语法学研究论文精选》,上海外语教育出版社。
袁玲玲 2007,现代汉语中的语素和词素不是同一概念,《山西大同大学学报》第 1 期。
赵金铭 1997,教外国人汉语语法的一些原则问题,《语言教学与研究》第 2 期。
赵金铭 1996,对外汉语语法教学的三个阶段及其教学主旨,《世界汉语教学》第 3 期。
Wu, Yicheng and Adams Bodomo. 2009. Classifiers are not determiners. *Linguistic Inquiry*. Vol. 40 (3), 487-503.

附:

《对外汉语教学语法大纲》目录

出版说明
前言
一、汉字、音节、词
　　(一)汉字和音节
　　(二)词的构成
　　　　1. 单纯词

第三讲 《对外汉语教学语法大纲》述评

  2.合成词
 (三)怎样区别词和词组
  1.两个双音节词结合
  2.一个双音节词和一个单音节词结合
  3.两个单音节词结合
 (四)同音词
 (五)兼类词
  1.兼属名词和动词的
  2.兼属名词和形容词的
  3.兼属动词和形容词的
  4.兼属名词、动词和形容词的
  5.兼属形容词和副词的
  6.兼属动词和介词的

二、词类
 (一)名词
  1.名词的分类
  2.名词的语法特征
  3.名词的句法功能
  4.时间词和方位词
 (二)代词
  1.语法特征和句法功能
  2.代词的分类
 (三)数词
  1.数词的划分
  2.数词的语法特征与句法功能
 (四)量词
  1.量词的分类
  2.数量词组
 (五)形容词
  1.形容词的主要语法特征
  2.形容词的句法功能
  3.非谓形容词
  4.形容词"多"和"少"
 (六)动词
  1.动词的语法特征和句法功能
  2.汉语动词的特点
 (七)助动词
  1.助动词的分类
  2.助动词的语法特征

3. 几个常用的助动词的用法与意义

(八)副词

 1. 副词的语法特征

 2. 副词的分类

 3. 一些值得注意的副词

(九)介词

 1. 介词的语法特征和句法功能

 2. 介词的分类

 3. 几个常用的介词

(十)连词

 1. 连词的语法功能

 2. 连词的分类

 3. 连词与关联副词

 4. 使用连词值得注意的几点

(十一)助词

 1. 助词的语法特征

 2. 助词的分类与用法

(十二)叹词

 1. 叹词的语法特征

 2. 比较常用的叹词"啊"

(十三)象声词

三、词组

(一)词组的语法特征和构成方式

 1. 语法特征

 2. 构成方式

(二)词组的分类

 1. 联合词组

 2. 偏正词组

 3. 补充词组

 4. 动宾词组

 5. 主谓词组

 6. 方位词组

 7. 数量词组

 8. 介宾词组

 9. "的"字词组

 10. 复指词组

 11. 连动词组

 12. 兼语词组

 13. 固定词组

四、句子成分
 (一)主语和谓语
  1. 充当主语的词语
  2. 充当谓语的词语
  3. 主语和谓语的关系
 (二)宾语
  1. 充当宾语的词语
  2. 宾语和动词的意义关系
  3. 双宾语
  4. 前置宾语
 (三)补语
  1. 结果补语
  2. 程度补语
  3. 趋向补语
  4. 可能补语
  5. 时量补语
  6. 动量补语
  7. 数量补语
  8. 介宾词组补语
 (四)定语
  1. 充当定语的词语
  2. 定语和中心语的关系
  3. 定语和结构助词"的"
  4. 多项定语的排列次序
 (五)状语
  1. 充当状语的词语
  2. 状语和中心语的关系
  3. 状语和结构助词"地"
  4. 多项状语的排列次序
 (六)复指和插说
  1. 复指成分
  2. 插说
五、句子
 (一)单句的类型
  1. 单句按结构分类
  2. 单句按功能分类
 (二)复句的类型
  1. 关联词与复句
  2. 复句的分类

(三)特殊句式
  1. 连动句
  2. 兼语句
  3. "有"字句
  4. "是"字句
  5. "是……的"句(1)
  6. "是……的"句(2)
  7. "把"字句
  8. 表示被动的句子
  9. 存现句
  10. 比较的方式

第四讲　对外汉语教学语法的层级划分与项目排序

本讲内容包括五个部分：对外汉语教学语法内容的确定原则；对外汉语教学语法的层级划分与项目排序的原则及策略；对外汉语教材语法项目排序的原则与策略；对外汉语教学基本句型的确立依据与排序；对外汉语虚词教学等级大纲。

一　对外汉语教学语法内容的确定原则

1.1　对外汉语教学语法的层级划分与项目排序的基本前提是先确定对外汉语教学语法的内容。按照理论语法→实用语法→教学语法→对外汉语教学语法的推导转换路径，显然，我们不能照搬汉语语法研究的全部成果；实用语法中面向机器（如计算机）和面向人的语法规则描写、语义属性描写等的要求不同，自然取舍会有差别；针对学习者母语为汉语的教学语法和母语为非汉语的教学语法，在要求的粗细、难点的把握和处理上自然要区别对待。那如何确定对外汉语教学语法的内容呢？卢福波（2003）提出了 5 项基本原则：

（一）实用原则。选择那些对于第二语言学习者来说最容易发生偏误的部分，最有教学价值的内容；讲解其基本性和常用性内容；讲清使用上的适用条件和限制条件。

（二）简化原则。将繁复的、抽象的语法内容做简捷的、浅明的、感性的、条理的、图示的等等教学处理；避免浪费性重复；上课语言浅显、具体，不要进行术语概念大战。

（三）类比原则。将相关语法项目——词类、结构、句型、功能、关系等进行比较和对比。由于语言对客观经验的编码方式不同，语言的使用者也倾向于按他们母语所提供的不同范畴去区别和辨认经验，所以，说第二语言的人往往会忽略说第一语言的人经常注意的那些差异。因此代表不同认识经验、不同行为习惯、不同思维方式的语言之间的不同点才是语言获得的真正难点。

（四）解释原则。学习者习得第二语言时往往经历一个自主、能动的习得过程和复杂的思维过程,而不只是被动地接受,所以教学中要以足够的证据和条件,对所学语法点或语法项目作出合理的、恰当的理据性分析和认知性解释,要作必要的演绎和推论。

(五)偏误分析原则。"错误"具有偶然性,属于语言运用范畴;"偏误"则具有系统性,属于语言能力范畴。"偏误"现象属于学习者语言系统中的一个组成部分,是学习者积极地对语言体系进行判断、对语言材料进行归纳并试图使之规范的创造语言过程。所以语法教学中,要充分利用负面证据的激活作用,成规律、成系统地解决学习中的偏误问题。

这些原则充分吸取了学习论的成果,确认语言学习是一种有意义的控制性学习过程,承认第二语言学习的复杂性,遵循第二语言学习的习得规律。在此基础上,确定语法体系、教学内容和教学方法。在对原则的阐释性文字里,这些信息必须重视:最有教学价值的内容;基本性和常用性内容;将繁复的、抽象的语法内容作简捷的、浅明的、感性的、条理的、图示的等等教学处理;代表不同认识经验、不同行为习惯、不同思维方式的语言之间的不同点才是语言获得的真正难点;"偏误"现象具有激活作用。

1.2 为了更好地说明问题,我们不妨再看一看学者们对对外汉语教材、大纲以及留学生的汉语偏误所作的考察及获得的成果。

1.2.1 在吕文华之后,程棠(2000)选择《汉语教科书》(1964)、《基础汉语》(1971)、《汉语课本》(1977)、《基础汉语课本》(1980)、《实用汉语课本》(1981)、《初级汉语课本》(1994)、《现代汉语教程·读写课本》(1988)、《汉语初级教程》(1989)、《新汉语教程——情景、功能、结构》(1995)、《汉语水平等级标准和等级大纲》(1988)、《汉语水平等级标准与语法等级大纲》(1996)九种教材和两个语法等级大纲,归纳了从20世纪50年代到90年代对外汉语语法教学的内容及其发展变化。《汉语水平等级标准和等级大纲》的"语法等级大纲"将133个甲级语法项目分为11个部分:(1)词类;(2)词组;(3)句子成分;(4)句子的分类;(5)几种特殊句型;(6)复句;(7)动作的态;(8)提问的方法;(9)比较的方法;(10)数的表示法;(11)强调的方法。这些语法点是以上几种教材共同的语法教学内容。

这就说明,不论时代如何变迁,对于初级阶段的汉语语法内容,教材编写者是有高度共识的。

1.2.2 辛平(2001)对留学生作文中的123个偏误进行了分类及所占比例统计。第一类是单纯语法、词语错误,如"比较句"结构错误、"把"字句错误、动词补语的错误等,占全部偏误的58.5%;第二类是语言—语用失误,表现为在特定的语境条件下,所确定的语义和所选择的表达方式不相符合,选用词语、句式不符合汉语的表达习惯,没有达到完满的交际效果,占全部偏误的21.9%;第三类是衔接和连贯上的错误。它既包括这一语段与其他语段在语义和语用上的连贯,也包括语篇内部在语言上的连贯(如关联词语运用上的失误)。这一类偏误占全部偏误的14.6%;另外还有一些偏误,如语体杂糅、语义不清等,归入第四类,占4.8%。

第四讲　对外汉语教学语法的层级划分与项目排序

或许仅凭 11 篇作文中出现的偏误，还不能完全说明问题。但窥斑见豹，我们从分析中不难看出对外汉语教学语法应该教什么。单纯的语法规则、词语丰富的语汇意义、感情色彩、文化蕴涵仍是语法教学的重点；语义与语用应该成为新的教学重点与难点。

二　对外汉语教学语法的层级划分与项目排序的原则及策略

2.1　对外汉语教学语法的内容确定后，也就是教什么的问题解决后，就进入到如何确定不同阶段的学习内容。关于教学阶段，对外汉语教学界已习惯于三分，即初级阶段、中级阶段、高级阶段。在具体的留学生分班测试中，初级阶段还会细分，初级与中级之间还有准中级的说法，等等。本来这些都无关宏旨，但是不先确定阶段，就无法明确不同阶段的教学任务。但是，在同一教学阶段内部，具体项目则很难泾渭分明地划出规定范围和排出教学序列，原因是一部分语法项目的排序事实上是无所谓先后的，先讲与后讲并不影响知识的衔接性与科学性。如果是为了应试（如通过 HSK），那么汉语语法教学大纲只能对应《汉语水平等级标准与语法等级大纲》，分出甲乙丙丁。这另当别论。

2.2　也许，任何语法等级大纲对层级的界定都是相对的，我们应允许相邻层级存在少量或个别的语法项目前移或者后挪，但不能出现跨级项目，比如说，应该在甲级出现的，出现在乙级是可以接受的；但如果出现在丙级，则是离谱的。如果将一个个语法项目视为一个连续统，那么从哪个节点进行切分，依据的是切分标准，标准严则节点往前找；标准宽则节点往后找。不论怎么切，理论上系统内部是连续的，不可能出现断链。这种假设意味着对外汉语语法教学是有序的，是可以相对准确地划分层级并对语法项目的顺序进行较为合理的排列的。但是在相关认知研究还不能深刻揭示汉语作为第二语言的学习规律之前，最稳妥的办法就是参考已有的教学实践经验、难易度研究成果，拟定出原则性的排序框架。有些项目的先后顺序从科学的角度是要规定的。例如，不可能先讲特指疑问句，再讲"在＋处所词＋动"结构；没有讲"是"字句、"在"字句，就讲其否定式；讲了"了"，不知再推到何时去讲跟过去时间相关的"的"的用法；"有"表示"存在"的这种一般用法没学，就学起表示高于通常量的"有年头了""很有学问"的特殊用法。为了避免教学的随意性和不合理性，《对外汉语教学语法大纲》的出版，无疑是有积极意义的。纲举目张，语法教学大纲可以理解为语法教学的框架，在这个框架范围内再分出初级、中级、高级不同阶段的语法项目。作为大纲，对语法层级的界定和项目的排序，只能是宽式的；分级实施则应该尽量详尽、具体，尽量详尽地罗列并科学地排列出语法项目的教学序列。但是，这种层级界定的范围和项目序列的排列并不一定是唯一的，它只能作为教材编写的重要参考依据，作为教师教学的重要依循规则。教师对它的选用、排列应允许有一定的自主权。

2.3 那如何才能保证语法教学的有序性呢？在确定语法教学内容的五项基本原则的基础上，还应该确立循序渐进、复式递升和距离适度三项原则（卢福波 2003）以保证对语法教学内容的合理安排。

2.3.1 循序渐进原则。所谓循序渐进，其词典义是"指学习工作等按照一定的步骤逐渐深入或提高"。这里指对外汉语教学语法的层级界定应按照由易到难、由简到繁的次序，逐步提高教学的难度。

2.3.1.1 关于难易程度等级，Stockwell 等人在 1965 年曾提出一个难度等级框架，由易到难分为五个层级：对应→合并→缺项→新项→分化。（蒋祖康 1999）卢福波认为杂糅比分化更难。我们暂且两种观点兼收，将对外汉语教学语法的难易程度等级设为六级，由易到难依次是：对应→合并→缺项→新项→分化→杂糅。下面略作介绍：

a. 对应。即两种语言中的语言形式基本上相对应，如汉语和英语的基本语序都是 SVO，英语背景的人学习汉语，在表达的基本语序上可以套用，难度最低。

b. 合并。与"分化"相对，如日语的"借"分别有借出、借入两个，而汉语却只有一个"借"与之对应；对于学习汉语的日本学生来说，"借"就是"合并"。

c. 缺项。即母语中具有的某种语言形式目标语中没有。如日语中表示授受关系有人称和尊敬与否的对应形式，第一人称分别用"くれる"和"くださる"；第二、三人称分别用"やる""あげる""さしあげる"，而汉语只有第二人称有"你"和"您"（尊称）的区别。对于学习汉语的日本学生来说，在称代使用上没有对应的语言形式就是"缺项"。

d. 新项。即目标语中具有的某种语言形式母语中没有。

e. 分化。即母语中的一种语言形式分化为目标语中的两种语言形式，并与之对应。如英语的"借"分别有借出(loan)、借入(borrow)两个，而汉语却只有一个"借"与之对应。

f. 杂糅。即不能明确地划分出对应形式，两种、甚至三种情况杂糅在一起，这里也包括了非形式上的东西。例如，汉语的"他把杯子打碎了"和"他打碎了一只杯子"，都可以用英语表述为"He broke the(a)cup into pieces."这里杂糅了几种情况：(1)英语的一种句式，分化为汉语的两种句式，它们的分化条件是什么？这里有意义（语义的、语用的，尤其是语用的）决定形式的问题，而不是单一某个词语的选用问题。(2)汉语的"把杯子"的"杯子"和"一只杯子"的"杯子"在某种程度上能够与英语的"the cup"或"a cup"对应，尽管"the/ a"在汉语中是缺项，但是"the cup"或"a cup"并不完全等同于"把杯子"的"杯子"和"一只杯子"的"杯子"，它们还有其他不尽相同的用法，这些条件并不能截然划分清楚。(3)汉语句中的"打碎"直接构成动补形式，但是汉语中也的确可以有"打成碎片"的表述或通过介词引进补语的情况，如"夹在书中"，这两种情况如何跟英语中的有关表述形式或有关介词相对应？这样的深层杂糅现象，往往是第二语言习得中最难的部分，它不是一目了然地等于或相当于什么的那么简单的问题。

总的来讲，确定语法难易度的原则可以概括为：从形式的角度看，结构越复杂，难度

第四讲　对外汉语教学语法的层级划分与项目排序

越高;从意义的角度看,语义越复杂,难度越高;从语际对比的角度看,跨语言差距越大,难度越高;从系统的角度看,越不成系统,难度越高;从语体的角度看,越书面化,难度越高(如:他被爸爸打了。——他被家庭所累。/老师比妈妈还亲。——他比阿Q还阿Q。);从语用的角度看,言外之意越多,难度越高(如:你是来上课的还是来看报的?)。

2.3.1.2　有了难易程度等级作参考,还要分清语法教学是属于分散教学还是集中教学的形式。

a.分散的语法教学,即把语法项目分散到精读(综合)、口语、听力等不同的课型中,以精读带口语、听力,用口语、听力巩固精读课所学的语法点。分散学习的好处是:难点不集中,可以各个击破;语法点出现在一个个具体的语境中,便于体会、理解、学习。不足是:学生汉语学到一定阶段后,仍缺乏系统性,不能整体把握汉语的规则。

b.集中的语法教学,即相对集中、系统地学习有关汉语的语法规则。适合在中、高级阶段开设汉语语法课,一是学生已积累了一定的汉语知识,二是可以满足学生整体把握汉语规则的学习需求。虽然学习辛苦,但"苦"中有乐。

2.3.1.3　分清分散和集中的教学形式之后,就需划定初、中、高三个层级的语法教学的大致边界。

a.初级阶段的语法教学。更加适合采用化整为零、单一局部的教学处理模式,即以局部具体项为着眼点,而不以系统类别排列为着眼点。如讲到"你、我、他"说明是人称代词,表示第几人称,而不是从人称代词的角度去教学,因为人称代词是一个类系统,它有很多相关小类和相关杂糅用法,初级阶段无需给学生这样大而全的概念和范畴,以先解决感性认识为好。化整为零、单一局部的语法点选择角度,应以最常用、难度框架中最低的"对应"现象或对应程度较高的现象为主,其次还可以适当地、逐渐地增加"合并""新项""缺项"等现象,"分化"现象在对应程度较高的前提下,以少量加入为好。例如,汉语表判断的"是"字句的基本常用形式,跟英语用"be"来联系的判断句对应形式比较高,先学困难程度相对低。客观世界的"空间"是人类生存的地方,一般各语言中都会有这一类词,因为它很实际,可以看到、感觉到,所以学习难度相对低。但是初级阶段不宜将"方位词"作为一个整体概念提出来。因为方位词作为一个词类整体,与任何一种其他语言的对应词相比,都将会有错综复杂的差异,初级阶段这样学习,难度太大,有些现象也讲不清楚,所以最好采取化整为零、单一局部的教学方式。例如,可以先学习最基本的"上、下、里、外、前、后"等,在空间、时间的意义中,以先空间、后时间为好。至于抽象的空间意义,可少量选择与其他语言对应程度高一些的引申性用法、汉语中的常用用法为好。例如"上"可表示"……方面",这跟英语、日语中的某些介词有某种对应的可能,学习起来,不会很困难,也可以选择学习。但是,抽象程度高、对应性差、理解起来有困难的某些用法,就不适合在初级阶段学习了。如"在……下"表示前提条件的用法,不宜在初级阶段选学。总之,初级阶段以一个一个具体的语法点的学习为好,以选学难度偏低的语法项目为好,在学习中,建立丰富的感性认识,打下坚实的基础,为下一阶段的学习做好铺垫。

b. 中级阶段的语法学习。有了一定汉语知识能力基础,可以做相对整体的和联系性的学习。这样,就可以从局部系统的、知识完整的角度,集零为整地进行教学,要把整体相关性、前后联系性的学习放在比较重要的位置上。例如,初级阶段,遇到动补结构"看完""写好",只需要告诉学生"完"和"好"是用来叙述说明"看"或"写"的情况的,动词后面的部分是用来表示动作怎么样了的意思。通过一系列练习,让学生弄懂动与补之间的关系。到了中级阶段,就需要告诉学生动补结构是一种什么关系,补语常常由什么样的词语充当,为什么只用动词不行,在什么情况下需要用动补性结构,此时的学习应该作为一种系统类别,给学生一种系统规律的学习,使学生通过学习能够驾驭整个类别,能够掌握整体规律,达到举一反三的目的。当然这些东西一般不是靠理性的讲课完成的,而是通过一些实例、一些练习、一些比较让学生充分体会的学习,教师要借助各种方法、手段,让学生弄懂这些问题。中级阶段可以有一些局部性的综合或系统的学习,教学中要有意识地将初级阶段零散的、局部性的学习联系起来,因此往往会运用较多的比较或对比,以使知识深化。这一阶段,仍以不要讲解那些错综复杂的杂糅现象为好,但是一般性的、使用频率较高的"分化""杂糅"等现象,都应该涉及。

c. 高级阶段的语法学习。应以提高性、补充性及综合(整体)表达的语法教学为主。如跟语境相关的某些特殊句式、特殊用法的学习;跟预设、语境、篇章有关的副词的讲解与对比;跟表达相关的连接词语与连接手段的学习;跟表达目的相关的话题问题、指称问题、逻辑关系问题、搭配选择问题等等。总之,这一阶段的学习,不只是结构上复杂的多层次关系,还有复杂的意义关系和逻辑关系。

2.3.2 复式递升原则。所谓复式递升,是指在处理语法教学环节问题时,在同一层次循序渐进的同时做到循环性上升、重复性递增。例如,跟"来""去"相关的教学,其循序渐进、复式递升的横向教学顺序基本上可以如此安排:谓语动词→空间性趋向补语→复合空间性趋向补语→时间性趋向补语→谓宾式与谓补式比较(可联系"到"等补语)→趋向引申义补语和比较→其他引申义用法和比较。

为什么先学作谓语动词的用法?原因有二:一是这种用法在汉语中使用频率很高,是最基本的常用词;二是很多语言中都有"来""去"这种作谓语动词的词类,跟学习者的母语相比,相似程度较高。"来""去"从意义上说,表示的是人类最基本的与空间相关的动作,形象具体,难度自然相对低,所以应该先学。但是任何一种语言中的词,其内涵、外延及用法可以说没有完全对等的情况,"来""去"也一样。汉语跟不少语言相比,"来""去"使用的相异点,可能主要表现在它们跟表示到达点的处所词语的组合关系和组合形式上。如汉语可以直接说"去北京",英语就要说"go to Peking(Beijing)";日语则要说"北京へ行く"。汉语在一定的语境中,可以不加任何辅助性词语,就可以把"去"与表示处所意义的词语联系起来;英语比起汉语,需要加辅助性词语"to";日语比起汉语不仅需要加辅助性词语"へ",还要改变语序。也就是说,这些最基本的、相似程度高的词语易理解,要先学,但并不意味着告诉学习者"去"等于"go"、等于"行く"就了事,而应该把教学重点

第四讲　对外汉语教学语法的层级划分与项目排序

放在相异点的处理上。

　　学完作谓语动词的用法,趁热打铁,接下来就可以讲"来""去"建立在表示实义动作基础之上的趋向补语用法。这种用法,比起实义动作已经有所虚化,它只表示动作的方向性。这种方向性又跟说话者有紧密关系,而且常常还要跟其他表示方向性的词语结合起来,表示双重方向,这显然比实义动作难度大;再加上这种用法在很多语言中是不存在的,学习者需要重新来建构这部分语言结构和规则,就更增加了难度。所以在语法项目的排序上它只能位于实义动作"来""去"之后的复式递升的教学过程中。

　　学完作趋向补语的用法,"来""去"的教学至少还需要在两大方面重复出现,深化教学:一是"来北京"和"来到北京"表达的意思是不同的,前者从根本上说是和目的性行为相关,后者则跟已然结果相关。这对于学生的学习应该说是很难的,因为不少语言在表达这种不同关系时,往往借助了一些范畴化的手段,如时、态、格助词等等,而汉语这种规则性较强的标记性的东西很少,往往是某种组合关系的本身就是某种差异,这是汉语难学的地方。学习者只有在掌握了处所补语之后,才能再来做这种比较性学习。所以这种学习只能是在趋向补语学习之后的复式递升的学习。二是,"来""去"还有不少更深的、更隐晦的引申用法,有些从表面上已经看不到表示空间、时间等意义的影子,需要某些推导才有可能联系起来,如"团结起来""看来""看上去""下得去手"等,这些语法项目都应该是几个复式递升之后再深化学习的东西。

　　2.3.3　距离适度原则。如果说"复式递升"是一个横断面知识相联的描写性排列组群的话,距离原则主要将从它的纵向序位组群排列着眼。纵向排列的关联依据主要来自记忆规律、强化规律、联接规律等。一般来说,语法点的学习,不要孤立地学习,而应有联系地学习。一个语法点与另一个语法点或者几个语法点所形成的组群与组群之间的衔接点要找好,点与点或组群与组群相间的距离一般要根据相关程度决定,相关程度越高,密度越大;相关程度越低密度越小,距离越大,由此我们可以构建一个语法点或组群的矩阵系统。下面我们以动词及动词句的学习为例,兼顾与形容词等的学习布出一个相关的矩阵布局,即以动词作为一个循序渐进的系统,如时间、方位、宾语、介引成分、补语以及"把字句"、双宾语句、被动句、主谓谓语句等部分学习的排序,还要同时考虑其他个别相关语法项目之间的衔接性距离。

　　矩阵布局的说明:"是"字句、"有"字句(暂不讲"有"的抽象)→一般常用动词(主谓宾式)→"在"字句(可联系"上、下、里"等方位)→插入跟动作处所相关的状语成分("在、从"等介词词组)→加入时间名词状语(现在、将来)→(插入形容词谓语句)时间顺序的目的连动形式(现在、将来)→加入时间副词"在、正在"等→加入对象等介词词组"跟、给"等→时间顺序的方式连动形式(现在、将来)→加入表示方式类状语或介词词组"用"等→非名词宾语句"打算去北京"类→不及物动词,加入其他介词词组("对、向"等);插入介词"对、向"比较等;插入有介词词组类的形容词句("对"等)→加入表变化"了"("下课了"等)→加入过去时间词语"昨天、刚才"等;表完成"了"→加入动量成分"一下、一次、一趟、一遍"

等→加入时态助词"过"→加入结果补语(如"懂、清楚"等)→说明过去动作的"的"→时态助词"的"与"了"比较→介词词组作补语类"写在本上"等→加助词"着"→双宾语句→插入情态补语("洗得很干净"类)→"把"字句(插入关于有定与非有定事物)→受事主语的被动句→有介词词组"被、叫、让"的被动句→助动词谓语句"能、会、可以"→主谓谓语句等。

对矩阵布局的举例性解释：例如，空间是每个人生存的地方，是实在的、可感知的，因此类似"书在桌子上""他在屋子里"的"在"字句相对难度偏低，可以先学；与之相关密度最大的是某些方位词组，所以距离排列最近的应是某些方位词的学习，当然这之中还要同时考虑难度系数，所选择的方位词，应是最易理解和把握的，跟其他语言对应性相对高的。这一学习又跟动词句中表示介词词组的方位性词组关系密切，所以之后又可排列此类句式，即"他在教室里看书"类。不同组群的语法项目之间也照样可以有这种距离衔接关系。例如，学习了不及物动词有关对相关动作对象的介引处理后，就可以紧接着学习形容词句关于与对象相关的处理方法。因为形容词句不能连带宾语，所以跟有关对象发生关系时就要通过介词来引导，这与不及物动词跟对象间的衔接手段是一样的，因此可以在动词的排序矩阵中，插入相关的介词词组引导对象的形容词的学习。总之，在排序时，既要考虑到难易度造成的前后关系，又要考虑相关语法项目的衔接及衔接距离，这样就会使整个语法项目的排序形成一个纵横交错的矩阵网络，使语法项目的学习有序而科学。

三 对外汉语教材语法项目排序的原则与策略

3.0 吕文华(2002)从总结对外汉语教材的经验入手，以循序渐进的认知规律为原则，循着汉语语法自身存在的难易差异，按照结构、语义、用法区分难易度，并以此为基础从对外汉语教材编写的角度讨论了语法项目的编排问题，并对语法项目进行了排序。

3.1 语法项目的顺序。包括结构序、语义序、用法序三种。它们又各自从不同方面、不同角度成序。

3.1.1 结构序。从结构角度排列出的由易到难的次序，有以下几种类型：

3.1.1.1 从简式到繁式：语法结构在形式外延上由简式扩展为繁式。如：

  买了一本书——买了一本刚出版的英文原版书
  刚回来——刚从教室匆匆忙忙地赶回来
  激动得很——激动得两眼止不住地流下热泪
  丢尽了脸——丢尽了祖宗八辈的脸

此外，单个的"把"字句、"被"字句扩展到"把""被"连用，二重复句扩展到多重复句等，也属此类。

第四讲　对外汉语教学语法的层级划分与项目排序

3.1.1.2　从有标志到无标志：由于汉语是缺乏严格意义上的形态标志的语言，所以有些语法意义有形态标志，有些语法意义无形态标志，还存在形态标志可有可无的情况。这对以形态发达的语言为母语的外国人来讲容易感到困惑，对他们来讲，有标志的就容易理解和运用，而无标志的就难以理解和运用。如用"被"表示被动一般比较容易，但不用"被"表示的被动，就常常出错。与此类似，不用关联词语的复句就比用关联词语的要难。"的、地"作为定语和状语的标志、"了、着、过"在动词后表示动态、名词后加方位词合成处所词等等，都存在有标志和无标志的问题。

3.1.1.3　从基本式到衍生式：有些句式在结构上存在着相互依存的内在联系，有些句式必须在某些句式出现后才能出现。如可能补语，必须在结果补语和趋向补语出现后才能生成可能补语。只有教了特指问、是非问、选择问后，才能出现带疑问语气词"呢"的问句。如果没教过一定类型的补语，就不可能出现"把"字句，等等。这些都必须遵循语法结构自身的规律。

3.1.2　语义序。语法项目的语义序是由浅入深、由实义到虚化义、由基本义到引申义或比喻义等。

3.1.2.1　由实义到虚化义：同一个词或结构在语义上有实义和虚化义，虚化义比较难学。如："吃什么饭"和"生什么气"，"一团头发"和"一团和气"，前者好讲，后者难教；"看懂""买到""一副手套"很容易理解，而"看穿""买通""一副嘴脸"对外国人就较难理解。

3.1.2.2　由原型到非原型：语法分类，其实并不是"一个萝卜一个坑"那样分明的。每一类别都有较为典型的成员，也有非典型的成员。典型的成员具有该类别所有的属性，而非典型的成员则仅具有部分的属性。句型的原型和非原型在语义上是有差别的。原型常常代表一个句型的典型形式和意义，非原型则在形式上、语义上都会有一些变化。后者对外国学生比较难掌握。例如：

　　A1.结婚的第二年，他把妻子接到北京。
　　A2.结婚的第二年，他把个妻子气死了。
　　B1.整个星期天他都被孩子缠住了。
　　B2.整个星期天都被他花在孩子身上了。

A1、B1是原型，A2、B2是非原型。

3.1.2.3　从常规搭配到超常搭配：主要表现在述宾搭配中。当述宾搭配中的宾语为动词的受事时，与印欧语的述宾搭配在语义上是一致的，外国人一望而知。而汉语在述宾搭配上表现出极大的灵活性，在语义上述宾之间可以表现为多种多样的关系，这常常使学习者很困惑。例如：

　　考语文／考研究生　　　救人／救火　　　打扫教室／打扫卫生
　　吃面包／吃父母　　　　存美元／存活期　　打球／打世界冠军

晒衣服/晒太阳　　　　　恢复体力/恢复疲劳

3.1.2.4 从基本义到引申义：如趋向动词表示趋向是其基本义，当它表示结果和状态时就是引申义。例如：

爬上(长城)/考上(大学)、住上(新楼)、戴上(戒指)、写上(名字)、关上(门)
站起来/包起来、藏起来、团结起来、唱起来

3.1.2.5 从一般义到文化义：如"采光/采风""知情/知音"都是述宾式复合词，两组词中前者都可以从语素义推求出词义，而后者却不可推求出词义，必须从汉文化的历史或典故中找到理据。同样，像"红色政权""白色恐怖"中的颜色词，"冷若冰霜""亲如骨肉"中的象征词都体现着汉民族文化的内涵。说"他喜欢吃油条"和"他是个老油条"，其中"油条"的含义截然不同。留学生对"他比我高"，一听就懂，而对"他比阿Q还阿Q"则不讲清文化内涵就无法理解。

3.1.3 用法序。

3.1.3.1 从常用到非常用：在频率统计的基础上，可以确定出常用句型、非常用句型、罕用句型。这为教材编写中语法项目的选择和安排提供了科学的依据。例如，传统的补语教学包括8种类型。据《现代汉语句型统计与研究》小组统计的结果，这8种补语出现的句数与总句数之比是：

趋向补语 10.502%　　　　动量补语 1.538%
结果补语 8.817%　　　　　时量补语 1.303%
程度补语 2.55%　　　　　 数量补语 0.506%
可能补语 2.243%　　　　　介宾补语 0.018%

我们认为，其中的数量补语为非常用句型，介宾补语为罕用句型，它们都不必出现在基础阶段。此外，某一语法现象中也可能包含几种形式，它们在使用频率上也会有差别。以谓语动词后既带补语又带宾语的情况为例。一般教材中都同时介绍宾语在补语前以及宾语又可在补语后的情况。据对1141句复合趋向补语的统计，宾语在"来/去"前的(买回一本书来)占5.4%，而在"来/去"后的(买回来一本书)仅占0.5%。在对50万字语料调查的结果，宾语在时量补语后的句子(打半小时球)有112个，宾语在时量补语前的句子(听录音听了半小时)竟无一例，在使用频率上相差悬殊。我们常常在教结构助词"着"时，既介绍它表示动作持续，又介绍它表示状态的持续。教动作进行时，同时给4种句式：动词前有"在""正""正在"以及带语气助词"呢"等。它们在使用频率上都可以区别出常用或非常用，应优先选择常用句型，再教非常用句型，罕用句型则应该淘汰。

3.1.3.2 从一般用法到灵活用法：汉语中有些语法点存在着一般用法和灵活用法的区别。如人称代词"我、你、他"分别表示第一、第二、第三人称，这是一般用法。但有时"我"和"我们"却可以互相变换。在"我校""我国"中，"我"表示复数，而在以个人署名的文章中，常见以"我们"来指称自己。"你"表示第二人称，有时却可以用作第一人称，如

第四讲　对外汉语教学语法的层级划分与项目排序

"她可怜巴巴地求我,你能不管吗?"或者表示任指:"困难像弹簧,看你强不强。"

疑问代词表示疑问是一般用法,但也有灵活用法。如"什么":

　　你借什么书都可以。(任指)
　　我们好像在什么地方见过。(虚指)
　　他什么东西没吃过!(肯定)
　　什么话!(否定)
　　学个金融什么的。(列举)

数词表示实在的数目时,是一般用法,而不表示实在的数目时则是灵活用法。如:"三言两语、五光十色、十全十美、百感交集、万念俱灰"等,其中的数词都泛指数量之"多"或"少"或"全"等。

3.1.3.3　从单个句到相关句的比较:从单个句的用法到相关句的辨析和比较,表现为从基本表达提高到准确恰当地表达,在教学上表现为不同的层次和不同的阶段。例如:

　　A.墙上有一张画儿。　　B.墙上是一张画儿。　　C.墙上挂着一张画儿。

三句话都表示某处存在某物,但 A 句同时表示存在的某物不是唯一的,B 句又表示存在的某物是唯一的,C 句则又表示出某物存在的状态或方式。A 句是叙述,B 句是判断,C 句是描写。再如:

　　A.秀梅是一个家庭妇女。　　B.秀梅是家庭妇女一个。

A 句是对主语的说明或判断,B 句则是对主语的评价,具有一定的感情色彩,即对评价的对象往弱小、差劣方面倾斜。所以 B 句往往有后续句(没有文化,没有见过世面,挑不起这副重担)。

3.1.3.4　从结构、语义深入到语用:对外汉语教学存在着重结构轻语义,忽视用法的现象。对一个语法现象,相对而言,掌握结构、语序比较容易,进而掌握这个语法形式究竟表达什么意义,更深入一层,则要教给学生这个语法形式的交际价值和使用功能。以"把"字句为例,我们不仅要教"把"字句的句法条件和语义,还要教"把"字句究竟在什么样的语境中使用。教语气助词"了"表示"变化",还应进一步交代,带语气助词"了"的句子,在话语中作为始发句时有信息提示的功能,作为结束句时表示出"新闻性"和信息价值。语气助词"过"的语法意义是表示动作的经历、经验,而在语用上,则是以经历为依据说明和解释某个道理或观点。

3.2　语法项目的编排策略。主要体现在量的控制和难点的处理上。

3.2.1　量的控制:语法教学量表现在三个层次中,其一是各个教学阶段的语法项目总量,其二是每课语法项目的教学量,其三是语法项目内容的含量。核心在于每课的教学量控制得如何。它是教学量在教学实践中的直接体现,也是教学量是否适当的无情检验。每课的教学量受教学总量的制约,同时又取决于具体语法项目内容含量的大小。

3.2.1.1 语法项目的总量:对外汉语教学初级阶段综合课教材中语法点总量的确定分为两个阶段。1986 年前主要参照《汉语教科书》。《汉语教科书》中的语法项目共 170 个,其中有 5 项是介绍语法点的注意事项,实际为 165 个。《汉语教科书》对语法的介绍比较系统,但语法项目的确定也体现了对外汉语教学的针对性。此后,基础汉语教材的语法项目基本上与《汉语教科书》保持一致,语法点的重合率,《基础汉语课本》为 92.7%,《实用汉语课本》为 93.7%,《初级汉语课本》为 89.5%。语法点总量约为 120 个左右。1996 年《汉语水平等级标准与语法等级大纲》公布后,据杨德峰(2001)考察,已出版的基础汉语教材多数是根据教学需要从《汉语水平等级标准与语法等级大纲》的语法项目中进行挑选的,不注重语法的系统性,语法点的总量大大减少,如《标准汉语教程》(初级,1999)45 课,共 78 个语法点。但 1999 年出版的《汉语教程》(一年级),仍保持传统做法,对语法做系统介绍,所以该教材的语法点共有 134 个,对《大纲》中语法项目的覆盖率达 98%。

语法项目的总量构成了教材中语法部分的教学内容,总量的多少影响着每个课时的教学量。《大纲》的公布为教材编写提供了依据,但并不是对编写教材的语法项目的硬性规定。教材中语法项目的确定,仍应以培养学生的交际能力为目标,不必讲求语法本身的系统或完整。因此应该提倡以交际化为标准,优选语法项目,以是否构成难点来取舍语法项目,并向量小方面倾斜,才能精化教材内容,减小教学难度。

3.2.1.2 语法项目的教学含量:语法项目的教学含量指语法项目在结构、语义、语用等方面的包容量。有些语法项目比较简单,包容量小,如四种基本句、四种疑问句、连动句、兼语句、定语和状语的某些表达式等。有些语法项目包容量较大,如"比"字句、"是"字句、"有"字句、"是……的"句、动词重叠,以及某些副词的用法、复句等。有些语法项目的包容量大,无论是结构或语义、用法都很复杂,如"把"字句、"被"字句、趋向补语句、可能补语句、结果补语句,以及动态、语气的用法。

语法项目的教学含量直接影响着每一课的教学量和教学难度,因此对语法项目的教学含量要进行分析,分别处理。其一,在对语法项目切分的基础上选择最基本、最常用的内容,作为基础阶段的教学内容;其二,通过切分和分级,把语法含量大的和非常大的项目切分为几个层次,分散在不同阶段或同一阶段的不同课中,以免在同一课中教学量过大。

但如何对语法项目进行切分、分级,以及同一个语法项目中哪些是最基本、最常用的内容,这方面在认识上和操作上都存在差异,需要在科学分析的基础上标准化和规范化。

3.2.1.3 每课的语法教学量是否适度是影响教学效果的直接因素。它取决于教学总量的控制。总量大,分布在每课的教学量就大。同样也取决于每个语法项目的含量。不同语法项目的含量差别悬殊。这既与语法项目本身的简繁有关,也与教材中展示语法项目的内容简繁有关。

3.2.2 难点安排:第二语言教学在一定意义上是难点的教学。如果在教学中对难

第四讲 对外汉语教学语法的层级划分与项目排序

点编排得当,便可化难为易,使学生能顺利跨越障碍。否则可能难上加难,导致教学的失败。难点安排有以下几种策略:

3.2.2.1 从易到难:从易到难是语言学习的基本规律。从道理上认同不难,但在实践中一些语法项目的安排常常走样。例如,由典型式到非典型式、由常用式到非常用式,体现了编排中应遵循的次序。但落实到具体的语法项目,究竟什么是典型式,什么是非典型式,哪个常用,哪个不常用,缺乏科学分析。以"把"字句为例,《大纲》在甲级项目中列出的"把"字句是:

(1)主＋把＋宾＋动＋一/了＋动　[你把意见说(一)说。]
(2)主＋把＋宾＋动＋补语(了)　(我把信寄走了。)

在乙级大纲中列出的"把"字句是:

(3)主＋把＋宾$_1$＋动＋在/到/给＋宾$_2$　(我把病人送到医院去了。)
(4)主＋把＋宾＋动＋了/着

众所周知,"把"字句最典型的语义特征是通过动作使"把"的宾语发生某种变化或结果,因此,反映这一典型语义特征的句式是(3)和(2)。据对 1094 个例句的考察,这两种句式的句子占 77.8%,而(1)和(4)都不表示"把"字句的上述语义特征,是非典型的"把"字句,出现频率很低,甲级"把"字句(1)仅占 2.7%,乙级大纲中"把"字句(4)的频率仅占 3.8%。《大纲》中动词带补语的典型句分为两次出现,一部分在甲级,一部分在丙级,而非典型、非常用的却先出现在甲级和乙级项目中,显然违背了先易后难的规律。

3.2.2.2 就简避繁:语言教学应深入浅出,明白易懂,尽量把复杂的语言现象简化。但我们的教材中却存在着因编排不当而使语言现象人为地复杂化的情况,从而加大了教学的难度。其中最普遍的就是把相关的、对比的、对立的语言现象安排在同一课中进行教学。如同一成分的不同位置:

他说中文说得比我流利　他买来了一本书　他打球打了半小时
他说中文比我说得流利　他买了一本书来　他打了半小时的球
他比我说中文说得流利　(他回去美国)　(他来三年中国)

如此安排,难免把学生引入迷魂阵。

再如,能愿动词在语义上有交叉,应区分开来,分散教,而我们常常把能愿动词集中在一课中,而且成对地教。如《汉语教程》(一年级)第 28 课,共有两个语法点,其中之一是能愿动词。在"语法"中介绍了 5 个能愿动词。"能、会、可以"翻译都是"can,may",中文解释都是表示有能力有条件做某事;"想"和"要"翻译都有"want",都表示要求做某事。其后又附小注:"会、想"和"要"作动词,分别介绍了作动词的意义和用法。这样繁复的内容和互相纠缠不清的意义,编排在一课之内是难以讲清楚、学明白、用熟练的。

3.2.2.3 难易相间:是把语法难点分散开来,不要连续出现。一般是两课难点之间出现几课比较容易、简单的语法项目。例如,趋向补语中,简单趋向补语、复合趋向补语、复合趋向补语的引申用法,都是难点,应该分散地教,不宜连续出现。"把"字句在一般教材中也切分为2-3个语法项目,都比较难,但很多教材都连续出现,这就造成了难点集中,没有给学生的理解、消化和运用留余地。难易相间也指在一课之内,不应同时出现语法难点,也应难易搭配。

3.2.2.4 化整为零:把语法包容量大的语法项目切分为几个小点,分散到几课中教,是降低教学难度,化难为易的行之有效的办法。以"比"字句为例,"比"字句是结构复杂的句式,"比"字的前项和后项可出现多种词语或结构,因此也是外国学生出现偏误较多的一种句式,不同教材对"比"字句的处理相差很大。有的教材(如《汉语教科书》)把"比"字句作为一个语法项目出在一课中,有的教材(如《实用汉语课本》)在出"比"字句的同时再搭配另一个语法项目,而有的教材(如《汉语教程》(一年级))是把"比较句"作为一个语法点,既教"比"字句又教"有"和"没有"表比较,又教"不如"表示比较。在同一课里还有其他两个语法点。但也有的教材(如《初级汉语课本》)则把"比"字句切分为6个语法点,分散到四课书中出现。从一个句式的不同安排可见不同教材在一课书中的教学量相差之大。这自然也就反映出不同的教学难度。

3.2.2.5 先分散后集中:与化整为零异曲同工的是先分散后集中。有些语法项目可先"冒",但不解释,只是在课文中带出来。如语气助词"了"、以词的形式出现的某些结果补语、离合词等。但要有控制、有计划。这样既使课文不必刻意地为回避某些语法点而显得生硬不自然,也使学生在情景中对某些语法点有所感悟。到适当的时候,再利用情景集中归纳,从感性上升到理性,更易为学生所理解和接受。

3.2.2.6 明线与暗线结合:语法和词汇的学习都需要在重现中得到巩固和熟练,因此语法点重现率的高低也是教学中能否取得较好效果的重要因素。因此,在编排新语法点这条明线的同时,还要有计划地重现和复习已学过的语法难点。语法难点的重现主要在课文和练习中结合情景再现,也有的教材采用若干课后集中总结复习的方式。

3.3 《汉语教科书》之后,有的教材在继承传统的基础上有了新的提高和发展,完善了编排体例,如《基础汉语》删繁就简,将《汉语教科书》确定的170个语法点总量删减为116个;《汉语课本》则分散难点,将语法项目切分为几个层级分别介绍,并将语法教学延续到短文阶段。《初级汉语课本》在编排上更是独具匠心,该教材每课语法项目的平均数仅为1.5个,而每个语法项目的教学含量也很低。如"比"字句、能愿动词、趋向补语等的教学含量,《初级汉语课本》是最低的。这就极大地缓解了历年来语法教学繁琐、量大的矛盾,而该书在分散难点、化难为易方面都表现出相当高的技巧,使该教材好教易学,教学效果显著。

如果说汉语语法大纲具有导引性,那么汉语教材则是母本,是教学的依据。如果教材编排失当,教学量失控,难点集中,就会加大教师的负担和学生的学习压力,给教学带来不利影响。

四 对外汉语教学基本句型的确立依据与排序

4.0 现代汉语从结构角度进行句型研究,成果比较可观。李临定(1986)、陈建民(1986)、赵淑华(1992,1995)、刘社会(1997)、范晓(1998)等先生都为此做出了有价值的尝试和贡献。这些研究成果从不同角度展示汉语句子的类型面貌,挖掘其深层意义和关系,为确定对外汉语教学基本句型提供了重要参考。

卢福波(2005)依据大量调查数据及难度分析,借鉴对比语言学、认知语言学、第二语言习得理论、中介语、偏误分析等理论和方法,初步建立起一个具体而明确的对外汉语教学基本句型系统框架,并对句型的确定及其排序做出了理据性分析。

在《对外汉语教学语法大纲》中,句型跟语法项目是交织在一起的。句型的确定既不系统、规范,更不全面。对外汉语教学由于其特定的教学对象,基本句型的确定角度、抽象程度以及研究方法具有自身特点。

4.1 对外汉语教学基本句型的确定原则与理据。对外汉语教学基本句型的确立主要依据学习者的实际需要,因此以实用性原则作为根本原则。该原则主要体现在以下方面。

4.1.1 句型的常用性。常用性主要体现在三个方面:数量上、范围上、时间上。

4.1.1.1 数量上——句型在日常话语使用中所占比例偏高或占有相当比例。教学基本句型受到学习者学习目的、教学任务及重点的制约,故应将常用句型列为基本句型。常用性要以常用比率为依据。赵淑华等(1997)以北京语言学院34万现代汉语精读教材主课文和28万小语文课本为语料做句型切分,其中以下"把"字句句型仅占句型总比例0.3%以下:

① 主＋把＋宾＋动＋时量补语（我们也把船在树下泊了片刻）
② 主＋把＋宾＋动（"加以"类）＋宾（双音动）（文章在结尾时把全文加以总结）
③ 主＋把＋宾＋动＋度量词（把它们的巢移动几尺）
④ 主＋状＋把＋宾＋双音词（动宾结构）（先把代表正法）
⑤ 主＋把＋宾＋动＋了＋个＋补（把我顶了个仰面朝天）
⑥ 主＋把＋宾$_1$＋动（＋补）＋了＋宾$_2$（结果）（把船底炸了个洞）

该句型整理以建立现代汉语句型语料库为目的,属于周遍性考察,力求详尽、全面。而以确定对外汉语教学基本句型为目的,则应考虑其常用性、基本性、典型性,因此以上6个句型均被排除在基本句型之外。

通过对部分句型在百万字容量的语料库(数据来源于当代小说、电视剧等)中的使用

频率的调查,进一步验证相关句型的常用性。如:

⑦ 主＋把＋宾₁＋动＋着＋宾₂ (她把那面镜子对着自己)
⑧ 把＋个＋宾＋动＋了 (把个孩子丢了)

例⑦仅占"把"字句总数的0.4％,例⑧则为零,使用频率极低,不符合常用性原则,所以类似句型也均被排除在基本句型之外。

4.1.1.2 范围上——句型使用的普遍性,即各种文体、各种人群、各个地方都在使用的常用句型。尤其注意兼顾口语语体与书面语体,使句型的统计数据尽可能反映其普遍使用情况。

4.1.1.3 时间上——句型使用的当代性。对外汉语教学基本句型的确定要考虑当代性、现实性。为避免时代差异对句型确定产生影响,语料调查主要选用当代语言资料。

4.1.2 句型的规范性。某些新产生的语言形式在部分人群或语用形式中(如广告语)可能占有一定使用频率,但当其还没有成为普遍的使用形式或还没有被认定为规范形式时,也不列为基本句型。例如,"adv.＋N"形式,即程度副词修饰名词,如"很阳光""够海洋"。

4.1.3 句型的基本性。指句型具有一定概括性和典型性,能够涵盖一定数量的具体语句用法,形成一个典型的、有代表性的结构形式种类,学习者掌握它,就能举一反三,衍推其他。

4.1.4 句型的针对性。确定基本句型首先要考虑学习者的需要,即哪些句型是他们最有学习价值的,句型中哪些部分最容易出问题故而最应突出的,句型抽象到什么程度既符合其科学概括、又便于学习者理解掌握。要做到这一点,需要在兼收并蓄的基础上突出重点。

句型研究可以从结构、语义、语用等不同角度进行,从结构角度进行,侧重句子部件的构成形式,如:主谓句、主谓宾句等;从语义角度进行,侧重句子部件的意义关系,如:施事＋述语＋受事,受事＋述语＋施事等;从语用角度进行,则侧重句子在实际语境中的交际功能,如:陈述句、说明句、感谢句、道歉句等。这三个方面的每一侧面均具有一个庞大复杂的句类系统。

对外汉语教学对象的特殊性就在于:汉语是他们在掌握了一种以上语言的第二或第三语言,这决定了他们在汉语学习过程中的类推性、正负迁移性及中介语现象。针对这一特点,基本句型的确定角度就不可能是单一的。例如,句型A.S＋状＋V＋(时态),这一句型仅这样提取还不够,留学生在学习掌握该句型时,往往无法区分句型 A 中 A1、A2 施、受之间的对立。即:

A1. S(受)＋状＋V＋(时态)   信已经发了。
A2. S(施)＋状＋V＋(时态)   他已经走了。

施受属于语义关系的对立,并非结构形式的对立,但这种区分对于学习者掌握该句

第四讲　对外汉语教学语法的层级划分与项目排序

型至关重要,所以必须把施受作为分列不同句型的区别特征。这样,确定句型时就以结构为主,兼顾语义。

再如,"请求句"属于语用功能上的分类,使用频率很高,构句形式上又独具特点,学生往往容易忽略它的一些特点,出现一些成规律的偏误。因此要将语用功能与结构形式结合起来,以"请"为代表字,单列"请"字句型。

4.2　句型本身并不是一个个单一孤立的结构式,而是相互有联系、有层次的系统。所以确定句型时,首先要建立起一个基本句型系统框架。从基本句型分类系统的角度,可以做出三种大图表:一个是基本句型分类系统表;一个是基本句型表;一个是基本句型排序表。基本句型分类系统表显示的是基本句型在系统中的位置和类属情况,如先两分为:单句、复句。单句再两分为:主谓句、非主谓句。复句再四分为:联合复句、偏正复句、补充复句、紧缩复句。这样按照层级分下去,单句往下分还可分出五层,复句往下分还可分出三层。基本句型表显示的是常用性、基本性、典型性。基本句型排序表显示的是对基本句型综合考量后的教学顺序。

4.3　对外汉语教学基本句型的排序依据。从教学和使用角度着眼,排序依据主要定位在三个方面:汉语句型习得的难度分析;汉语句型系统内部的相互制约因素;句型在实际运用中的使用频率与排序的关系。

4.3.1　汉语句型习得的难度分析。第二语言学习是一种有意义的控制性学习过程。这种学习要求对所学语言进行高层次的决策和处理,能够使用特定方式调用认知能力,表达合乎语境和行事目的的正确语言形式。由于语言对客观经验的编码方式不同,语言的使用者也倾向于按他们母语所提供的不同范畴去区别和辨认经验。因此成年人学习第二语言的最大特点是将目的语和母语进行类比。类比的结果可能导致两种方向:一是目的语跟母语或已掌握的其他外语具有基本对应关系,类推产生正迁移;一是目的语跟母语或已掌握的其他外语基本没有或极少有对应关系,类推产生负迁移。

从句型学习的角度看,句型认知难易程度应该是影响句型习得顺序较重要的因素之一。据此,根据汉外对应程度和复杂程度的高低,确定了五个层次的难度系数。

句型难度系数确定标准

难度系数	对应程度	对应情况	习得情况
指数1	强对应	结构、语义、语序基本对应	一般通过类推可直接掌握
指数2	次强对应	结构有较低程度不对应,意义基本对应	直接类推会出现偏误,但稍加指点即易克服
指数3	中对应	结构有一定程度不对应;意义稍有出入	类推一定出现偏误,结构、意义都须指点才能克服
指数4	弱对应	结构基本不对应;意义有一定出入	基本不能类推
指数5	不对应	结构不对应,意义有深层或语用差异	完全不能类推

根据以上标准,对汉语特殊谓语句中的连谓句和兼语句总计9个句型、"比"字句总计13个句型、动补句中的16种动补关系句型进行了难度分析并排序。其他句型也据此标准确定排列顺序。如以无标记被动句和有标记被动句——"被"字句的排序为例。表面上看有标记"被"字句容易习得,学生直观便可确定句型并直接类推;而无标记被动句,学生首先得理解它是被动句,然后才能类推。然而事实上并非如此。这是因为这两种被动句具有表层结构和语用意义以及语体运用上的差异。无标记被动句除了受事主语通常为有定的需要加以注意外,其他大多可以跟一般外语中被动句相对应,所以它的难度系数可以确定在指数2的位置上。而"被"字句却不同,虽然表层有"被"为标记,可以跟英语的"by"相对应,然而深层却有主观感情色彩和语体运用色彩的问题。受主观感情色彩的影响,它大多用于不如意——遭受义的事情,例如"被开除了""被人偷了"等等。在语体上,它主要用于书面语,口语中很少出现。口语中若需标记形式,大多使用"叫/让",这又造成"叫/让"与"被"区分的困难。所以通观全面,反倒是无标记被动句难度偏低,"被/叫/让"句难度偏高。据此,把无标记被动句排在有标记的"被/叫/让"前面。需要加以说明的是,五级难度系数与留学生句型习得情况的调查结果是基本吻合的。

4.3.2 汉语句型系统内部的相互制约因素。句型系统是一个有机的整体,句型与句型之间或类聚与类聚之间往往具有不同程度的包孕关系或制约关系。句型的先后顺序或句型与句型之间的大小间距往往取决于句型间的相关度,相关度越高,密度越大;相关度越低,密度越小,距离越大。

4.3.2.1 句型的掌握应从简到繁依次建构。如学习了"S+V"句型,再来学习它的扩展型——"S+V+O"→"S+V+定+O"→"S+状+V+定+O"→"S+状+V+了+定+O"等。由于句型间依次存在包孕关系,依次学习才符合循序渐进的习得原则。

"是……的"句型与上述句型存在相关关系,只有学过带有过去时间、处所、方式状语以及含有"了"时态、已然结果的句型,才能学习"是……的"句。"是……的"句是为突出说明和确认过去事件的时间、处所、方式以及动作主体等为目的的句式,所以它跟上述句型相关度偏高。教学中可以插其他句型的学习,但相间距离不可太大。这种密度要求是由学习的记忆律、巩固律及知识自身衔接关系的制约性所决定的。

4.3.2.2 句型的难易度不能仅从表层结构加以判断。例如:"S+A"句型,从表层看它比"S+很+A"构造简单,但实际上学习难度比"S+很+A"大。"很+A"可用于一般的客观描述与评价,一定条件下与英语的比较级相对应。而"S+A"句型却不然,它含有说话人的主观评价性和认定性,通常用于暗比语境,表明说话人对某一事物认可、对其他事物不够认可的态度。例如:"这盆花好看,就要这盆吧。"表明说话人对所在语境中这盆花的肯定,同时暗比出别的花不好看,表示出对别的花的否定态度。该句型表层没有任何标记,学习者往往容易忽略,从而增大形成偏误的可能性。因此,排序时,将句型"S+很+A"列在"S+A"之前是必要的。句型习得调查结果表明,侧重结构形式的正确率高于侧重意义理解的正确率,说明汉语意义的理解把握难于结构形式的掌握。因此句型排

第四讲 对外汉语教学语法的层级划分与项目排序

序要兼顾意义因素。

4.3.2.3 一个种类的句型相对聚合集中有利于全面认知把握该类句型。例如"比"字句类型：

NP_1＋比＋NP_2＋A——家里比宿舍舒服
NP_1＋比＋NP_2＋A＋多了——她的衣服比我多多了
NP_1＋比＋NP_2＋A＋得＋程度词语——上海比石家庄大得多
NP_1＋比＋NP_2＋A＋数量——我比弟弟高一点儿

这几个句型难度出入不大，应把它们集中到一起，不宜分散。

一种类聚的句型难度有明显差异，排序时就应将难点相对分散，便于学生分阶段地突破难点、渐进式提高。如："把"字句一共确定了11个基本句型，排序时将其分散在四个相对集中的顺序段里。

第一阶段：S＋（状）＋把 NP＋V＋C（趋向）　　　他从书包里把书拿了出来。
　　　　　S＋（状）＋把 NP＋V＋C（结果）　　　他不小心把花瓶打碎了。
　　　　　S＋（状）＋把 NP＋V＋C（介宾词组）　他把书放在桌子上。
　　　　　(S)＋请＋把 NP＋V＋C（给＋N）　　　请把那本词典递给我。
　　　　　S＋（状）＋把 NP＋V＋C（数量）　　　他把信念了一遍。
　　　　　S＋（状）＋把 NP＋V＋O　　　　　　他把那件事告诉师傅了。
第二阶段：S＋（状）＋把 NP＋V＋了　　　　　　他把那些书都卖了。
　　　　　S＋（状）＋把 NP＋V（叠式）　　　　他把情况谈了谈。
　　　　　S＋（状）＋把 NP_1＋V＋成/作＋NP_2　我把她当成自己的孩子。
第三阶段：S＋（状）＋把 NP＋V＋得＋C（情状）　婚事把她搅得心烦意乱的。
第四阶段：S＋（状）＋把 NP＋状＋V＋着　　　　他把两眼紧紧地闭着。
　　　　　S＋（状）＋把 NP＋一＋V，……　　　他把手一挥，……

第三阶段只列出一个"把"字句型，是将其与两个带"得"的复杂情态补语类句型一并学习。这样我们把难点相对分散，把相关句型结合起来，按层次、分阶段，采取循序渐进、复式递升的处理方法，使学习过程更加符合科学性。

4.3.3 句型在实际运用中的使用频率与排序的关系。句型排序不仅要依据句型习得难易度、句型系统制约性，还要兼顾句型在实际生活中的使用频率。句型使用频率越高，说明被用几率越大；被用几率越大，学习价值也就越大，排序时就应相对往前排。例如：特殊句式"连谓句"和"兼语句"9个句型的排序。其中，"S＋（状）＋V_1（使令性谓语）＋N＋（状）＋V_2＋(O)——这个故事让在场的人都很感动"，这一句式是9个句式中使用比率最高的一个，故将它从习得试卷调查排序的位置提前到第五位。"S＋（状）＋V_1＋(O/C)＋V_2＋(O/C)——妈妈下班回到家里"这个表示动作先后顺序的连动句，习得调查排在第三位，参考使用频率及难度分析后最终调至第二位。相反，称谓性兼语句

"S+(状)+V₁(称谓性谓语)+N+(状)+V₂+O——大家都称他为师傅",习得正确率较高,但使用率最低,故将其由第四位后移到第六位;"有"字兼语句"S+(状)+V₁(有)+N+(状)+V₂+(O)——他有个哥哥在北京大学读书",习得正确率较高,但使用率较低,则由第二位后移到第三位。

当有些句型根据分析很难断定顺序时,往往以使用率作为重要参项来断定。例如:"把"字句、"被"字句、"使"字兼语句。表面看,"被"字句结构简单,难度偏低,"使/叫/让"字兼语句结构较复杂。简单结构的"把"字句,形式简单,但一般外语中很难找到相对应的形式,受语境制约的因素也不少。这样只好参考使用频度参数。110万字语料的检索结果(见下表)表明,"把"字句使用比率极大;其次是"使/叫/让"字兼语句;最低的是"被/叫/让"类被动句。

句型	出现次数	所占比例
"把"字句	514	63.6
"使/叫/让"句	238	29.5
"被"字句	56	6.93

依据使用频度,"把"字句中使用度最高的、难度相对低的6个句型排在上述其他句型的最前面,"被"字句从意义上到结构上跟"把"字句相关度较强,参考难度分析、习得调查和使用频率把结构形式相对简单的句型置于其次的位置,然后再安排"使/叫/让"句。

卢福波这一建立在分析、调查、语料库统计基础上的句型排序,很大程度上克服了主观臆断性和偏于经验性,增强了排序的可信度和有效性,为对外汉语教材编写以及课堂教学提供了重要的参考依据。

五 对外汉语虚词教学等级大纲

为方便查阅,我们依据《汉语水平词汇与汉字等级大纲》(1992)、《汉语水平等级标准与语法等级大纲》(1996)、《对外汉语教学初级阶段教学大纲》(1999),编写了《对外汉语虚词教学等级大纲》,将对外汉语教学用虚词分成甲、乙、丙、丁四个等级,并按词性进行类聚,大类(含小类)以及争议词一一列明。需要说明的是,在一些具体词的归类上,主要以吕叔湘(1980)主编的《现代汉语八百词》(以下简称《八百词》)为标准,同时参考了黄伯荣、廖序东主编的《现代汉语(第3版)》(2002,以下简称黄廖本)以及马真(2004)、李晓琪(2005)、张谊生(2000)、房玉清(2008)、张宝林(2006)、朱庆明(2005)等学者的观点。

第四讲　对外汉语教学语法的层级划分与项目排序

等级	分类		按音序列举	有争议的虚词
甲级虚词	副词	肯定、否定	必须、别、不、不要、不用、没（有）、一定	不要：张谊生认为是不＋助动词
		时间	才、常、常常、从、刚、忽然、就、快、立刻、马上、然后、同时、先、新、一会儿、一直、已经、永远、在、早、正、正在、总（是）	忽然：张谊生、李晓琪、马真认为是时间副词；黄廖本认为是情态副词；张宝林认为是方式副词 然后：《八百词》认为是连词
		范围	半、大概、都、或者、就、全、全部、一共、一块儿、一起、有些、只	
		程度	比较、大、多（么）、非常、更、很、深、十分、太、挺、尤其、真、最	
		频率	还、也、又、再	
		语气	当然、好、可能、确定、特别、也许、一定、原来、只好	
		情态	够、好像、还是、互相、像	还是：李晓琪认为是情态副词，黄廖本认为是频率副词
	介词	表示时间、处所、方向	朝、从、当、离、往、向、在	
		表示关涉对象	比、除了、对、给、跟、和、为	
		表示原因、目的	为、为了、因为	
		表示施事、受事	把、被、叫、让、问	
		表示方式、方法、依据、工具、比较	经过、拿、通过	
	连词		不但、不如、但是、而且、跟、和、还是、或者、接着、结果、就、可是、那、那么、虽然、所以、要是、因为	可是：《八百词》认为是副词
	助词	结构助词	得、的、地	
		动态助词	过、了、着	
		列举助词	等	等：张谊生认为是列举助词；房玉清、张宝林认为是数量助词
	语气词		啊、吧、啦、了、吗、嘛、哪、呐、呢、呀	
	叹词		啊、嗯、喂	

续表

等级	分类		按音序列举	有争议的虚词
乙级虚词	副词	肯定、否定	不必、不大、未、无	
		时间	从来、都、反复、赶紧、赶快、刚刚、回头、渐渐、将、将要、立即、且、仍、仍旧、仍然、始终、随时、已、暂时、曾、曾经、终于、重、陆续、其次、首先、先后、不住	渐渐:《八百词》、黄廖本认为是时间副词,张谊生认为是频率副词
		范围	边、才、单、到处、凡、共、光、仅、仅仅、另外、每、一、一道、一齐、一同、约、只是、只有、至少	才:黄廖本认为是时间副词,张谊生认为是范围和情态副词 到处:黄廖本认为是处所副词,朱庆明认为是范围副词 一:《八百词》认为是数词 只有:《八百词》认为是连词
		程度	更加、极、极其、几乎、较、稍、稍微、相当、有(一)点儿	
		频率	不断、老(是)、连、连续、每、往往、一时、有时、重新、逐渐	
		语气	本、本来、便、并、差点儿、大约、倒(是)、到底、的确、反正、根本、果然、毫不、毫无、即、尽管、究竟、决、可、恐怕、难道、怕、偏、千万、却、似乎、显然、许、正好、最好	本:《八百词》认为是介词 大约:张谊生认为是范围副词 怕:《八百词》认为是动词,张谊生认为是语气副词 最好:《八百词》认为是短语
		情态	按时、白、仿佛、分别、纷纷、共同、故意、好容易、胡乱、尽量、连忙、齐、悄悄、亲手、亲自、生、顺便、特此、偷偷、相、相互、一下子、照、直、逐步	
	介词	表示时间、处所、方向	趁、临、顺、随、沿、由、于、自、自从	随:《八百词》认为是动词
		表示关涉对象	乘、对于、赶、关于、管、将、较、就、距离、连、替、同、以、与、作为	作为:《八百词》认为是动词
		表示原因、目的	由于	
		表示施事、受事	由	
		表示方式、方法、依据、工具、比较	按、按照、根据、靠、照	

第四讲 对外汉语教学语法的层级划分与项目排序

续表

等级	分类		按音序列举	有争议的虚词
乙级虚词	连词		便、并、并且、不管、不过、不仅、不论、不然、此外、从此、从而、但、而、否则、或、及、既、既然、加以、尽管、就是、看来、可、哪怕、且、却、然而、如、如果、同、同样、无论、以、以及、因此、因而、由于、于是、与、则、只是、只要、只有	加以：《八百词》认为是形式动词 看来：《八百词》认为是插入语
	助词	结构助词	所	
		动态助词	来、来着、以来	以来：《八百词》认为是方位词房玉清认为是时间助词
		列举助词	左右、……的话	左右：《八百词》认为是方位词，张谊生认为是准虚词、情态副词、语气副词，张宝林、房玉清认为是数量助词 ……的话：《八百词》、黄廖本认为是假设连词，张宝林、房玉清认为是关系助词
	语气词			
	叹词		哎、哎呀、嘿、哼、哇、哩	
丙级虚词	副词	肯定、否定	白白、甭、必定、不用、不曾、非、何必、未必	必定：《八百词》认为是形容词 何必：黄廖本认为是语气副词，李晓琪认为是肯定、否定副词
		时间	成天、顿时、即将、偶尔、恰好、仍旧、随后、随即、现看、一下儿、预先、早晚、早已、总	随后、随即：张谊生认为是表示次序的副词 早晚：黄廖本认为是频率副词
		范围	处处、大半、大都、多半、凡是、净、统统、一一、总共	处处：黄廖本认为是处所副词，张谊生、朱庆明认为是范围副词
		程度	大大、顶、多少、格外、怪、过、丝毫、万分、有(一)些、越	多少：朱庆明认为是名词，马真认为是程度副词
		频率	不时、不停、渐、来回、偶尔、时常、时时、向来、一连、一向、一再、依然、再三	时时：李晓琪认为是时间副词 一向：也可为时间副词

续表

等级	分类		按音序列举	有争议的虚词
丙级虚词	副词	语气	必、毕竟、不见得、不禁、不料、不免、差不多、反、反而、分明、简直、竟、竟然、居然、绝、可巧、可惜、明明、难怪、难以、偏偏、其实、恰恰、甚至、说不定、万万、万一、幸亏、硬、只得、至于、总算	不禁:李晓琪认为是情态、方式副词 可惜:朱庆明认为是形容词 至于:《八百词》认为是介词,朱庆明认为是语气副词和介词
		情态	按期、暗暗、大力、独立、赶忙、缓缓、竭力、猛然、亲眼、任意、随手、一口气、照例、照样	猛然:也可表示时间
	介词	表示时间、处所、方向	打、距、任	
		表示关涉对象	冲、除、代	
		表示原因、目的		
		表示施事、受事		
		表示方式、方法、依据、工具、比较	据、凭、依照	
	连词		不免、不只、除非、等到、固然、好、何况、即使、假如、假若、假使、可见、况且、免得、难怪、宁可、任、若、甚至、甚至于、省得、虽、虽说、倘若、要、要不、要不然、要不是、以便、以至、以致、与其、再说、至于、总之	
	助词	结构助词	般、之、着呢	般:张宝林认为是比况助词
		动态助词		
		列举助词		
	语气词		喽	
	叹词		哎哟、唉、呵、咳、噢、哦、哟	
丁级虚词	副词	肯定、否定	从未、莫、勿	
		时间	不定、从头、从小、而后、及早、尽快、历来、时刻、相继、一度、依次、暂、暂且、早日、逐年	

第四讲　对外汉语教学语法的层级划分与项目排序

续表

等级	分类		按音序列举	有争议的虚词
丁级虚词	副词	范围	乃、大多、各、皆、全都、惟独、无从、一概、一举、一律、一头、亦、只顾、只管、至多、终	
		程度	分外、过于、何等、极度、绝对、略微、颇、起码、愈	
		频率	不时、复、连连、屡次、时而、一旦	一旦：也可为时间
		语气	并非、不妨、不愧、不宜、不至于、凑巧、反倒、高低、好在、或许、恰巧、尚、生怕、势必、索性、无非、务必、幸好、正巧、只能、终究、足以	不至于：《八百词》认为是动词，朱庆明认为是语气副词 足以：《八百词》认为是助动词
		情态	乘机、从中、大肆、定向、奋勇、公然、胡、极力、就地、就近、连夜、默默、亲笔、亲手、擅自、私自、随意、特地、特意、未免、徐徐、一个劲儿、毅然、专程、自行	
	介词	表示时间、处所、方向		
		表示关涉对象		
		表示原因、目的	鉴于	也为连词
		表示施事、受事		
		表示方式、方法、依据、工具、比较	本着、依	
	连词		此后、反之、故、或是、即便、假设、进而、就算、连同、宁肯、宁愿、随着、要么、以免、以至于	
	助词	结构助词	得个、而已、个	个：《八百词》认为是量词
		动态助词		
		列举助词		
	语气词			
	叹词			

参考文献

陈建民 1986,《现代汉语句型论》,语文出版社。
程 棠 2000,《对外汉语教学目的原则方法》,华语教学出版社。
范 晓 1998,《汉语的句子类型》,书海出版社。
房玉清 2008,《实用汉语语法》,北京语言大学出版社。
高 燕 2008,《对外汉语词汇教学》,华东师范大学出版社。
桂诗春 2000,《新编心理语言学》,上海外语教学出版社。
国家对外汉语教学领导小组办公室汉语水平考试部 1992,《汉语水平词汇与汉字等级大纲》,北京语言学院出版社。
国家对外汉语教学领导小组办公室汉语水平考试部 1996,《汉语水平等级标准与语法等级大纲》,高等教育出版社。
黄伯荣、廖序东 2002,《现代汉语(第3版)》,高等教育出版社。
蒋祖康 1999,《第二语言习得研究》,外语教学与研究出版社。
靳洪刚 1997,《语言获得理论研究》,中国社会科学出版社。
李临定 1986,《现代汉语句型》,商务出版社。
李晓琪 1998,论对外汉语虚词教学,《世界汉语教学》第3期。
李晓琪 2005,《现代汉语虚词讲义》,北京大学出版社。
李小荣 1997,谈对外汉语虚词教学,《世界汉语教学》第4期。
刘润清 1993,第二语言习得中课堂教学的作用,《语言教学与研究》第1期。
刘月华、潘文娱、故铧 2001,《实用现代汉语语法(修订本)》,外语教学与研究出版社。
陆俭明 1980,关于汉语虚词教学,《语言教学与研究》第4期。
陆俭明 2005,《现代汉语语法研究教程(第三版)》,北京大学出版社。
卢福波 2002,谈谈对外汉语教学语法的体系与方法问题,《汉语学习》第2期。
卢福波 2003,对外汉语教学语法的层级划分与项目排序问题,《汉语学习》第2期。
卢福波 2005,对外汉语教学基本句型的确立依据与排序研究,《语言文字应用》第4期。
吕叔湘主编 1980,《现代汉语八百词》,商务印书馆。
吕文华 1995a,汉语教材中语法项目的选择和编排,《语言教学与研究》第4。
　　　　 1995b,汉语语法的切分与分级,《中国语言学报》第七辑,北京语言学院出版社。
吕文华 1999,《对外汉语教学语法体系研究》,北京语言文化大学出版社。
吕文华 2002,对外汉语教材语法项目排序的原则及策略,《世界汉语教学》第4期。
马 真 2004,《现代汉语虚词研究方法论》,商务印书馆。
彭小川、李守纪、王红 2009,《对外汉语教学语法释疑201例》,商务印书馆。
齐沪扬、张谊生、陈昌来 2002,《现代汉语虚词研究综述》,安徽教育出版社。
施家炜 1998,外国留学生22类现代汉语句式习得顺序研究,《世界汉语教学》第4期。

第四讲 对外汉语教学语法的层级划分与项目排序

吴　茗 2007,关于中高级对外汉语教材语法点编排问题的思考,《语文学刊》第 19 期。

吴中伟 2000,对外汉语教学语法体系中的主语和主题,《汉语学习》第 4 期。

辛平 2001,对 11 篇留学生汉语作文中偏误的统计分析及对汉语写作课教学的思考,《汉语学习》第 4 期。

邢福义 2001,《汉语复句研究》,商务印书馆。

徐子亮 1995,试论对外汉语教学语法的句型系统及其特殊性,《华东师范大学学报》(哲社版)第 3 期。

杨德峰 2001,初级汉语教材语法点的确定、编排存在的问题,《对外汉语教学与教材研究论文集》,华语教学出版社。

杨寄洲主编 1999,《对外汉语教学初级阶段教学大纲》,北京语言文化大学出版社。

张宝林 2006,《汉语教学参考语法》,北京大学出版社。

张谊生 2000,《现代汉语虚词》,华东师范大学出版社。

赵淑华 1992,句型研究与对外汉语教学——兼析"才"字句,《语言文字应用》第 3 期。

赵淑华等 1995,关于北京语言学院现代汉语精读教材主课文句型统计结果的报告,《语言教学与研究》第 2 期。

赵淑华、刘社会、胡　翔 1997,句型统计与句法分析——介绍一个《现代汉语句型语料库》,《第五届国际汉语教学讨论会论文选》,北京大学出版社。

朱庆明 2005,现代汉语实用语法分析,清华大学出版社。

祖人植 2002,对外汉语教学句型系统的审视与前瞻,《海外华文教育》第 3 期。

第五讲　对外汉语教学语法新体系的构建探索

本讲主要包括三个方面的内容：一是反思传统的对外汉语教学语法体系；二是梳理对传统的对外汉语教学语法体系的意见；三是介绍对外汉语教学语法新体系的探索设想，着重介绍基于语体的对外汉语教学语法体系构想和基于表达的对外汉语教学语法设想。

一　对传统的对外汉语教学语法体系的反思

1.0　传统的对外汉语教学语法体系有两个来源：一个是隐含于对外汉语教材之中的，以《汉语教科书》为代表；一个是以语法大纲为载体，以《对外汉语教学语法大纲》为代表。

1.1　关于《汉语教科书》的语法体系及其影响力，吕文华(1991)作了全面、系统而深入的分析，我们在本书第二讲已作介绍。这里需要追问、需要强调的是，《汉语教科书》为何能有30余年的生命力、影响力？除了时代因素(比如说文革十年)的延缓，恐怕主要的还是教材编写团队的态度、学养和眼光在起作用。从1950年开展来华留学生汉语教学算起，从编写到出版只用了8年时间，就编出了里程碑式的教材，初步建立了对外汉语教学语法体系。没有认真的态度和对汉语教育事业的强烈责任心，是不可能做到的。它吸收了20世纪50年代结构主义语法研究的最新成果，但又不是简单移植，而是在语法点的选择、切分以及编排方式上注意到了外国人学习语言的特点和学习汉语的难点，比如对语言交际中必需的表达方式——时间表示法、称数法、方位、比较、强调、语气等的关注，以及不同于当时多数语法著作按结构标志划分补语的做法，而是按动词和补语的意义关系划分出程度补语、趋向补语、结果补语、可能补语、时间补语等(吕文华,1991)，一定程度上体现出了把汉语作为外语教学的语法体系所应具有的某些特点。做到这一点，没有学养和眼光同样是不可能的。但是，在充分肯定其历史价值和影响力的同时，我们

第五讲 对外汉语教学语法新体系的构建探索

又不能不向前看。

随着对对外汉语教学语法基础的认识的不断深化,《汉语教科书》的语法体系的短板逐渐暴露出来,如总体上以语法知识的传授为主、以结构主义语法为纲的局限,细节上语法条目烦琐、术语过多、讲解过细等等。崔希亮(2003)认为,对外汉语教学语法的基础包括:汉语本体研究;二语习得与认知研究;教学研究;语法理论研究;语言学与对比语言学研究。而且教学语法可以不依附于任何一种理论语法,但可以从理论语法那里吸取营养。这种着眼于教学(好教好学)的语法体系就不可避免地要不断吸取相关的新成果来保证实用性,增强解释力。而事实是,后来的教材除了有个别的创新外,都没有突破《汉语教科书》确立的语法体系框架。不破不立,上世纪90年代以来不断有学者呼吁要研究和修改原有的对外汉语语法教学体系,旨在吸收和整合新的语言理论、语言教学理念、现代汉语本体研究成果和汉语作为外语教学和研究的新经验、新成果。

1.2 关于《对外汉语教学语法大纲》及各类语法大纲。对于《对外汉语教学语法大纲》,我们在本书第三讲已作了详尽的述评,这里只连带提及。从1988年至今,出版的涉及对外汉语教学语法体系的大纲一共有7个:①《汉语水平等级标准和等级大纲》[试行](中国对外汉语教学学会汉语水平等级研究小组1988);②《对外汉语教学语法大纲》(王还主编1995);③《中高级对外汉语教学等级大纲(词汇·语法)》(孙瑞珍主编1995);④《汉语水平等级标准和语法等级大纲》(国家对外汉语教学领导小组办公室汉语水平考试部1996),⑤《对外汉语教学初级阶段教学大纲》(杨寄洲主编1999);⑥《高等学校外国留学生汉语教学大纲(长期进修)》(国家对外汉语教学领导小组办公室编2002),⑦《高等学校外国留学生汉语言专业教学大纲》(国家对外汉语教学领导小组办公室编2002)。其中①和④性质相同,都是语法等级大纲,前者分甲乙丙三级,后者分为甲乙丙丁四级;②是一种教学语法体系性的大纲,语法不分等级,旨在为对外汉语教师提供教学和教材编写的语法方面的依据和参考;③包括两部分,其中的《中级教学语法基本大纲》、《高级教学语法基本大纲》有一定的教学阶段性,也有一定的阶段体系性;其余的诸如《中级汉语课程语法大纲》、《听力口语课程语法大纲》、《高级口语课程语法大纲》等则属于阶段性课程大纲。⑤包括对外汉语教学初级阶段语法大纲、词汇大纲、功能大纲、情景大纲和考试大纲,是对北京语言大学四十多年的对外汉语初级阶段教学实践经验的总结以及理论升华,语法教学阶段性明确,也有一定的体系性。⑥和⑦的语法部分既有一定的教学语法体系性,又有教学阶段等级性,前者分为"初等阶段语法项目""中等阶段语法项目"和"高等阶段语法项目",后者分为"一年级语法项目表""二年级语法项目表"和"三、四年级语法项目表"。显然,这些性质不尽相同的语法大纲各有特点和应用价值。

1.3 从各种大纲编写出版的时间以及编写目的、原则等多方面看,我们可以看到:1988年出版的《汉语水平等级标准和等级大纲》对1958年出版的《汉语教科书》所形成的教学语法体系有所修正,我们可以从该大纲的编写理念看出来:"它不详细介绍语法理论和语法知识,而是突出语言使用规则;它重视语言结构形式的描写,同时又注意结构形式与意义的结合;它对语法规则的说明具体、实用,而又简洁、通俗;它从典型的语言材料出发确定语法项目和语法点,但又简明扼要、提纲挈领;它不引导师生去进行详尽的语言分析,而是要求教师更有效地帮助学生在学习语言时掌握必要的语言规律,并运用这些规律去指导语言实践。"虽然在语法项目处理上的变动只有六点,但这一小步却是继承基础上的提高。尽管如此,学界要求修改或改革的呼声仍然很高(如崔永华1990,柯彼德1991,吕文华1991、1992,邵敬敏1994,李珠1997,胡裕树2000,卢福波2000),1994年以前的意见可以视为是针对《汉语教科书》和《汉语水平等级标准和等级大纲》的,2000年左右的意见可以视为是主要针对《对外汉语教学语法大纲》及《汉语水平等级标准和语法等级大纲》的。

有一个现象颇令人玩味,就是提意见、观点的多,下水动手真干的少。是传统语法体系的影响力太大导致对后来者的约束力也大?还是理想的对外汉语教学语法体系的拟定确实难度很大?

二 对传统的对外汉语教学语法体系的意见

2.0 在谈具体的修改或改革意见之前,我们有必要讨论两点:一是有没有对外汉语教学语法体系?二是理想的对外汉语教学语法体系应该具有什么特点?

关于第一问,金立鑫(2003)认为教学语法强调可靠性,特点是针对学习者的、就事论事的、实用的解释,对外汉语教学语法并不表现为系统性,而更多地表现为"菜单"性。不存在"对外汉语教学语法系统",而存在"对外汉语教学语法项目表"。按照金先生的意见,答案显然是没有对外汉语教学语法体系。而吕文华(1999)、卢福波(2002)以及众多呼吁修改或改革对外汉语教学语法体系的学者则是认同有对外汉语教学语法体系的,要是没有,何谈修改或改革,岂非多此一举?因此,我们从众,理由是:对外汉语教学语法体系能为汉语作为外语的课堂教学以及教材编写提供依据和参考,保证语法教学的有序性。关键是,要突出汉语的特点,根据学习者学习目的和基本条件确定语法教学体系,把这种教学应遵循的规律、方法及学生第二语言的习得方法、特点融入语法体系当中,如:选择哪些内容,从哪个角度、用什么方法教学等(卢福波2002)。

关于第二问,学界达成的共识很多,这里举两家之言作为参考答案。周小兵(2002)呼吁汉语语法研究者和教学者明确汉语作为第二语言教学语法的特点,致力建立一个老师好教、学生好学、简单明了、解释性实用性强的语法体系,以推动世界范围内的汉语教学。

郭熙(2002)认为理想的教师用语法应是一本语法教学参考书,属于工具书性质(包括描写的具体事实和具体的解释),至少具有四大特点:包容性强,解释力强,应用性强,

第五讲　对外汉语教学语法新体系的构建探索

通俗易懂。

所谓包容性强，是说这种语法应该能够回答和解决学生在学习中遇到的各种问题。其中不仅包括语法规则，也应该包括使用规则；不仅要使学习者学会正确的语法，还应该让学习者学习怎样得体地进行表达。例如，语法书要介绍"因为……所以……"之类关联词语的功能，还要说明不用这一类关联词语的情况。再如，"您"作为人称代词表示尊敬，但是在不少情况下我们并不用它。

语法应该对学生提出的问题进行解释。例如，"学"和"学习"，"说"和"说话"，"口"和"嘴"等有什么不同？为什么可以说"想了想、说了说"，但是不说"哭了哭"？再如，汉语中的"把"字句、"被"字句的制约规则到底是什么等等。此外，还有口语和书面语使用的区别，例如报纸标题可以说"雨中突然现火情"，口语中只好说"下雨的时候突然出现火情"，在这里，"现"和"出现"各有自己的功能。

所谓应用性强，主要是说要便于读者使用。应该有详尽的文献，足够的例句，还应该有各种相关的索引。

对于语言学习者来说，规则少而概括力强同时又能激发学习者创造性的语法是最好的语法，换句话说，教学语法是越简单越好。语法是供学习者使用的，因此不应使用那些繁杂的表述方式，而应最大限度地使用简洁的语言，做到通俗易懂。

2.1　对传统的对外汉语教学语法体系的意见综述。

对传统的对外汉语教学语法体系的意见可以分成三种：第一种主张在原有体系的基础上进行修订，并提出了具体的修改意见（如崔永华 1990，柯彼德 1991，吕文华 1991、1992）；第二种主张先破后立（"脱胎换骨的改革"），创建新体系，并提出了建立新的教学语法体系的设想和尝试（如邵敬敏 1994，李珠 1997，胡裕树 2000，卢福波 2000，李泉 2003）；第三种主张要先"务虚"而不要急于修订或新建（如竟成 1998）。除了直接针对对外汉语教学语法体系的三种意见以外，还有一些学者单纯从对外汉语教学语法体系建设的角度发表了意见（如赵金铭 1996，张旺熹等 1999）。

2.1.1　崔永华（1990）认为，现行的教学语法体系需要改进，《汉语教科书》中的语法体系理论基础太陈旧，体系描写缺乏针对性，基本上是教中国人的体系，没有突出外国人学习汉语的特点和难点。强调对语法体系进行描写时要考虑到：外国人学汉语的难点，外国人理解汉语和用汉语表达的思路，外国人的一般语言背景知识。并以刘月华等著《实用现代汉语语法》（外研社 1983）为基础，讨论了在拟定对外汉语教学语法体系时应当改进的实例，包括：(1)把构词法当作一个重要的语法项目描写；(2)把词组作为汉语中重要的语法项目来描写；(3)给动词和形容词重新分类；(4)将助词改称标记词；(5)将主语改称话题；(6)增加"表达"部分；(7)加强对汉语基本句型的描写；(8)增加对段落篇章结构的描写。

2.1.2　柯彼德（1991）明确指出，汉语作为外语的语法体系是在汉语作为母语教学语法体系的基础上建立起来的，30多年来没有得到大的调整，"直到今天都受到汉语作为母语教学语法体系的束缚,没有从中脱离出来"。这一体系"不但不重视汉语作为外语教学的一般特点,而且忽略各国汉语师生在教学中也要采用对比方法的专门要求。"文章认为,"传统语法体系"是构成汉语教学难以达到更高水平的最大障碍之一,很不利于课堂教学和编写新教材的工作。并提出了修改的主要内容和措施,包括句子成分、复句、词法等三个方面的十几个具体问题。

2.1.3 吕文华(1991)首先分析并充分肯定了以《汉语教科书》为基础建立起来的对外汉语教学语法体系的特点和历史功绩。同时也指出了这一体系在教学方法上、教学经验上、汉语语法研究水平上的局限。考察了30年来汉语教材在语法体系方面所做的某些修改和变动。文章提出并讨论了修改现行语法体系时应该考虑的几个问题:(1)适应语言交际的需要;(2)寻求结构—功能相结合的更好途径;(3)口语语法问题;(4)关于体现汉语的特点;(5)吸收新的研究成果。

2.1.4 邵敬敏(1994)关于对外汉语教学语法的改革意见主要包括:(1)初中高三个阶段的语法教学应有各自的侧重点,初级可从形式结构入手再作语义解释为主;中级则以语义范畴入手再作形式证明为主;高级以结合语境作语用功能说明为主。(2)语法点的等级切分包括所有的语法点应按"常用/次常用/非常用"三级分别列入不同阶段的教学;同一个语法点再按"容易/次容易/不容易"三级进行序列编排。(3)大力提高词组在语法教学中的地位。(4)对外汉语教学语法体系的总体指导思想应以语义表达为主,结构形式为辅,语用变化为补。(5)建立现代化汉语语料库,对结构、词组、句式等使用频率进行统计;建立汉语语法研究信息库,以确定哪些比较成熟的新成果可以吸收进来;进行广泛的调查研究,以确定语法点的难易等级等。

2.1.5 李珠(1997)提出建立三维教学语法体系:(1)语音、语法、词汇语言三要素;(2)语义、结构、语用三结合;(3)听说读写技能综合训练。

2.1.6 胡裕树(2000)指出,对于汉语这种缺乏严格意义上形态变化或者说显性的语法形式标志不丰富的语言来说,不论是传意表达还是理解接受,语义结构和语用性能的研究尤其重要。对外汉语教学语法体系的构建应当十分重视汉语语法的这个特点。他建议"立足于汉语的语法事实,运用句法、语义、语用三个平面的语法理论,来完善对外汉语教学语法体系的构建。"

2.1.7 卢福波(2000)认为以往对外汉语语法教学的缺陷从结构、语义、表达这三者的关系来看,基本上是由于注重结构、淡化语义、忽略表达而形成的。语法教学可以有不同的切入点,切入点不同,路径也就不同,所形成的体系和教法也会受到制约。卢福波因此提出基于表达的对外汉语教学语法设想(详见下文介绍)。

2.1.8 李泉(2003)认为现有的各类语法大纲总的说都缺乏语体意识,缺乏语体观念,语法的语体属性没有得到体现,提出从语体的角度探讨对外汉语教学语法体系的构建问题,提出建立基于语体的对外汉语教学语法体系构想,即对外汉语教学语法体系应由共核语法、口语语法和书面语语法三部分构成(详见下文介绍)。

2.1.9 竟成(1998)明确表示"不主张马上开展对现有大纲的修订或者编写新的大纲",认为现在需要一个"务虚"的阶段,要对现有的各类语法大纲作细致的剖析。为此,文章围绕着要不要区分通用语法大纲和专用语法大纲,语法大纲的内容宜粗还是宜细,要不要让词汇大纲和语音大纲分担一部分语法内容,要不要根据语言学习理论对语法大纲作一些调整等一系列问题进行了认真的讨论。

2.1.1.0 赵金铭(1996)指出,习得者在学习汉语的过程中,首先得解决正误问题,就是得把词语的位置摆对;其次要解决语言现象的异同问题,这就涉及具有隐性的语义理解;最后要解决高下问题,就是语言的应用问题。据此,文章提出了不同阶段语法教学的侧重点:初级阶段只须教最基本的语法形式,使习得者具备区分正误的能力;中级阶段侧重语义语法的教学,使习得者具备区别语言形式异同的能力;高级阶段侧重语用功能语法的教学,使习得者具备区别语言形式高下的能力。

2.1.1.1 张旺熹等(1999)认为,一个科学的汉语教学语法体系,应当建立在三个方面的基础之上:一是学习者学习汉语语法的规律;二是汉外语法的异同点;三是汉语语法本身的客观规律和特点。强调只有综合考虑了这三方面的因素,才能在语法教学体系的理论基础、语法项目的选择和编排、语法重点和难点的确定、语法项目的等级划分等一系列问题上得到较好的答案。

2.2 上述意见和设想虽然指向不一,多少呈现出离散性,但是敢于直面问题,并积极寻找突破口,不断累积共识,累积经验,累积探索成果,我们有理由相信,对外汉语教学界期盼的对外汉语教学语法的纲领性文件不久的将来就会出现,事实上也到了该出现的时候了。

2.2.1 毋庸讳言,目前对外汉语教学语法系统比较混乱,有些地方也比较落后,给教学带来了诸多不便。吕必松(1993)提出的对外汉语教学语法体系存在的最突出的问题,诸如语法教学主要集中在初级阶段,语法点多以母语为汉语的学习者的语法习得顺序排列;中高级阶段的语法教学缺乏计划性和系统性;仅仅把词和句子作为语法教学的基本单位,不重视语素和词组的教学,语段教学几乎还是一片空白;以形式结构分析为主,不重视语义结构的分析,更不重视跟语用分析相结合;对有些语法现象的解释既不科学,也不实用;语法点的切分和在教材中先后次序的编排也不尽合理,等等。对这些问题,对外汉语教学界多有回应,研究也更加深入,如孙瑞珍(1995)主编的《中高级对外汉语教学等级大纲(词汇·语法)》回应并初步解决了"中高级阶段的语法教学缺乏计划性和系统性"的问题;吕文华、卢福波用实实在在的研究成果基本落实了"语法点的切分和在教材中先后次序的编排也不尽合理"的问题。应该说零散的成果很丰硕,只是暂时还没有力量去系统整理,有效整合。

2.2.2 作为面向外国人的教学语法,应该尽量消除分歧(如句首的处所词是不是主语,V_1+着+V_2是连动还是状中,等等),汇聚共识,形成一个统一的具有规范性的能为大多数人所接受的相对稳定的系统。先拟定出来,指导教学实践,大体按照每5年一小修(修订)、每 10 年一大修的原则,与对外汉语品牌教材的修订保持同步,这样更利于教学。

2.3 我在讲授完"对外汉语教学语法体系研究"这门硕士学位课程后,每次都给具有汉语作为外语教学经验的研究生学员布置一道这样的题目:如果重构"对外汉语教学语法大纲",你认为需要增减什么内容?为什么?现选择泰国易三仓大学中文系教师韩晓岚的答卷附在下面,供读者参考:

我对三级语法单位的系统、离合词、以句型来展示汉语的结构特点这三个方面,有一些看法。

A.语法单位:三级语法单位的系统,词、词组、句子。

1984 年公布了《中学教学语法系统提要》,其中一个重要变动就是将原来确定的语法三级单位向两头扩展为语素、词、词组、句子、句群五级语法单位。然而至今为止对外汉语教学的语法体系仍只讲词、词组和句子。

事实上,根据笔者的教学经验,语素教学对外国人学习汉语的确很有必要。语素教学除了有助于汉字的认识、消除错别字以外,还可以大大提高学生学习词汇、掌握词汇、扩大词汇以及正确运用词汇的能力。

按《汉语水平词汇等级大纲》中词汇的构成,我们可在教学中介绍以下两种构词法:合成式和缩略式。

合成式分为:

1. 复合法:定中式:北方　傍晚　长途
　　　　　　并列式:高大　反正　保卫
　　　　　　述宾式:担心　报名　读书
　　　　　　状中式:笔直　金黄　总理
　　　　　　述补式:懂得　放大　感动
　　　　　　主谓式:心爱　地震　月亮

2. 附加法:由词根加词缀的构词法。如:本子　记者　画儿

3. 名量组合法:由名词加特定量词的构词法。如:房间　车辆　枪支

4. 重叠法:由单音节词重叠的构词法。如:爷爷　偏偏　白白

缩略式分为:

5. 提缩法:从原词语中提取有代表性的语素,缩合成新词。如:
　　　　北大——北京大学　　民警——人民警察

6. 简略法:从全称中减去类称,以剩余部分代表全称。如:
　　　　清华——清华大学　　大庆油田——大庆

更值得注意的是,在泰语语法系统里最小的有意义的语言成分也是语素。语素由音节构成。泰语的音节构成有三种形式:三合音节(由元音、辅音、声调组成);四合音节(由元音、辅音、尾音、声调组成或者由元音、辅音、声调、不发音字母组成);五

第五讲　对外汉语教学语法新体系的构建探索

合音节(由元音、辅音、尾音、声调、不发音字母组成)。

泰语的语素大部分是单音节,但也有相当一部分是多音节的。

由一个语素形成的词是单纯词;由两个以上的语素结合在一起组成的词是复合词。泰语中复合词的构词方法有七种:1.简单复合,2.重叠,3.附加,4.萨玛复合,5.顺替复合,6.嬗变,7.简称和缩写(参考裴晓睿编著《泰语语法新编》)。

在这里,仅以简单复合举例说明:

(1) 两个自由语素形成的复合词:

　　สวย(漂亮)＋งาม(美)＝สวยงาม(美丽)

　　เสื้อ(衣)＋หนาว(寒)＝เสื้อหนาว(冬衣,寒衣)

　　ดู(看)＋ถูก(贱)＝ดูถูก(轻视)

(2) 三个自由语素形成的复合词:

　　จักร(机械)＋เย็บ(缝)＋ผ้า(布)＝จักรเย็บผ้า(缝纫机)

(3) 四个自由语素形成的复合词:

　　เครื่อง(用具)＋ปั้น(塑)＋ดิน(土)＋เผา(烧)＝เครื่องปั้นดินเผา(陶器)

正因为泰语语法系统中的构词法与汉语的构词法相似,所以在对泰汉语教学中可以强调语素教学。作为汉语教师应该注意的是:对语素的教学应分级。分级的基本原则是由易到难,分为易学、不易、难学等层级;根据使用频率的统计分为常用、次常用、不常用。

B. 离合词问题

现行对外汉语教学语法体系将语法单位分为三级:词、词组、句子。在词和词组的划分上,动宾式、动结式、动趋式这三种组合式的划分值得讨论。

作为教学语法体系,自 1958 年以来,对外汉语教学中一直以"扩展法"为标准确定词和词组的界限。动结式(如"听懂、写清楚")和动趋式(如"进来、跑过去")由于中间可插入其他成分,划为词组;动宾式指动宾式离合词,在对外汉语教材中对离合词采取回避策略。但国外的汉语教学,尤其是欧美国家,对这三种组合式早有异议。他们把三种组合式都看作词,而不同意划为词组。欧美汉语学界一般将动词带结果补语、动词带趋向补语以及动词带可能补语都看作词。有的将动结式看作动补复合词,将动趋式看作动词加后缀。

笔者同意"划分词类不是目的,而是手段"。因此,应从对外汉语教学的实际出发,以是否有利于外国人学习汉语为出发点。欧美国家的汉语教学,把动宾式、动趋式、动结式看作复合动词或联合动词,学生容易接受,这与印欧语的特点有关。

但是,不能忽略的是汉语本身的特点。离合词在进入句子时,其语法特征,如重叠、带"着、了、过"、带宾语、带补语、带时量词语等等都不同于一般动词,而相当于一个动宾词组。学生的病句率所以高,就是把离合词与一般动词等同起来造成的(如:＊游泳了半个小时)。

由此,笔者认为确实"在词和词组之间存在着过渡成分"。而动宾式、动趋式、动结式就是词与词组之间的过渡成分。在对外汉语教学中,这三种组合式的不同划分,既有对汉语特点的认识,也考虑到是否有利于教学的问题。所以,笔者同意确立词与词组之间存在着过渡的中间单位:短语词,使对外汉语教学语法体系更加体现汉语语法的特点。

C. 句型教学问题

《对外汉语教学语法大纲》第五部分"句子"主要偏重结构分析,以句型来展示汉语的结构特点。但外国学生有时按教材中展示的句型模式造出来的句子是错误的。究其原因,正是错在不了解内部语义关系上。语法形式分析必须与语义分析结合起来。例如:

句型:主+谓$_1$+(宾)+谓$_2$+宾

我们去南京大学看日文老师。

语义框架:我们去南京大学+我们看老师+看日文老师

在对外汉语教学已确定的基本句型的基础上,我们可以作语义框架、义句等语义结构分析。

对《对外汉语教学语法大纲》提出三点看法:A. 三级语法单位的系统,词、词组、句子应向两头扩展为语素、词、词组、句子、句群五级语法单位;特别强调语素教学。B. 确立词与词组之间存在着过渡的中间单位:短语词,使对外汉语教学语法体系更加体现汉语语法的特点;将动宾式、动趋式、动结式划分为短语词。C. 将语法形式分析与语义分析结合起来;可以作语义框架、义句等语义结构分析。

三 对外汉语教学语法新体系探索设想举隅

提出对外汉语教学语法体系设想的学者有好几人,限于篇幅,本讲不能一一介绍。值得一提的是,对外汉语教学界已经认同语义、结构、语用三结合(或者语法的三个平面——句法、语义、语用)的理念,只重结构形式已经不是主流意见。下面介绍两种有独特视角的对外汉语教学语法体系构想(设想)。

第五讲 对外汉语教学语法新体系的构建探索

3.1 基于语体的对外汉语教学语法体系构想(李泉 2003)

以语体为基础和切入点,不仅必要而且有一定的可行性,至少对完善对外汉语教学语法体系是有益的。

以往各类语法大纲的制定,教材中的语法说明和注释,以及人们对教学语法体系的研究和构想,乃至于实际课堂教学,都缺乏语法教学和研究的语体观念。而语体的教学和研究,在对外汉语教学理论和实践中应占有十分重要的位置。因为第二语言教学或外语教学的根本目的是培养学生的语言交际能力,本质上说是培养学生运用目的语语体的能力。语体问题的研究不仅将是对外汉语教学研究新的增长点,而且也必将大大促进对外汉语教学效率的提高。

加强语体教学的意识,可分两步走:一是在语法教学中应加强语体知识的教学和语体技能的训练,如口语和书面语词汇、语法及其语用特征的教学、语体要素的辨认、口语和书面语各自内部的再分类及其教学、不同语体的转换训练等等;在各类语法大纲的制定中要充分体现语法项目(包括词汇、惯用语、句式、格式等)的语体属性。二是从语体的角度来构建对外汉语教学语法体系。初步的构想是,将对外汉语教学语法体系拟定为共核语法、口语语法和书面语语法三个子系统。

3.1.1 共核语法。共核语法就是体现所谓的中性语体(或者叫通用语体/通用体)的语法,中性语体(通用体)是指普通话口语和书面语共用的语言材料和表达方式,也就是在较正式场合所说的普通话口语和演说、小说、散文等非专业性的书面语体中的语法。现有教材和各类语法大纲中的语法,绝大多数都属于共核语法。中性语言及其语法的教学是必要的,是学习和掌握第二语言或外语所不可缺少的学习过程和步骤,因为共核语法是目的语语法的核心所在,是任何语法大纲的基础,反映着目的语语法的基本面貌,包括基本的虚词词类、短语形式、基本句式(单句和复句)、基本的句子成分、主要的句类(陈述、疑问、祈使、感叹)、常见的特殊句式("把"字句、"被"字句、"有"字句等)。显然,汉语的共核语法是汉语语法的基本规则,是学习和掌握汉语不可或缺的内容。不仅如此,共核语法也是学习和掌握口语语法和书面语语法的途径和手段,是扩充和深化语法内容的前提和依凭。但是,共核语法仅仅是掌握所学语言及其语法的最低量,而不是语法学习的全部内容,严重点说,仅仅掌握共核语法是不能很好地进行恰当得体、有实际意义的口语和书面语交际的。因此,我们不能有意无意地把语法教学仅仅定位在共核语法的教学上,而事实上我们以往多数情况下正是如此。

3.1.2 口语语法。泛而言之,口语是用于口头交际的语言,是由交际场合、交际双方的亲疏关系和相对地位、话题内容等因素决定的语言变体,也即语言的环境变体。(劲松 1989)口语语法是体现口语体的语法现象,这里所说的口语语法包括共核语法以外的,现有各类语法大纲中典型的口语语法成分以及现有各类语法大纲未及收入的口语语法和口语惯用表达形式。例如,用于口语的"的"字短语(教书的、开车的、摆摊儿的)、无主句(下雨了、请喝茶)、程度补语(忙极了、恨死了)、固定格式(可玩的、够黑的、那倒不见得、没少说他、都大姑娘了、说不来就不来、爱吃不吃、学点儿是点儿、走一步算一步、多少给他点儿、给多少是多少、左也不是右也不是、你一句他一句、好像谁说过这件事)、追加(上哪去了?你刚才)、省略(他49岁,我52)、紧缩(买就买新的、车挤我走着去、他不来我去、说错了没关系、要去自己去、有事打电话、不行我去),以及大量用于口语的词语或固定短语(我说呢、没事儿、说得也是、这是两码事、就是说、这么说吧、没错儿)的用法,等等。

目前的问题是,我们对口语和口语语法都缺乏研究,已有的口语语法大纲甚至连现有的口语语法研究成果都未能很好地加以吸收。口语教学效果还不能令人满意,跟我们对口语及其语法的重视和研究不够有很大的关系。有学者研究认为,口语语体的语言特征和语用特征包括句式特征、话语结构特征、虚词使用特征、语汇特征、语音特征、话题转移特征和情感表现特征。(劲松1989)这些特征大都是口语的语法特征,是我们的语法大纲和语法教学可以吸收和借鉴的。

3.1.3 书面语语法。概而言之,书面语是用于书面交际的语言,是由交际目的、交际内容以及庄重的程度、规范的程度、典雅的程度等因素决定的语言变体,也即语言的功能变体。书面语语法是体现书面语体的语法现象,值得注意的是,从语体的语言特征和语用特征上来看,广播、电视、报刊等媒介的语言大都属于书面语体,尽管有的是通过口头方式来表达的。这里所说的书面语语法包括共核语法以外的,现有各类语法大纲中典型的书面语语法成分,以及现有各类语法大纲未及收入的书面语语法和书面语惯用表达形式等。例如,用于书面表达的介词、代词(作者生于1918年、走向21世纪、该校、此人、某商场)、文言虚词(勿、为、则、于、然而),用于书面表达的各种复句格式(与其……不如……、仅……就……、以便……、尚且……何况……)、书面语惯用语和固定套语(与此同时、由此可见、反之、众所周知、综上所述、应……邀请、为……打下基础、本着……原则/精神、自……而……、以……为……),以及大量常用于书面表达的词汇和成语的用法,等等。

现代汉语书面语远不是一种高度规范化的书面语,其内部组成成分十分驳杂,既有以北京话为基础的口语成分,又有欧化的书面语成分;既有传统的和仿古的文言成分,又有各种方言成分。(胡明扬1993)我们对这样一种书面语体及其语法现象的研究和认识同样还很不够。把书面语语法作为对外汉语教学语法的一个子系统来看待,就是为了引起人们对书面语及其语法的重视和研究,并拓宽研究的范围和内容,以进一步提高书面语教学的质量和效益。

3.1.4 建立这样一个由共核语法、口语语法和书面语语法三个方面内容构成的教学语法体系的好处至少有三点:一是可以增强语法教学的语体观念,提高学习者汉语语体的运用能力;二是可以大大促进基于对外汉语教学的汉语语体及其语法的研究,从而不仅可以拓宽学科理论研究的范围,也因此进一步开辟了提高教学质量和效益的新渠道;三是对增强教材语法注释的针对性,以及丰富课程设置和教材编写(如开设口语语法课和书面语语法课,编写基于共核语法、口语语法、书面语法的各级各类教材)都是大有益处的。建立这样一个教学语法体系的模式有两种:一是采取现有各类语法体系或大纲中的某种结构方式(如词类、词组、句类、句式、语篇等)按初中高或甲乙丙丁的等级序列排列语法项目,并分别标注语法项目的语体属性;二是分别建立共核语法、口语语法、书面语法三个子系统,每个子系统内部依照某种结构方式将各自的语法项目按初中高或甲乙丙丁等级序列排列起来。前者语法自身的体系性鲜明,后者则更加突出了语体语法的特点。

3.1.5 建立这样一个语法体系的难处在于:除了语体特点明显的语法项目容易确认以外,许多中间现象的语法项目的语体属性难以决断。共核语法实际上是"兼类语法"。此外,面向对外汉语教学的口语语法和书面语法的研究还相当薄弱,可以利用的成果十分有限。

3.2 基于表达的对外汉语教学语法设想(卢福波 2000)

3.2.1 教学语法是从编码进入还是从解码进入,将会形成不同的教学语法体系。

从解码进入,就是从形式到意义的结合。它要解决的问题是,一个句子的词语与词语(符号与符号)按照什么样的方式组合起来,各有什么功能,彼此之间具有什么样的关系,根据这些特点和关系,应把这种句子归入哪种类范畴系统中。还可以分析这类结构形式的句子深层的多种多样的语义关系,如:施受关系、支配关系、修饰限制关系、有定无定、语义指向、动词的价与强制性名词的关系等等。进而还可以分析句子的话题是什么,在它所传达的信息中,哪些是已知信息,哪些是新信息,哪些是焦点,有什么预设,表达了什么语气,上下文是怎样照应的等等。从言语行为的角度看,它具有什么表达功能或交际用途等。到目前为止,汉语语法的分析大多走的是从形式到意义的路子,即以句法为基础,兼顾语义分析和语用分析。当然,以上谈到的种种研究方面,从教学语法来说还有许多方面并未得到解决。

从编码进入,就是从意义到形式的结合,是话语的生成过程。说话人或写话人因为立足于表达,所以首先想到的是要说什么,要告诉对方哪些已知信息和未知信息,哪些是重要信息或焦点信息,根据语境,所说的话语中要蕴含什么,把要说的话按照什么语义关系进行结构组合——怎么说,以使之准确而有效地传递给对方,实现交际目的等等。显然,从外国学生学习汉语的目的和对外汉语语法教学的任务来看,无疑这一条思路更加符合学生学习的需要和以学生为主体的教学思想。

3.2.2 以表达为出发点,将所要表达的意义通过结构体现出来,隐含的认知路径是这样的:表达意图——表达的具体内容——表达方式。换句话说,建立在言语学(言语理论)基础上的广义的表达本身,就是一个包含了语义和句法结构的过程。

借鉴并化用语法的三个平面理论，坚持语义、句法、表达三结合原则，并进而立足于表达构建对外汉语教学语法体系是完全可行的。需要说明的是，三结合中的语义是指表达的内容，句法指结构形式，表达主要指表达意图。表达的意图、表达的内容必须要与句法结构形式对应起来，否则就没有形式的依据。"三结合"既有概括性的表达意图和表达内容义项，又有直观的表达方式，无疑是一种实用而简捷的处理方式。

3.2.3 为什么从表达出发？理由是：对外汉语教学是一门特殊的学科。对待特殊的学科就应该采取特殊的教学对策与之相适应。从表达出发，结合语义分析，体现到结构上的对外汉语语法教学体系重视表达，并与语义、结构结合起来，这种假想的建立依据是：外国学生学习汉语是为了运用，而运用汉语交际时首先遇到的问题是说什么（交际意图），其次是怎样说（交际内容和方式）。为了实现培养提高学生实际运用汉语能力的目的，在教学上采取与学生运用汉语进行交际的思路相一致的教学途径，是值得探索的。汉语同时又是中国文化、中国人的思维方式和认识事物方式的载体，从表达出发建立语法体系，实际上也是在语法范围内，把中国人的文化心理及意识、思维程序和认识方式提炼出来，展示给外国学生，这样才能使他们真正认识和了解汉语，准确而得体地掌握和使用汉语。

3.2.4 构建基于表达的对外汉语教学语法体系的主要困难、适用对象和操作步骤。

3.2.4.1 主要困难在于，"表达"本身情况很复杂，涉及的因素太多，恐怕有时很难控制；与结构对应时，有的表达因素很难概括进来。

3.2.4.2 适用对象：汉语水平中高级程度的外国学生。

3.2.4.3 操作步骤一：对"表达"进行明晰的界定。

为了达到对教学内容能够控制的目的，必须对表达进行一定范围的限定。这里的表达是指在语法范围内的表达，所以跟语法表达完全不沾边的心理学、社会学、文化学等因素要排除。沾边与否，要给予形式上的界定。所谓形式上的界定是指，为一定交际目的而表达的内容，在语句中要有相应的词项的表示，由词项本身所具有的规约意义直接体现出来。语用学中有很多内容跟表达有关，但是，跟我们所说的表达语法有关的却只有一部分。例如"预设"，它是以语言结构意义为根据，靠逻辑概念、语义、语境推断出来的话语的先决条件。它来源于词语的逻辑语义和与之有联系的逻辑语义项目之间的关系的推导。因此它在句子中一般要有跟表达内容有关的显性的词项标志。如："我还是不太懂，你再讲一遍吧。"预设：在说这句话前，已经讲过一遍。由"再"这个显性的词项标志推导出来这一逻辑语义。因此，预设要包括在表达语法的范围之内。但是，像语用学中靠间接语言表达某种内容的会话含义（即言外之意）就不能包括在表达语法之内。例如："我有点儿渴了。"从语法的角度理解，只能理解说话人是在陈述一件事情，句中词项的语义内容和语气都可以表明它的这一语用功能。因此这种分析要包括在表达语法之列。如果从语用学的角度理解，这一句话还可能理解为说话人是在表示一种请求。可是"请求"这一语用功能不是靠词项的语义和句子语气直接表达出来的，而是一种间接的表达形式,它有赖于会话双方的合作和语境,是说话人一种交际策略的体现。从语句本身看,并不具有"请求"功能的显性标志,因此不能列入表达语法之列。

  3.2.4.4 操作步骤二:对表达语法系统进行说明。

  表达语法应该是一个表达意图、表达内容和表达方式相结合的系统。既然是一个系统,就应该有层次关系和组合、聚合关系。因此首要任务是要对表达功能项进行分析、概括和划定类范畴。同一层次功能项的确定,是以某一同类的语用选择为依据;不同层次的功能项的确定,是以某一异类的语用选择为依据。各个层级的表达功能项的类范畴及其相互关系和结构定位,应该成为整个表达系统的概括和体现。

  上位分类项可以考虑以完成某种意图的行为来作分类,如:请求、叙述、规定、解释、介绍、祝贺、感谢、道歉、评价、估测、抗议、反驳、命令、强迫、警告、恐吓、催促、禁止、提问、赞叹等等。但是,从表达整体和逻辑关系来看,这一层次的分类还不应该是最高层次的分类,其上位还应该有更高层次的概括分类。更高层次的概括分类目前无解。

  一个上位的表达项目可以同时有多种表达方式,可是一个具体的交际场景一般来说只能有一个表达方式,所以表达项目要作下位分类,下位分类的概括,要尽可能使表达方式的选择自由度缩到最小。例如,我们确立一个"请求项",那么它的表达、语义、结构大体可以概括为:

    表达意图:表达说话人要求听话人为自己做事情的愿望。
    语义表达项内容:表尊敬的敬辞、请求对象、请求事项。
    结构形式:请/麻烦等＋您＋动词性结构/动词变体。

  这里还可以对"动词性结构/动词变体"作扩展性解释:由于请求对方为自己做事是给对方添麻烦,所以说话人言语表达要尽可能地和缓。所以,"请求事项"这部分很少只用光杆动词,通常使用动词性结构或动词变体,如"动词＋一下"或动词重叠式等。

  但是,"请求"功能项只处理到这一步还是不够的,因为请求的表达式是多种多样的。例如:

    (小姐),请您帮我(买一张票)。
    请您帮帮我,好吗?
    能帮我(做……)吗?
    求你了,帮帮忙吧!
    来,帮一下!

  但是在一个具体的交际场景中,可能的表达方式甚至只有一种,因此不作下位分类的话,选择自由度太大,学生依然可能出现大的选择失误。为此,"请求项"至少还可以继续划分出:敬请、非敬请、商请、恳请、可能请等多项下位类范畴,并同时给出语义项和对应的结构形式,还要作出确切、简明的对应解释。解释着重于使用的语境及对语义项和表达形式上的制约因素。

也许某个下位项目还可以再次分出次类范畴等。一般来说,次类范畴截至定位在以该项使用时功能无交叉为止。而每增加一个层次或一个意义特征,语义项上和结构形式项上都要有对应的表现。要对下位具体的表达功能项进行语义项定位和结构项定位。辨别使用功能差异,主要看语义的区别项和结构上相应的形式特征。这种系统的概括归纳和简明的语用、语义解释及相对应的结构形式的体现,是这一语法体系最重要的方面和核心部分,也是特色所在,而且也是最难处理的部分。

参考文献

崔希亮 2003,试论教学语法的基础兼及与理论语法的关系,《对外汉语教学语法探索——首届国际对外汉语教学语法研讨会论文集》,中国社会科学出版社。

崔永华 1990,关于对外汉语教学语法体系的思考,《语言学与汉语教学》,北京语言学院出版社。

冯胜利 2003,书面语语法及教学的相对独立性,《语言教学与研究》第 2 期。

冯 禹 2000,《现代汉语书面语学习手册》,香港中文大学出版社。

国家对外汉语教学领导小组办公室汉语水平考试部 1996,《汉语水平等级标准和语法等级大纲》,高等教育出版社。

国家对外汉语教学领导小组办公室 2002,《高等学校外国留学生汉语教学大纲(长期进修)》,北京语言文化大学出版社。

国家对外汉语教学领导小组办公室 2002,《高等学校外国留学生汉语言专业教学大纲》,北京语言文化大学出版社。

郭 熙 2002,理论语法与教学语法的衔接问题——以汉语作为第二语言教学为例,《汉语学习》第 4 期。

郭颖雯 2002,汉语口语体口语教学语法体系的建立与量化,《汉语学习》第 6 期。

何兆熊 1989,《语用学概要》,上海外语教育出版社。

胡明扬 1993,语体与语法,《汉语学习》第 2 期。

胡裕树、范晓 1985,试论语法研究的三个平面,《新疆师范大学学报》第 2 期。

胡裕树 2000,对外汉语教学语法体系的构建,《对外汉语教学:回眸与思考》,外语教学与研究出版社。

劲 松 1989,北京口语的语体,《中国语文》第 5 期。

竟 成 1998,我们究竟需要什么样的语法大纲,《对外汉语论丛》,上海外语教育出版社。

柯彼德 1991,汉语作为外语教学的语法体系急需修改的要点,《世界汉语教学》第 3 期。

李 泉 2003,基于语体的对外汉语教学语法体系构建,《汉语学习》第 3 期。

李 珠 1997,建立三维语法教学体系—初级阶段对外汉语语法教学研究的回顾与展望,《世界汉语教学》第 2 期。

刘 珣 2000,《对外汉语教育学引论》,北京语言文化大学出版社。

卢福波 2000,谈谈对外汉语表达语法的教学问题,《语言教学与研究》第 2 期。

卢福波 2002,对外汉语教学语法的体系与方法问题,《汉语学习》第 2 期。

吕必松 2000,试论汉语书面语言教学,《华文教学与研究》第 1 期。

第五讲 对外汉语教学语法新体系的构建探索

吕文华 1991,关于对外汉语教学的语法体系,《中国语文》第 5 期。
吕文华 1992,对《语法等级大纲》试行的几点意见,《语言教学与研究》第 3 期。
吕文华 1999,《对外汉语教学语法体系研究》,北京语言文化大学出版社。
邵敬敏 1994,对外汉语教学语法体系改革的新蓝图,《汉语学习》第 5 期。
邵力敏 2008,从对外汉语教学语法的现状看新体系的研究方向,中国侨网。
施关淦 1991,关于语法研究的三个平面,《中国语文》第 6 期。
孙瑞珍主编 1995,《中高级对外汉语教学等级大纲(词汇·语法)》,北京大学出版社。
陶红印 1999,试论语体分类的语法学意义,《当代语言学》第 3 期。
佟秉正 1996,从口语到书面语——中级汉语教学课题之一,《世界汉语教学》第 4 期。
王　还主编 1995,《对外汉语教学语法大纲》,北京语言学院出版社。
杨寄洲主编 1999,《对外汉语教学初级阶段教学大纲》,北京语言文化大学出版社。
杨志棠 1997,关于中高级阶段书面语教学,《第五届国际汉语教学讨论会论文选》,北京大学出版社。
张旺熹、崔永华 2000,对外汉语教学语法问题研究的基本态势,《世纪之交的中国应用语言学研究》,华语教学出版社。
赵金铭 1996,对外汉语语法教学的三个阶段及其教学主旨,《世界汉语教学》第 3 期。
赵金铭 2002,对外汉语教学语法与语法教学,《语言文字应用》第 1 期。
赵元任 1979,《汉语口语语法》,商务印书馆。
郑远汉 1998,《言语风格学》,湖北教育出版社。
中国对外汉语教学学会汉语水平等级标准研究小组 1988,《汉语水平等级标准和等级大纲(试行)》,北京语言学院出版社。
周小兵 2002,汉语第二语言教学语法的特点,《中山大学学报(社会科学版)》第 6 期。
祖人植 2002,对外汉语教学语法体系研究思路述评——从语言共性与个性的视角,《北京大学学报》(哲学社会科学版)第 4 期。
Ronald Carter 2001,编写口语语法的十大要点,《国外外语教学》第 2 期。

第六讲　对外汉语语法教学的意义和原则

本讲的内容包括两个部分：一是对外汉语语法教学的意义；二是对外汉语语法教学的原则。

一　对外汉语语法教学的意义

要问对外汉语语法教学有没有意义，回答当然是肯定的。要讲清对外汉语语法教学的意义，可以从下面几个方面来看：

1.1　从语言的构成看，语法是语言三要素之一，是语言的结构规则。构词、组句都有"法"可依。具体到汉语，虽然缺少形态变化，主要靠意合法组词造句，但汉语词组的构造规则与句子的构造规则基本上呈现出一致性，通过小块变大块的"组块"扩展模式，汉语作为第二语言学习者可以学会汉语的基本句型，具备一定的汉语交际能力。

这里有必要指出一些外国留学生对汉语语法认识上的误区，同时对对外汉语教学界的不同意见加以回应。

1.1.1　有的外国留学生以"形态变化即语法"为标准，否认汉语有语法，这种想法当然是不正确的。任何语言都有语法，语法是客观存在的。汉语虽然缺少形态变化，但它也是有语法的。

1.1.2　对于语法在对外汉语课堂教学中唱主角的状况，语言学界有些不同的声音，如：胡明扬(2005)："实际上所有的语音、语法问题都体现在具体的词汇的读音和用法上，如果真正掌握了词汇的读音和用法，语音和语法的抽象规律都可以不学。"李如龙(2004)等更是明确提出"对外汉语教学应以词汇教学为中心"。退一步讲，这些认识也并没有否定语法教学的必要性，充其量只是质疑以语法为主导(包括句型主导)的教学方式。我们以为，以词汇教学为主导法，其可行性与教学效果尚需实践证明；强调词汇与语法教学互动可能更符合汉语自身的特点以及汉语作为第二语言教学的要求。

第六讲 对外汉语语法教学的意义和原则

1.2 从第二语言的学习规律来看,对大部分外国学习者,尤其是成年学习者来说,在有限的时间(半年至两年)内,主要通过课堂环境学习语言,学习语法能获得事半功倍的效果。因为语法教学能帮助他们在学习语音、词汇的同时,尽快掌握用语法规则来组词造句、连句成篇的技能,从而最终达到用汉语交际的目的。国外学者在进行学习观念(Beliefs About Language Learning)研究的时候,对学生的语言学习观念进行过多种调查,结果表明,学生们大都认为语法学习极为必要。比如,Campbell等人1993年对美国中西部一所大学始修外语的70名学生进行调查,结果有66%的学生认为语法学习比词汇学习更为重要,73%的学生认为学好一门外语必须死记硬背语法规则。(孙德金2006)为什么接近四分之三的学生认同死记硬背语法规则?因为掌握了规则,能收到举一反三的学习功效。对成年的汉语学习者而言,由于词组与句子基本同构,生成能力能大幅度提高。

1.3 从留学生的反映看,汉语语法虽然很难学,但学会语法很有用,对理解汉语、生成汉语、发现并改正语法偏误都有切实的帮助。看几个例子:

① 古人类学是研究化石猿猴和现代猿猴与人类的亲缘关系、劳动在从猿到人转变中的作用、人类发展过程中体质特征的变化和规律等有关人类起源和发展问题的一个分支学科。

② *他内心比别人很好

③ *最重要的是互相爱情

④ *你的爸爸是做什么?

⑤ *见面朋友

⑥ *结婚她

⑦ *毕业北语　　(张宝林2006)

例①是一个长句子,母语是汉语的学生理解起来都有一定困难,对留学生来说理解遇到的麻烦会更大。但如果学过汉语语法,就会比较容易地抓住句子的主干,把长句化作短句来把握:"古人类学研究人类起源和发展规律,例如化石猿猴和现代猿猴与人类的亲缘关系、劳动在从猿到人转变中的作用、人类发展过程中体质特征的变化和规律等。它是人类学的一个分支学科。"例②至例⑦是一组常见的语法偏误,不掌握汉语语法,留学生很难纠错。

1.4 从教师教学的角度看,掌握丰富的语法知识有助于解学生之惑,不但能给学生较为满意的解释,还会有针对性地预防学生犯错。

留学生在汉语学习中最爱问的是语法方面的问题,教师尤其是语法功底欠缺、教学经验不足的年轻教师最怵的也是回答留学生语法方面的"为什么"。最简单、也是最不负责任的回答就是"约定俗成",或者"中国人都这么说,这是汉语的习惯"。其实,这种搪塞留学生、图自己省事的说法是非常有害的。陆俭明(1998)指出:"在对外汉语教学中,最忌讳的一句话是'这是汉语的习惯'。有的教师,包括在中国国内某些教留学生汉语的教师,当学生问到一些语法问题时,特别是当问到'为什么要那么说,不这么说'的时候,常常就用'这是汉语的习惯',把学生的问题顶回去了。他以为就解决了学生的问题,其实学生是最不愿意、最害怕听到这样的回答的,这种回答会影响学生学习汉语的积极性,会让一些学生产生'汉语大概没有语法'的错误想法。"

下面从如何提高解释力以及如何增强预判力这两个方面,稍微加以展开。

1.4.1 要想提高解释力,就要学习并借鉴现有的语法研究成果,并深入浅出地加以表述。兹引部分研究成果(张旺熹2006,赵世举2007)加以说明。

1.4.1.1 善于从语法关系中去判断,一个词汇单位所具有的特征与跟它搭配的词汇单位之间,是否具有相互匹配的特征。一个词汇单位的特征可以从下面几个大的方面去寻找:

第一,看它的句法能力特征。即可否带宾语,有无主语,前后可有几个配价成分等等。这里涉及配价语法的知识,可以拿来解释。如"放了一只鸽子"与"飞了一只鸽子",词类序列相同,内部结构层次相同,但前者可变换为"被"字句,而后者则不能。原因就在于"放"是二价动词,而"飞"是一价动词,不能满足"被"字句须有两个名词性成分(含省略的名词性成分)的限制性要求。

第二,看语义的概念特征。词汇单位的语义决定词语的功用。名词会涉及生命度问题,动词会涉及时间量特征和方向性特征,形容词会涉及程度量问题等等。以名词的语义特征制约其句法功能为例加以说明:

  A. 小张打狗。
   孩子打狗。
  B. 棍子打狗。
   包子打狗。
  C. *山打狗。
   *房子打狗。 (赵世举2007)

A、B、C三组的句法结构形式都是"名词+打狗",是汉语典型的SVO型句子,但并没有因为它们的句法结构形式相同,而就有相同的结构关系。造成结构关系不同的根由在于"小张"等名词具有不同的语义特征。正是由于三组名词的语义特征有差异,因而各组名词的语义角色和句法功能就不同。A组的名词"小张"、"孩子"具有[+人]的语义特征,这就决定了它们能在语义上充当施事成分,在句法上充当主语;B组名词"棍子"、"包子"具有[+工具][+可握持]的语义特征,这就决定了它们在语义上能表示工具,在句法上充当状语;C组名词"山"、"房子"既没有像A组名词一样的[+人]的语义特征,也没有像B组名词一样的[+工具][+可握持]的语义特征,所以它们就不能与"打狗"组合。

第三,看词语的韵律组配特征。汉语语法体系当中,一个重要的制约因素是单音节和双音节对立所构成的词语的韵律组配能力差异,而且汉语词汇单位普遍存在着单、双音节的对立。单音节的形容词、名词、动词等都存在与之相对应的双音节词,它们在进行

第六讲 对外汉语语法教学的意义和原则

语法组合时,都明显地受到韵律特征的制约,这也是我们所要考虑的重要侧面。像汉语中的副词(如"刚"和"刚刚"、"偏"和"偏偏"、"常"和"常常")的单、双音节对立,除了意义上的差别外,韵律组配能力也是不同的。冯胜利的汉语韵律句法研究,就是想从词的韵律特征上寻找词语的句法能力。

第四,看认知特征。认知经验对于语法意义的影响是非常潜在的。因为语言是一个用经验去表达经验的系统,因此意义的任何理解也都离不开认知经验的作用。如"他在讲台上站了40分钟"和"他在讲台上站了40年"。从语法和词汇的角度讲,二者的差别只是时间词语的不同;而从认知上讲,两个句子所依托的认知背景是不同的。"他在讲台上站了40分钟",展现的是一个非常具象的时间框架内的一个微观、具体的事件;而"他在讲台上站了40年",却是以一个广泛的时间背景作认知参照的,它所激活的是一个宏观、抽象的事态,讲的是一个人一生的职业。这两个例子说明,词语的时间或空间量的大小所隐含的认知特征,会对我们的语言理解产生重大的影响。

第五,看语体特征。每一个词都具有内在的语体特征,要么适合于通俗的口语语体,要么适合于典雅的书面语体,要么介于二者之间。这些特征对语法意义来讲并无太大影响,但是对句子的构成与理解会造成一定的影响。如"对家乡的情、对亲人的爱,无法用言语表达",其中的"情"、"爱"属于单音节词语成分,文学色彩较强。单独看,"对家乡的情""对亲人的爱"在表达上都不具有自足性,但整个句子是具有可接受性的,是符合艺术语体的表达要求的。这就是词汇的语体特征所起的作用。

1.4.1.2 善于利用语法化的研究成果,提升解释力。研究语法化的学者常常提到语义相宜性这个概念。语义相宜性是指一个词汇单位在语法化的过程中,其词汇的语义基础和语法化后形成的语法意义之间会有一定程度的和谐一致关系。在人类语言中,有一个很普遍的现象:英语中的完成体标记是从动词"have"演化而来;法语中的完成体标记"avoir"也是从动词"有"的意义虚化而来;汉语方言之一的粤语存在着这样的表达方式,"你有结婚吗?"、"你有吃……吗?",其中的"有"就表示完成体,是一种体标记;现代汉语普通话的完成体标记虽然是"了",但完成体的否定形式还是"没有",也与"有"相关。从这个现象我们可以看到,在世界范围内,有相当一部分的语言都用词汇单位"有"去语法化为表示完成体的语法成分,这说明词汇单位在向语法成分演化的过程中,都以某种词汇意义为基础,或者说在词汇意义向语法意义演化的过程中都遵循着某种内在的规定性,这就是语义相宜性。

一个动词为何会变为介词,哪一类动词会变为哪一类的介词,进行这种讨论的基础,就是词汇单位在语法化时所具有的语义相宜性。汉语"把"字句中的"把",在古代汉语中作动词时,词汇意义是"持""拿"的意思,动词"将"也是"拿"的意思。历史上曾经有一段时间,动词"持"也曾经被语法化为跟"把"相类似的介词,但后来被历史淘汰掉了,没有在现代汉语中保留下来。动词"把""将""持"都向表示处置意义的介词结构演化不是偶然的,它们拥有共同的词义基础并向相同的方向演化,就是语义相宜性的作用:有什么样的原始词汇意义,它就会朝着什么样的方向去语法化。汉语虚词的演化过程大都遵循了这样的轨迹。

1.4.1.3 善于从句法框架的整体意义去寻求答案。因为语法结构是词和词的组合,组合到一定程度时便会形成一个稳定的框架,当这种框架形成并巩固下来时,就会形成一种整体的句法力量,从而对词汇单位进行选择和规约。一个语法框架形成以后,会对进入该框架的词汇单位进行选择,符合框架要求的词汇单位就会进入框架。一般来说,不符合框架要求的单位不能进入框架。例如,汉语中有"动词＋不＋补语"这样的结构形式,如"写不好"。这种可能补语的句法框架的整体意义是"愿而不能",即,想做好某事但由于某种主客观原因而没做好。这个结构框架要求补语位置出现的词语,要具有[目的性]的语义特征。这就是一个框架对于词汇的选择,不具备[目的性]语义特征的词汇成分一般不能进入这个框架。经过大量的统计分析,发现进入该框架的词语不外乎三大类:一是积极形容词,如"好""高兴""漂亮";二是趋向动词,趋向就是一种目的,如"进不来"中的"来"就是一种目的;三是临时搭配形成的目的关系。总的来说,这种框架会要求进入补语位置的词语必须具有[目的性]语义特征,这就属于语法结构对词汇所具有的选择力量。

1.4.1.4 如何看待词汇的超常搭配？词汇的超常搭配是指按照一般的语法规则,包括词类的划分原则和句法构成的原则,词汇单位之间不应有而语言中还是实际发生了的某种词汇搭配现象,由这些词汇超常搭配所形成的语法单位,是可以被人们理解并且随着时间的推移而逐渐被人们所接受的。比如"很＋名"("很中国""很淑女""很阳光"等),又如"动宾＋宾"("台风登陆上海""探班剧组"),这些都属于超常搭配。拿"台风登陆上海"来说,按照一般的语法规则,"登陆"属于不及物动词,是不能直接带宾语的,但现在这种结构已经使用得相当普遍了。刁晏斌在《新时期新语法现象研究》一书中所举的不少新语法现象,都是由词汇的超常搭配引起的。在语言结构系统的发展过程中,这类结构形式在刚出现的时候,常常还被认为是超常搭配,但随着使用的普及化,人们会逐渐接受它们,它们也因此成为语言结构系统中正常搭配的一部分了。词汇的超常搭配推动着整个句法结构系统的变化和发展。

1.4.2 要想增强预判力,至少需注意两点:一是对汉语语法的难点了然于心,一是对不同语言背景的学习者容易受到母语负迁移影响而可能产生的语法偏误要有基本的判断。

1.4.2.1 汉语语法的难点,对各种母语背景的学生而言都不易掌握,大致有:量词与名词的搭配;方位词的用法;"了、着、过"的用法;各种补语句;多项定语的排列次序;多项状语的排列次序;"是……的"句;"把"字句;无标记的被动句;比较句;三位数以上大数目称数法;形容词谓语句;话语连接,包括代词、关联词语、省略的用法。

1.4.2.2 解决负迁移导致的语法偏误问题,需吸收汉外对比研究的成果,针对不同母语背景的学习者有的放矢地进行引导,予以强调,达到避免学生出错的目的。如:汉语有"前修饰"、"后结果"的特点。"前修饰"对英语背景的学生不必讲,但对泰国、印尼及越南学生则要讲,因为这几种语言修饰语的位置与汉语相反,不是在中心语的前边,而是在中心语的后边。"后结果"则要对英语背景的学生讲清楚,如"答错了、做完了、写好了",英语中是没有这种表达方式的。再如:汉语 SVO 的语序对英语背景的学生无需讲,但对日本和韩国学生就要讲,因为日语、韩国语的语序是 SOV。汉语多省略的特点则要对英语背景的学生讲明白,汉语中从句的主语往往承前省,而在英语中则不能省略。

1.5 总之,学习并掌握汉语的语法知识,有助于学习者正确理解和表达汉语,提升汉语水平;有助于汉语教师和汉语教学志愿者了解并讲解难点,提高课堂教学效率。

1.6 长期的实践表明,对外汉语语法教学有三大难题待解,分别是:知识与技能如何统一,精细与概括如何统一,科学性与习得性如何统一。这些问题,有的已经得到了部分答案,有的仍需在教学实践中求解。我们认为,只有比较好地解决了这三大难题,对外汉语语法教学的意义才能得以彰显。

二 对外汉语语法教学的原则

作为第二语言的汉语语法教学,究竟教什么,怎么教,汉语语言学界和对外汉语教学界提出对外汉语语法教学原则的学者(吕叔湘 1991,吕文华 1991,赵金铭 1994,刘珣 2000,胡明扬 2002,周小兵 2002,孙德金 2006,张宝林 2006,杨海明 2007,卢福波 2008)很多,我们先作简单的综述,再求取交集,汇聚共识。

2.1 对外汉语语法教学原则研究综述

吕叔湘(1991a)重用法。他说:"一个语法形式可以分别从理论方面和用法方面进行研究。"用法研究则研究一个语法形式"出现的条件:什么情况下能用或非用不可?什么情况下不能用?必得用在某一别的成分之前或之后?等等"。

吕文华(1991,1999)强调适应语言交际的需要,语法条目和语法现象不能求全,但求实用(常用);寻求结构—功能相结合的更好途径,提出从意义到形式,又从形式到意义的双向描写法;在同一层次循序渐进的同时,更要做到不同层次的循环递进。

赵金铭(1994)认为,在对外汉语教学中,讲授语法的目的,是为了使外国留学生了解汉语语法的特点,掌握汉语语法的规律,以便正确地使用汉语,发展语言交际能力,有效地提高汉语水平。他提出了对外汉语语法教学的六大原则问题:是教学语法而不是理论语法;是教外国人的语法,而不是教本族人的语法;是从意义到形式而不是从形式到意义;不仅是分析的语法更是组装的语法;不仅是描写的语法,更是讲条件的语法;不是孤立的讲汉语语法,而是在语际对比中讲汉语语法。

　　刘珣(2000)认为,教学语法要体现一定的规范性(规定哪种说法是对的,哪种说法是错的),稳定性(为多数人所接受而不是一家之言),实践性(要能指导语言的实际运用)。对外汉语教学语法,又有别于汉语作为母语的教学语法。对外汉语教学语法要按学习者的语言习得规律提供一套汉语词组、句子和话语的组装规则系统。

　　胡明扬(2002)也认为"教外国学生重点不应该是理论体系和概念术语,而应该是用法"。

　　周小兵(2002)从教学语法出发,谈了八个特点:实用第一;意义和形式并重;考虑篇章和语用因素;语法规则的细化和使用条件的充分;注重描写基础上的解释;语际对比既要考虑特性也要考虑共性;注重习得研究;使用统计方法和实验方法。

　　孙德金(2006)基于语法是"语言中用词造句的结构规则"和"规则的总和即是本体语法"的概念描述,特别针对汉语作为第二语言学习者是成年人这一特点,认为对外汉语语法教学中"不教什么"的问题,是对外汉语语法教学的重要原则问题。他从最大限度地优化教学资源这一角度首先认为"属于词汇范畴的不教",强调语法教学和词汇教学的分野。如"数量名"组合的教学,只管:

　　① *我有两书。(缺失量词)
　　② *我喝了两个杯牛奶。(多用量词)

而不管:

　　③ *我买了一个笔。
　　④ *我认识那位人。

其次,从利用成年人的认知能力这一角度认为"属于共知范畴的不教"。强调在语法教学中要充分利用第二语言学习者的认知能力。如教授时体标记"了",如果通过恰当的方法使学生大体掌握"了"所表达的完成义,就完全没有必要在教材中或课堂上特别指出"是"、"属于"等表关系的动词不能和表完成的"了"组合,学生一般不会造出下面的句子:

　　⑤ *她是了老师。
　　⑥ *这个人以前姓了王。

　　不过,孙德金也承认,他提出的两个原则落实到具体实践上也并非界限分明,比如在语法和词汇的关系上,有些副词到底归语法管还是归词汇管,可能不容易说一不二;在共知范畴的确定上更是会有不同的看法。但总体上看,这两个原则是有其理论和事实基础的。注意并重视这两个原则,至少会有几个作用:(1)消除学生对汉语语法的困惑,增强掌握语法的自信心;(2)优化有限的教学资源(内容和时间等),把学生最需要的、最有用的语法规则在最少的时间里教给学生;(3)避免学生在语法学习过程中产生被"幼稚化"看待的反感心理。

第六讲 对外汉语语法教学的意义和原则

张宝林(2006)归纳了五条原则：教用法；结构、语义、语用相结合；了解并掌握学生的学习难点，突出教学的针对性；根据学生的实际，采取恰当的讲法；妙在不言中。

杨海明(2007)认为对外汉语语法教学可以借鉴《中学教学语法系统提要（试用）》提出的六字原则：管用、精当、好懂。所谓"管用"，是说语法规则能管语言事实。所谓"精当"，是说规则要少而精。所谓"好懂"，是说规则容易理解。他以东南亚华裔留学生"了"教学为例，具体谈了如何落实对外汉语语法教学原则。

杨海明将"了"统一为一个，意义为：以说话时为参照点向前回溯，位于动词后为行为实现，位于句末为事件实现。东南亚华裔留学生使用"了"时的主要偏误是多余、残缺与错位：

1.多余。"了"的最基本的语法意义是实现，已经实现的行为或事件就不用"了"。如：

① ＊有可能他知道我们是同班同学，所以他常常跟我聊天，也有时候给我打了一个电话。
② ＊我第一次来到了中国学习汉语，遇到了很多困难。
③ ＊但买了无数彩票后，我发现了中彩票的机会很少，所以我不得不把自己的计划变得实际点。

2.残缺。跟上面情况相反，应当明确体现已经实现的行为，应该用"了"却没有用。如：

④ ＊只要我学会汉语我才做这种商业，所以我最后的打算是学好汉语。
⑤ ＊现在我们差不多三年谈恋爱，现在我在广州可是她在印尼，我好想她。

3.错位。应当明确体现已经实现的行为或事件，用"了"但位置不对。如：

⑥ ＊有一个同学我很喜欢她，可是我不懂什么叫爱，那天，她请假的时候在这几天我就没见到她，我心理有觉得有什么东西丢了。
⑦ ＊他是韩人，叫朴勇能。他很聪明，汉语好。他现在上了中下班。
⑧ ＊后来我没见他了五年，随即他就来到我的学校是一队篮球比赛，然后我才知道他不仅来比赛，而且还是当教练，我是没想到他有很大的成功，那时候我一见到他心里非常高兴……

通过考察，杨海明认为东南亚华裔留学生使用"了"出现的偏误，很多不当是出于对"了"语法意义的精细化不够造成的，因为留学生只知道动词后表完成要用"了"而不知道其中还有很多限制：不同语义特征的动词对"了"的同现制约是不同的，相同语义特征的动词在不同状语的制约下与"了"同现的条件也不同。其实从一个宏观的角度看"了"的难掌握主要是受语际干扰(interlingual errors)和语内干扰(intralingual errors)两种因素的影响。语际干扰即母语，主要是东南亚各国南亚语系语言相关语法范畴的负迁移。习得者把母语的一般过去时和完成态与"了"相对应，凡是过去发生的动作、事件都用上"了"。而实际上，汉语的"了"与东南亚诸语特别是印尼语的相关时、体既有相近的一面又有不完全等同的一面,留学生在学习汉语之初没有完全掌握汉语"了"的用法,出现类推泛化也是很自然的。

卢福波(2008)认为,对外汉语语法教学应遵循八项基本原则:实用原则;针对原则;复式递升原则;细化原则;简化原则;类比原则;解释原则;操练原则。

2.2 对外汉语语法教学的共识性原则

经过取舍,我们把学者相同或相近的观点进行归并,大体上得到如下八类看法:

第一,重用法;求实用;讲条件;实用第一;实践性;使用条件的充分;教用法;管用;实用原则。

第二,从意义到形式;从意义到形式,又从形式到意义;意义和形式并重。

第三,结构、语义、语用相结合;考虑篇章和语用因素;注重描写基础上的解释。

第四,在语际对比中讲汉语语法;语际对比既要考虑特性也要考虑共性;属于共知范畴的不教;根据学生的实际,采取恰当的讲法;类比原则。

第五,按学习者的语言习得规律;注重习得研究。

第六,使用统计方法和实验方法;了解并掌握学生的学习难点,突出教学的针对性;针对原则。

第七,循环递进;复式递升原则。

第八,妙在不言中;操练原则。

2.2.1 第一类看法,我们选取"教用法"作为第一条共识性原则的表述。

所谓教用法,就是要把一个语法形式的使用条件讲清楚。一般来说,初、中、高三个阶段的语法教学各有侧重:初级阶段侧重在语法形式,包括各种句法结构、句型和词序;中级阶段侧重在语法意义,包括语法成分的语义关系和语义搭配;高级阶段侧重在语法形式的语用功能,包括词语句式的语用选择和应用。但不管在哪个阶段都要特别注重用法上的说明,要让学生了解各个语法形式使用的条件和语境。同时在教学过程中要努力使课堂教学交际化、真实化,让学生在尽可能真实的交际实践中掌握所学的语法形式。

例如在"趁着现在年富力强,再拼搏它几年"中,处于"动词 V"和"数量结构(几年、几斤、几小时、几碗、几杯……)"之间的代词"它"有 3 条用法:

① 可用于表示未来,不能表示过去。
　　咱们去买它二斤羊肉吃涮羊肉。
　　＊昨天我买了它二斤羊肉吃涮羊肉。
② 表示习惯性的事情,则不受时间的限制。
　　每到春节我总要买它二斤羊肉吃涮羊肉。
③ 带"它"的动词后的宾语或补语必须带数量词语。
　　走,咱们去买它二斤羊肉吃涮羊肉。

第六讲 对外汉语语法教学的意义和原则

＊走，咱们去买它羊肉吃涮羊肉。（吕叔湘1991b）

又如，状态补语是汉语中特有的形式，在对外汉语语法教学中历来被认为是一个难点。要想化解外国学生的学习困难，需要找出其使用条件。鲁健骥（1992）研究后发现，状态补语所要评价、判断或描写的是已经发生或正在发生的动作或事件，以及与此事件相关的人或物。这是状态补语出现的前提条件。使用状态补语的这一条件，决定了状态补语句使用上的一个特点，即状态补语与某个叙述前提条件的句子（相关句）相呼应。这种呼应有显性、隐性之分。

再如，汉语被动句的使用也必须具备一定的条件，屈承熹（1993）认为这些条件是：1）一个无表层宾语的及物动词；2）一个其语法标记可有可无、在句中又可隐可现的语义施事者；3）一个嵌入句，但条件是句中要有一项特别被动标记，而不管它为动词，还是系词。而且，如果一个被动句要具备了所指明的成分，还必须符合下面4）规定的条件：4）高层次句的深层主语和嵌入句的深层宾语应有相同所指。这就对汉语被动句的出现和正确使用，规定了令人可以把握的条件。

2.2.2　第二类看法，我们选取"意义和形式并重"作为第二条共识性原则的表述。

语法形式和语法意义的关系，从发现程序来看是从形式到意义；从发生学的角度看是从意义到形式。对外汉语语法教学，如果仅从形式出发，作句法分析，是远远不够的。（赵金铭1994）如句型教学，就是从形式出发来教外国人语法，但抽象的句型只是提供了组合的可能性，如：只给格式"把＋名词＋动词＋在＋处所名词"，而不做语义说明，学生就可能造出类似"把汉字学在课堂上"的句子。只有说明该格式中的动词必须有"附着"的语义，名词所指必须在动作发生后附着在处所名词所指之处，才可能生成合格的句子，如"把字写在黑板上"。

又如，依据"程度副词＋性质形容词"的格式，可能生成正确的句子，如"有点脏"；也可能生成错误的句子，如"有点干净"。因此，在讲解这种格式时，必须说明程度副词"有点"一般跟贬义词和中性词结合，表示说话人的不满意。这样学生才能真正习得这一句式。（周小兵2002）

再如，外国学生造出"我没有机会来浪费时间"的病句，从形式上看无可厚非，毛病出在语义上。宋玉柱（1993）研究发现："'没机会'后边跟的动词结构表示的都是主语代表的人所想要干的事。"病句之所以为病，是因为"浪费时间"并非"我"所想干的事。

2.2.3　第三类看法，我们选取"结构、语义、语用相结合"作为第三条共识性原则的表述。

要教会留学生恰当地使用汉语，在教学过程中须把结构、语义、语用三者结合起来。其中结构包括短语结构和句法结构，语用包括篇章语用和社会语用。

例如，讲授汉语的结果补语，从结构形式上分析，都是单句；但从语义平面上分析，它都包含着两个表述。如：孩子哭醒了妈妈→孩子哭＋妈妈醒；他喝醉了酒→他喝酒＋他醉了。

又如,在餐桌上,一位中国人问外国学生:"你会用这个(指筷子)?"外国学生回答:"是,在美国我用了。"答句在句法和语义方面都没有错,毛病出在语用选择不当。(赵金铭 1994)

再如,讲授"也、反而、连"等词语的用法,光在句内很难解释清楚。一般语法书说"连"表强调,而且只讲单句,学生很难理解。其实,"连"字句涉及预设、蕴涵等因素,应结合篇章语用进行研究。在教学中列出一个系列进行教学,效果会比较好。如:

① 同事认不出他,好朋友认不出他,连妻子都认不出他了。
② 同事、好朋友认不出他,连妻子都认不出他了。
③ 连妻子都认不出他了。

先从递进分句的①讲起,说明最后分句的句义在跟前两个分句的对比中受到强调;此外,它还常常表达人们认为最不可能发生的事情。这样讲留学生容易明白"连"字句的作用。然后再讲省略了某些成分的②③。复句中"连"表递进,整句的作用使"连"后的成分受到强调。因此,单句中的".连"就跟"都"(或"也")一起有了强调的作用。(周小兵 2002)

2.2.4 第四类看法,我们选取"在语际对比中讲汉语语法"作为第四条共识性原则的表述。

通过语际对比讲汉语语法,至少有两大好处:一是让成年学习者认识到人类语言中有一些语法结构,其实它们的深层语义结构是相同的,了解共性有助于克服汉语学习者的畏难情绪;二是突出汉语的语法特点,有针对性地攻克难点。

例如,"我们学校数学系的年轻女教师"这一有多项定语的定中结构,越南语的表达顺序为:(教师)(女)(年轻)(的)(系)(数学)(学校)(我们),英语表达为: the young woman teachers of the mathematics department in our school。三种语言中 4 个定语的位置不同,但它们跟中心语的距离基本相同:"女"离中心语最近,"年轻"次近,"数学系"次远,"我们学校"最远。即,越能表现中心语所指稳定的本质特征的,离中心语越近。说明在中心语和定语的关系上,三种语言的深层语义结构相同。此外,类似汉语语序的还有韩语,类似越南语语序的还有泰语,类似英语的就更多了。(周小兵 2002)

又如,在印欧语中时间、空间的概念很多表现为特定的语法关系,如名词有性、数、格,动词则有各种时、体,汉语中没有这些东西,需要表达的物体在空间上的属性,动作行为在时间上的属性,基本上都是在句中实现的。但汉语中也经常出现一些似是而非的东西,它们看似语法标志,细加分析,却又与以印欧语研究为基础确定的语法范畴的实质相去甚远。如"们"不在语法层面上,而跟"两个""三个"处于同一层面。二者只能用其中之一,如果套用英语说,"三个同学们"就错了。

再如,跟印欧语比较,汉语还有一个突出的特点,那就是主语和谓语之间关系十分松散。一方面表现在主语和谓语之间往往可以停顿,而且主语后头可以加上"啊、呢、嘿"等语气词跟谓语隔开,如:"这件事啊,咱们得好好商量一下"。另一方面,只要不引起误解,主语往往可以略去不说。如:(我)晚上十点到的/(这几件衣服)一共三百块钱。而在英语中这都得是完整句。如:来客人了。A visitor has come here. /晚上十点了。It is ten in the evening. 于是,这就影响到学生说汉语时,常选用主谓必备的完整句。(赵金铭 1994)

2.2.5 第五类看法,我们改用"利用第二语言习得研究成果提高语法教学的有效性"作为第五条共识性原则的表述。

对成年留学生的汉语语法教学,遵循由易到难、由浅入深的教学原则,是大家都认同的。但如何确定语法难点,如何分散语法难点,如何确认不同母语背景的留学生的习得顺序,以便循序渐进地进行教学,就需要充分利用第二语言习得的研究成果。

通过认知心理学和实验心理学的研究手段,可以观测和了解第二语言学习者的习得过程和心理特点。如对习得顺序的考察研究,就是教学语法关注的重要内容。不少汉语教科书按理论语法的次序安排语法项目,教师和学生按这些顺序教和学,但学生实际的习得顺序却不同。

例如,邓守信(Teng 1999)的研究指出:一般教科书先出现完成体的"了$_1$",再出现起始体的"了$_2$"。但对台湾师范大学第二语言中介语数据库进行的统计发现,母语为英语的第二语言学习者往往较早习得"了$_2$",经过较长时间后才习得"了$_1$"。邓守信提出,在教学中"了$_2$"应该先于"了$_1$"出现。由于其容易学,应尽可能早出现。"了$_1$"应在学习了相当数量的基本动词和类似"昨天、上个星期、今天早上"等时间词语后才教。

再如,施家炜(1998)使用北京语言文化大学"汉语中介语语料库系统",探讨留学生习得相关句式的顺序及其成因。研究发现,一些在语法等级大纲中比较容易的句式,学生较晚习得;一些大纲中较难的句式,学生反而较早习得。如,S+把+O+V+RC(T7:他把我打哭了)在大纲中是甲级项目(应早掌握);S+把+O_1+V(在/到/给)+O_2(T8:我把书放在桌子上)是乙级项目(应晚一些掌握)。但学生的习得顺序相反。成因跟三个制约因素有关。一是习得难易度。光从句法结构上看,T8(我把书放在桌子上)比T7(他把我打哭了)要复杂。若施事主语不变,也不考虑篇章语用因素,T8很难换成非"把"字句(我放书在桌子上),T7可以换成非"把"字句(他打哭了我)。学习有难度的新句式时,学生常采用回避策略,用已学句式表达相同意思。T8回避不了,就渐渐习得了;T7可以回避,习得时间就会长一些。二是使用频率和广度。许多学生回避使用T7,平时听说这种句式的机会少,自然会影响习得。三是教学难易度。在教授"把"字句时,T8比较容易演示和操练,课堂上可位移的东西很多,位移动作幅度较大,学生较容易掌握。相对来说,T7的演示和操练稍难一点。

2.2.6 第六类看法,我们改用"借助统计方法和所取得的成果提高语法教学的针对性"作为第六条共识性原则的表述。

对比较复杂的语法内容和语法难点,应该借助统计方法统计其使用频率的高低;应该借助实验方法对教学设想进行证实或者证伪,换句话说,就是要尽可能地对汉语语法教学难点进行确认,对常用的语法形式进行确认,做到去伪(假命题)存真(真命题),以便提高语法教学的针对性。

例如,周小兵(2002)认为,没有统计就概括出的规则,往往有偏差,并对汉语学习产生负面影响。如一般语法书说,双音节性质形容词能以 AABB 形式重叠。留学生以为是普遍规律,造出类似"长得美美丽丽的"、"特特别别的衣服"的病句。经统计可知,约 70% 的双音节性质形容词不能重叠。应告诉学生双音节性质形容词大部分不能重叠,小部分可以;并在教学中随机说明。

又如,陈小荷(1996)曾对北京语言文化大学"汉语中介语语料库系统"中的 3367 例"也"进行统计研究,发现"也"的使用率为 0.63068%,比《现代汉语频率词典》统计出的 0.53248% 使用率要高。3367 例中跟"也"有关的偏误 328 例,有 4 种类型:

  第一类(37 例,11.28%):"也"在主语前:*课堂里也他表现得很突出。
  第二类(30 例,9.17%):"也"跟其他状语错位:*我也刚才在那边找过半天。
  第三类(26 例,7.93%):"也"在周遍性词语中间:*他一点也没有理解力。
  第四类(235 例,71.62%):误代和滥用:*我今天也又跟他见面。

统计证实,"也"偏误最多的果然是误代和滥用。通过分析偏误产生原因和语境,还得出:"也"跟时间状语同现时,"刚才、以前"等名词一般在"也"前,"常常、时而"等副词一般在"也"后;并非如前人所说,两种顺序都可以。可见,在统计基础上的分析,可使教学者准确划定偏误范围,有的放矢地进行语法教学。同时对语法规则的修正也有帮助。

再如,张凯(2000)为考察 SOV 语序对日韩学生习得的影响,在 HSK 预测题语法部分放了一个实验题:

  她
  A.还没找到一份如意工作   B.一份如意工作还没找到
  C.一份如意工作找到还没   D.一份如意工作还找到没

此题 A、B 两个选项都合语法。实验假设是:汉语语序 SVO,日韩语序 SOV;日韩学生水平高的选 A,水平低的选 B。结果 129 名日韩学生都选了 A 或 B。其中选 A 者 94 人,该考试其他题目的平均分 131(全卷 200 题,每题一分);选 B 者 35 人,该卷其他题目平均分 117.5。实验结果证实了上述假设,并说明:1. 对日韩学生来说,SOV 先掌握,SVO 后掌握。2. 因普遍语法的作用,习得者不会产生野语法(无日韩学生选 C、D 两题)。

2.2.7   第七类看法,我们选取"复式递升"作为第七条共识性原则的表述。

所谓"复式递升",就是指语法难度循环性上升、重复性递增,教学处理上做到逐层渐深。分开解释就是,"复式"是指一个语法项目在不同教学阶段的重复;"递升"是指该语法项目的重复教学不是原地踏步,而是从难度上递增渐深,成为由低到高、循环阶梯性的教学。例如,学习趋向动词,可以把它分成几个教学小阶,每个小阶都是在前一小阶基础上攀升一定难度、实现一定整合。

第六讲 对外汉语语法教学的意义和原则

第一小阶,学习"上/下/进/出/回/过"等单纯实义空间趋向动词作单个动词谓语的用法。这些词表示的是人类最基本的与立体空间相关的动作,很多语言中也有类似的动词,易于理解;单谓谓语句结构相对简单,也易于掌握。

第二小阶,学习"来/去"作单个动词谓语的用法。"来/去"比其他单纯趋向动词表意复杂些,趋向空间与听说者位置及远近关系产生了联系,变数较多,随机性强,略有难度。

第三小阶,学习"来/去"等实义空间趋向补语用法。补语是汉语中较为特殊的一种用法,在理解和使用上有一定难度;不过"来/去"实义空间趋向与作谓语的趋向意义很接近,只是加进了方向性与动作关系的理解,所以,还比较容易理解和掌握。

第四小阶,学习"来北京旅游"之类表示目的关系连动句的用法。该句式虽属特殊结构式,但由于其语序非常接近典型的时间顺序关系类型,演示得当、引导得法,尚易掌握。

第五小阶,学习实义空间复合趋向动词作补语的用法。复合趋向动词与单纯趋向动词不同,它表示了双重趋向。故应突出两个重点:一是双重趋向的理解;一是具体动作与动作趋向的配合与关系。实义空间趋向意义相对易于理解,但选用上有一定难度。

第六小阶,学习趋向动词的引申用法。引申意义多而杂,且较虚灵,学习有相当难度。教学时注意三点:(a)采用分散、对比的教学模式,以分散难度,明确差异;(b)注意难度层次,引申义由浅入深;(c)做出引申脉络,让学习者有连贯性的认知—知识的联系与整合。

第七小阶,学习趋向动词的特殊用法,如:"看来""看起来""看上去"等等,掌握其特定用法和语用含义,结合语境和交际目的进行专项教学。

复式递升的梯阶教学还需要注意语法项目之间的相关度与教学距离问题。如果说,"复式递升"是一个横断面的知识排列组群的话,距离原则则主要从它的纵向序位组群排列着眼。

纵向排列的关联依据主要来自记忆、强化、联接等规律。一个语法点与另一个或者几个语法点所形成的组群与组群之间的衔接点要找好,点与点或组群与组群相间的距离要根据相关程度决定,相关度越高,密度越大,距离越小;相关度越低,密度越小,距离越大。根据横向、纵向关系可以构建一个语法项目或组群的矩阵系统。总之,复式递升的教学原则是把看上去分散的、独立的一个一个单一的语法项目有机地整合起来,使学习既有联系、有层次,又有衔接;既有单一语法项目的细化深入,又有整体语法知识的融会贯通,形成一个完整的语法教学系统。(卢福波 2008)

2.2.8 第八类看法,我们改用"精讲多练"作为第八条共识性原则的表述。

所谓"精讲"就是教师尽量用较少的时间,将语法规则进行浅化与简化处理,想办法用最简明易懂的语言和其他直观的方式表达出来。"多练"就是留出更多的时间让学习者从不同侧面、不同角度、不同层次通过练习,掌握和巩固所学的东西,或者把所学的东西在设计好的语境中进行实际操练,以达到会用的目的。(卢福波 2002)必须引起注意的是,教师在教语法时应该尽量减少学生学习中的困难和障碍,应该尽量少用语法术语,更不能大谈语法理论。不能把语法著作或语法工具书中的语法规则以及对那些规则的解释原封不动地照搬到课堂上。否则,效果甚微。

例如:动态助词"了"是第二语言学习者最难掌握的语法难点之一,他们常常认为"了"表示过去。为了改变他们的这种错误认识,我们在讲"了"的用法时,可以按下面的步骤进行教学:

    a. 先举出三个典型例句,并简要分析其结构。
    昨天他借了一本新书。(表示过去的时间状语+主语+动词+"了"+宾语)
    你看,他借了一本新书。(提示语+主语+动词+"了"+宾语)
    等我借了书再回家。 ("等"+兼语+动词$_1$+"了"+宾语$_1$+动$_2$+宾$_2$)
    (例见房玉清 1992:10)

    b. 师生互动,一起按上面的结构造句。例如:
    前天他买了一本词典。
    昨天他洗了一件衣服。
    上午他上了四节课。
    ……
    你看,他画了一幅画。
    注意,他打开了电脑。
    快看,他撞了一个人。
    ……
    等我下了课再去找你。
    等你吃了饭再去图书馆。
    等他换了衣服再去篮球场。
    ……

    c. 这样,通过充分的练习和大量的例句,特别是通过学生自己的创造性活动,学生对"了"表示"过去完成""现在完成"和"将来完成"等三种用法已经有了丰富的感性认识,可以正确地加以运用。如果教师能引导学生对上述例句进一步进行理论上的分析、归纳,得出下面两条规则,那么学生就完全可以掌握动态助词"了"的基本用法:
(i)"了"表示动作的完成或实现;
(ii)"了"可以表示过去的动作的完成,也可以表示现在或将来的动作的完成,而不仅仅是表示"过去完成"。(张宝林 2006)

参考文献

陈小荷 1996,跟副词"也"有关的偏误分析,《世界汉语教学》第 2 期。
房玉清 1992,《实用汉语语法》,北京语言学院出版社。
费春元 1992,说"着",《语文研究》第 2 期。
高更生、王红旗等 1996,《汉语教学语法研究》,语文出版社。
郭　熙 2002,理论语法与教学语法的衔接问题——以汉语作为第二语言教学为例,《汉语学习》第 4 期。
胡明扬 1992,再论语法形式和语法意义,《中国语文》第 5 期。
胡明扬 2002,《汉语语法教程》序,北京语言文化大学出版社。
胡明扬 2005,第二语言的学习和教学,《对外汉语教学研究》第 1 期。
金立鑫 2003,漫谈理论语法、教学语法和语言教学中语法规则的表述方法,《对外汉语教学语法探索——首届国际对外汉语教学语法研讨会论文集》,中国社会科学出版社。
李大忠 1996,《外国人学汉语语法偏误分析》,北京语言文化大学出版社。
李如龙、杨吉春 2004,对外汉语教学应以词汇教学为中心,《暨南大学华文学院学报》第 4 期。
黎天睦 1991,论"着"的核心意义,《国外语言学》第 1 期。
刘　珣 2000,对外汉语教育学引论,北京语言文化大学出版社。
吕叔湘 1991a,未晚斋语文漫谈,《中国语文》第 4 期。
吕叔湘 1991b,理论研究和用法研究,《语法研究和探索》(六),语文出版社。
吕文华 1991,关于对外汉语教学语法体系,《中国语文》第 5 期。
吕文华 1999,《对外汉语教学语法体系研究》,北京语言文化大学出版社。
卢福波 2002,对外汉语教学语法的体系与方法问题,《汉语学习》第 2 期。
卢福波 2008,语法教学的基本原则与操作方法,《语言教学与研究》第 2 期。
鲁健骥 1992,状态补语的语境背景及其他,《语言教学与研究》第 1 期。
陆俭明 1998,对外汉语教学中经常要思考的问题——为什么?是什么?怎么样?《语言文字应用》第 4 期。
陆俭明、郭　锐 1998,汉语语法研究所面临的挑战,《世界汉语教学》第 4 期。
陆俭明 2000,"对外汉语教学"中的语法教学,《语言教学与研究》第 3 期。
陆俭明 2004,词的具体意义对句子意思理解的影响,《汉语学习》第 2 期。
屈承熹 1993,《历史语法学理论与汉语历史语法》,北京语言学院出版社。
施家炜 1999,外国留学生 22 类现代汉语句式的习得顺序研究,《世界汉语教学》第 2 期。
宋玉柱 1993,对外汉语语法教学札记,《汉语学习》第 4 期。
孙德金 2006,语法不教什么——对外汉语语法教学的两个原则问题,《语言教学与研究》第 1 期。
杨海明 2007,对外汉语语法教学原则的落实——以东南亚华裔留学生"了"教学为例,《中文自学指导》第 3 期。
张宝林 2006,《汉语教学参考语法》,北京大学出版社。

张凯 2000,对外汉语教学学科的基本问题和基本方法,《世界汉语教学》第 3 期。
张旺熹 2006,从词汇研究到语法研究,载于《汉语句法的认知结构研究》附录,北京大学出版社。
赵金铭 1994,教外国人汉语语法的一些原则问题,《语言教学与研究》第 2 期。
赵金铭 1997,《汉语研究与对外汉语教学》,语文出版社。
赵世举 2007,对外汉语教学词汇主导法刍议,《长江学术》第 3 期。
赵淑华 1992,句型研究与对外汉语教学——兼析"才"字句,《语言文字应用》第 3 期。
中国对外汉语教学学会　汉语水平等级标准研究小组 1988,《汉语水平等级标准和等级大纲》,北京语言学院出版社。
周小兵 1996,《第二语言教学论》,河北教育出版社。
周小兵 2002,汉语第二语言教学语法的特点,《中山大学学报(社会科学版)》第 6 期。
Shou-hsin Teng 1999,The Acquisition of "了·le" in L2 Chinese,《世界汉语教学》第 1 期。

第七讲 对外汉语语法课堂教学常用方法与技巧（上）

一　如何导入语法点

经教学实践证明，在课堂教学中导入语法点的常用方法和技巧有如下八种：

1.1　预现

严格地说，预现不是导入语法点的一个方式，因为它可能不是跟下一个环节——展示语法点紧密连接的。但是它确实是教师精心安排的，为某个语法点的教学做准备的。

所谓预现，就是在正式教某个语法点之前，在学生没有意识到的情况下，先有意识地让学生接触一下该语法现象。它可以分为两种：有时间间隔的预现，无时间间隔的预现。

1.1.1　有时间间隔的预现

有时间间隔的预现，指在学习某个语法点的前一天，乃至前一个星期或者更长的时间以前，就让学生接触该语言现象。如：

在教"**把**"字句的前一个星期，就有意识地经常使用"请把书打开"、"请把书翻到……页"等。

又如：

教师考虑到下星期一要教一个新的表达方式"**算了**"，于是在星期五临下课的时候故意设计一个插曲：

教师：今天学习的内容大家都明白了吗？

学生：明白了。

教师：真的明白了？好，我们明天考试。

学生：可是……明天是星期六。

教师：哦，明天是星期六，那……那就算了。

学生：……？

让学生把困惑留到下星期一，或者不到下星期一，他们就能自己把困惑解决掉。

1.1.2 无时间间隔的预现

无时间间隔的预现，也就是在当堂课的开头设计一个小插曲。如：

当堂课的语法点是表示完成的**动态助词"了"**，教师在上课前问一位学生：

教师：你吃了早饭没有？

学生：我吃了早饭（没吃早饭）。

教师：那你做了昨天的作业没有？

学生：我做了昨天的作业（我没做昨天的作业）。

又如：

当堂课的语法点是表示情况变化或者新的情况出现的语气助词"了"，教师在上课时可问部分学生：

教师：现在几点了？

学生：现在8点了。

教师：该上课了吧？

学生：噢。

教师：好，上课了。（对全班同学说）

这似乎是上课前的闲聊，其实是在为正式教学表示"完成"意义的或者"情况变化或者新的情况出现"的助词"了"做铺垫。

1.2 复习

通过复习已学知识，以旧知识带出新知识。如：

在教**趋向补语**之前，先让学生复习一下趋向动词：

简单趋向动词：来、去、进、出、上、下、回、过、起

复合趋向动词：上来、上去、下来、下去、进来、进去、出来、出去、回来、回去、过来、过去、起来

教师：这些是我们学过的趋向动词，如果把这些词放在一个动词的后边，我们就把这些趋向动词叫做"趋向补语"。比如说：带来、带去、跑过来、跑过去。（教师可用红笔写这些趋向动词，而趋向动词前面的动词用白笔写，让学生对本课所讲的有所注意和区别）

又如：

以对"把"字句的复习引出**"被"**字句的教学。

第七讲　对外汉语语法课堂教学常用方法与技巧（上）

一般来说，教材都会出现"把"字句，然后在下一课或者隔几课出现"被"字句。教师最好复习一下"把"字句，并用"把"字句引出"被"字句的教学。

教师：我们上节课（前几天）学了"把"字句，我们学了哪几个？

（教师把公式写在左边，右边写学生说的相应的句子。）

A＋把＋B＋V＋到＋place	我把椅子推到教室外面
A＋把＋B＋V＋在＋place	我把书放在桌子上
A＋把＋B＋V＋给＋sb./sth.	我把钱借给他了
A＋把＋B＋V＋成＋sb./sth.	我把美元换成人民币了
A＋把＋B＋V＋上/好/干净/进来……	我把门关上了 师傅把车修好了 妈妈把衣服洗干净了 弟弟把桌子搬进来了
A＋把＋B＋V＋了	小狗把他的面包吃了

都写好以后，教师就可以以"把"字句带动"被"字句的教学。

教师："我把椅子推到教室外面"也可以说"椅子被我推到外面"。

"A＋把＋B＋V＋到＋place"可以说成"B＋被＋A＋V＋到＋place"

依次让学生进行变换，学生既会觉得有趣又会觉得有成就感

B＋被＋A＋V＋到＋place	椅子被我推到教室外面
B＋被＋A＋V＋在＋place	书被我放在桌子上
B＋被＋A＋V＋给＋sb./sth.	钱被我借给他了
B＋被＋A＋V＋成＋sb./sth.	美元被我换成人民币了
B＋被＋A＋V＋上/好/干净/进来	门被我关上了 车被师傅修好了 衣服被妈妈洗干净了 桌子被弟弟搬进被来了
B＋被＋A＋V＋了	他的面包被小狗吃了

这样"被"字句的引入就到这儿，教师接下来结合每种公式下的不同动词进行解释和练习。

1.3　听写

听写也是导入语法点的常见方式，听写可以跟检查预习情况结合起来。

听写包括两种:一种是听后写出整句,一种是听后填写关键词语。如:

在教"**时间、地点状语的位置**"这个语法点之前,可以让学生听写三个句子,每个句子听三遍,每一遍教师都要慢速完整地读一句话,让学生明白这个句子的意思,即使不能很快写出来,也能凭着记忆写出来。否则学生对整个句子的结构特点没有感觉。教师读完一个句子后停两分钟,让学生书写。可以请汉字水平好的学生来黑板前写。

1. 我们今天晚上一起吃饭。
2. 我们在学校的食堂一起吃饭。
3. 我们今天晚上在学校的食堂一起吃饭。

听写完以后,教师给出正确答案,然后让学生分析一下,这些句子里表示时间、地点的词语的位置。

下面是听后填写关键词语的例子:

本课学习的结果补语主要是 V 完/到/住/干净/好。所以请同学听写 3 个句子:
1. 苹果卖_____了,我没买_____。
2. 房间打扫_____了,饭也做_____了。
3. 昨天的生词太多,我没记_____。
答案:
1. 苹果卖完了,我没买到。
2. 房间打扫干净了,饭也做好了。
3. 昨天的生词太多,我没记住。

这种方法简单实用,缺点是显得过于机械。

1.4 提问

提问这种方法适用于学生有预习习惯的情况,就教学点直接向学生提问。

提问分两种:一是先提问所学语法点的术语名,然后请学生说例子;一是请学生说几个本课所学的语法点的例子,然后师生共说此语法点的术语名。如:

(1)
教师:大家知道我们今天要学习什么语法吗?谁知道?
学生:**可能补语**。
教师:对,今天我们要学习可能补语。大家知道什么叫可能补语吗?能不能说几个例子?
学生:听得懂、听不懂……

这种语法点的术语名很好记,学生预习了就能轻易记住。

第七讲　对外汉语语法课堂教学常用方法与技巧(上)

(2)

教师：大家知道我们今天要学习什么语法吧？谁能先说几个例子？

学生1：我在小明前面。

学生2：乔丹前面是小明。

学生3：我们班有11个同学。

教师：很好，都是我们今天要学的句子，这样的句子叫……？

学生：……

教师：**存现句。**

学生：哦，对，存现句。

这种语法点的术语名不好记，也不要求学生一定要记住，在预习的时候只要记住例子即可，教师在上课的时候告诉学生本课语法点的术语名。

这是一种比较自然的方法，可以启发学生思考，引起学生注意，调动学生的积极性，条件是学生对语法点要有较好的预习。

1.5　引例

所谓引例，就是直接引用课文中的例子来导入语法点。这里有一个前提，就是教学中是先教课文，再教语法点，一般来说，语法点比较简单。由教师直接引用课文里的句子。如：

教师：我们看课文37页，第3行，这里有一个对话（引自《汉语口语速成·入门篇》下）：

A：你游泳游得怎么样？

B：我游得不错。

教师提问：他会游泳吗？

学生：他会游泳。

教师：他游得好不好？

学生：他游得不错。

这里，"游"是一个动词，"不错"是补语，说明"游得怎么样"。

当动词后只有程度补语时，我们按 V＋得＋Complement 说句子；当动词后既有宾语又有程度补语时，我们就要这样说：V＋O＋V＋得＋Complement。

也可以把相关的例子找出来：

教师：同学们，刚才我们学了《西安比北京热》中的课文1，课文1里有很多"比"字句，请大家把有"比"的句子找出来，好吗？一个同学说一句。学生念课文里的句子，教学把学生念出来的不同类型的句子写在左边，右边写公式符号。

西安的名胜古迹比大同多。	A 比 B+adj.
看天气预报,今年大同不比北京凉快。	A 不比 B+adj.
我听说西安比北京还热。 去西安的车比较多,比去大同方便。	A 比 B+还/更+adj.
大同是不是比北京凉快一点儿?	A 比 B+adj.+一点儿/
一些西安比大同远得多吧?	A 比 B+adj.+得多/多了

1.6 定义

直接介绍教学中的语法点的名称,并做解释,这是最直截了当的方式。如:

  教师:今天我们要学习"**把**"字句。
  "把"字句的格式是这样的:S+把+O+V+到+……(板书)
  例如:我把书放在桌子上。(边说边做)
  请学生们也边说边做。
  学生:我把书放在桌子上。(边说边做)
  教师:我把书放在桌子上。(一边说一边向学生示意该句子中的词语与上面格式里的成分的对应关系)

  什么时候用"把"字句呢?如果我们对一个东西,比如说:这本书,做一件事情,放在桌子上,书原来在你的手里,现在在桌子上,书的位置变化了,这时我们用"把"字句,表示位置移动变化或者你把这个东西怎么样了。

1.7 实景

通过实物、图片、道具、教具、多媒体手段、动作演示、实际情景等引入语法点。

1.7.1 利用打印图片或多媒体中的图片来教"正在……呢"这一语法点。在利用图片时,可以利用单图,也可以利用组图。所谓单图,就是教师准备好几张不同的图片,每张图片都单独展示,而且图片之间没有意义上的练习;所谓组图,就是教师只展示一张图片,在这张图片里有多组场景,这些场景或在一个大背景下,或是连续起来有一个完整的意思。

  1. 单图展示:
  (教师展示打印图片或使用多媒体展示图片)
  教师:他们正在做什么呢?
  学生:踢足球。
  教师:对,他们正在踢足球呢。(用红笔写语法点)

第七讲　对外汉语语法课堂教学常用方法与技巧(上)

(教师展示另一图片)

教师:他正在做什么呢?

学生:他正在听音乐。

教师:对,他正在听音乐呢。(用红笔写语法点)

2.组图展示:

教师展示一张图片,图片中有多个场景存在。如展示学生课间休息的图片,A正在吃早饭,B正在睡觉,C正在擦黑板,D正在写作业,E正在和同学聊天,F正在问老师问题,G正在喝水。

教师:A正在做什么呢?

学生:A正在吃早饭呢。

教师:B正在做什么呢?

学生:B正在睡觉呢。

教师:C正在做什么呢?

学生:C正在擦黑板呢。

教师:D正在做什么呢?

学生:D正在写作业呢。

教师:E正在做什么呢?

学生:E正在和同学聊天呢。

教师:F正在做什么呢?

学生:F正在问老师问题呢。

教师:G正在做什么呢?

学生:G正在喝水呢。

1.7.2　利用道具或实物导入"时间词"的讲解。教师可拿出一个硬纸板做的钟表或者教室里的钟表,调成上课时的时间,在此时间上加减,讲解不同的说法,以"现在是上午八点"为例。

学生可能有不同的回答,老师只肯定、重复正确的回答,然后把答案按顺序写在黑板上,在引入语法点以后,教师可对不同的说法进行进一步补充,然后再使用别的方法讲解练习。

语法点如下:

八点
八点五分/八点零五(分)
八点一刻/八点十五(分)
八点半/八点三十(分)
八点三刻/八点四十五(分)/差十五分九点/差一刻九点
八点五十五分/差五分九点

具体引入情况如下：

教师：现在是几点？
学生：现在是八点。
教师：现在是几点？
学生：现在是八点五分/八点零五（分）。
教师：现在是几点？
学生：现在是八点一刻/八点十五（分）。
教师：现在是几点？
学生：现在是八点半/八点三十（分）。
教师：现在是几点？
学生：现在是八点三刻/八点四十五（分）/差十五分九点/差一刻九点。
教师：现在是几点？
学生：现在是八点五十五分/差五分九点。

1.7.3 利用教具导入"A 跟 B(不)一样"。

（教师展示两根长短、粗细、颜色一样的粉笔）
教师：粉笔1跟粉笔2一样吗？
学生：粉笔1跟粉笔2一样。
教师：粉笔1跟粉笔2一样长吗？
学生：粉笔1跟粉笔2一样长。
教师：粉笔1跟粉笔2一样粗吗？
学生：粉笔1跟粉笔2一样粗。
（教师展示两根长短、粗细不同、颜色一样的粉笔）
教师：粉笔1跟粉笔2一样吗？
学生：粉笔1跟粉笔2不一样。
教师：粉笔1跟粉笔2一样长吗？
学生：粉笔1跟粉笔2不一样长。
教师：粉笔1跟粉笔2一样粗吗？
学生：粉笔1跟粉笔2不一样粗。

此方法同样适用"比"字句和"A(没)有 B+adj."句型的教学。

1.7.4 利用动作演示导入**"趋向补语"**和**"结果补语"**的讲解。

教师演示动作，教师先让学生注意，然后教师一边演示动作一边说句子：
我出去了。（教师走出教室）
我进来了。（教师走进教室）

第七讲　对外汉语语法课堂教学常用方法与技巧(上)

我站起来了。(教师从椅子上站起来)

然后教师做动作,请学生说;

老师出去了。(教师走出教室)

老师进来了。(教师走进教室)

老师站起来了。(教师从椅子上站起来)

或者教师请两个学生一个做动作,一个说。

小明出去了。(学生走出教室)

小明进来了。(学生走进教室)

小明站起来了。(学生从椅子上站起来)

在讲**"结果补语"**之前,教师可做一系列准备,确保门开着,窗户开着,空调开着,灯开着,在一切准备妥当之后,教师请同学们注意,教师关门、关窗,关空调、关灯,教师做一个动作,请同学们说一说。

教师:门关上了吗?

学生:门关上了。

教师:窗户关上了吗?

学生:窗户关上了。

教师:空调关上了吗?

学生:空调关上了。

教师:灯关上了吗?

学生:灯关上了。

然后教师再让同学做相反的动作,然后问同学们:

教师:门开开了吗?

学生:门开开了。

教师:窗户开打开了吗?

学生:窗户开开了。

教师:空调开开了吗?

学生:空调开开了。

教师:灯开开了吗?

学生:灯开开了。

1.7.5　利用实际情境(利用教室里现有的环境,包括人物、事物及其相互间的关系)导入表示领属关系的 **P/N** 的 **N**。

教师先从学生那儿拿几样东西,然后让学生认领。

教师:这是谁的书?

学生:这是小明的书。

教师:这是谁的笔?
学生:这是乔丹的笔。
教师:这是谁的本子?
学生:这是闵雄熙的本子。
教师:这是谁的手机?
学生:这是徐嘉嘉的手机。
教师边说边板书,并且用红色的笔写"的"。

1.8 对话

通过师生对话或者学生之间对话的方法导入语法点。

如:在讲表示经历的"过"时,可先讲"过"和它的否定式写在黑板上,然后跟学生对话:

教师:你是第几次来中国?
学生1:我是第一次来中国。
学生2:我也是第一次来中国。
教师:谁不是第一次来中国?
学生3:我不是第一次来中国。
教师:你以前来过中国吗?(教师指着黑板上的"过")
(学生点头,表示肯定)
教师:他以前来过中国。
教师:你以前来过中国吗?(问学生1)
(学生摇头,表示否定)
教师:他以前没来过中国。(教师指着黑板上的"没有V过")
教师:你以前来过中国吗?(问学生2)
学生2:我以前也没来过中国。
教师:他们以前没来过中国。(对所有学生说)

学生不一定要预习,学生在似懂非懂之间回答老师的问题就可以,也许学生会一边回答一边有点儿疑惑,教师在下一步就可以为他们解答这个疑惑。

又如:

教师在讲表示强调的"是……的"句时,在上课开始时,就可以问2位同学:
教师:你是从哪儿来的?
学生1:我是从美国来的。
教师:你是从哪儿来的?

第七讲 对外汉语语法课堂教学常用方法与技巧（上）

学生2：我是从韩国来的。
教师：你是什么时候来的？
学生1：我是上个星期来的。
教师：你是什么时候来的？
学生2：我也是上个星期来的。
教师：他们都是上个星期来的。（对所有学生）
教师：你是怎么来的？
学生1：我是坐飞机来的。
教师：你是怎么来的？
学生2：我也是坐飞机来的。
教师：他们都是坐飞机来的。（对所有学生）
教师：你是和谁来的？
学生1：我是自己来的。
教师：你是和谁来的？
学生2：我是和朋友来的。

二 如何练习语法点

练习语法点的常用方法和技巧，大致可分为机械练习、半机械练习、准交际性练习和交际性练习四类，每类还可分出若干小类。

2.1 机械练习

机械练习是指模仿、重复、替换、扩展等不需要理解参加的练习项目。

机械练习的目的是在简单情境中加深学生对语法点的理解，并通过反复的、高频的练习达到流利地说出包含所学语法点的句子。同时教师也可利用重复练习纠正学生的语法、语音、词汇错误。

在机械练习中，应注意：

第一，必须在学生对所说话语有初步理解的基础上练习，特别是所说的句子是有意义的，有交际价值的。

第二，选择最适合做机械练习的句型或结构框架。

第三，不断加快机械练习的频率。

机械练习包括重复练习、替换练习、扩展练习等。

2.1.1 重复练习

学生模仿教师说出的含有所学语法点的句子。

常见的重复练习包括领读、重复句子、重复对话三种。

2.1.1.1 领读

领读的目的可能不同,比如为了纠正发音、认读汉字、提高学生说含有新语法点的句子的流利程度、熟悉课文或为后面的练习做准备等等。根据不同的目的,在领读时应有不同的要求,比如为了纠音,就应注意发音、声调、语调、节奏等等;为了提高学生说含有新语法点的句子的流利程度,则主要应强调所学习的语法点、语序,同时也应注意纠正发音。

具体操作是由教师先读一遍,然后学生跟着教师读。以"A 是 A,可是/不过/但是……"为例。

  教师:中国菜好吃是好吃,不过油太多。
  学生:中国菜好吃是好吃,不过油太多。
  教师:那家饭馆便宜是便宜,不过不太好吃。
  学生:那家饭馆便宜是便宜,不过不太好吃。
  教师:那家饭馆贵是贵,不过很好吃。
  学生:那家饭馆贵是贵,不过很好吃。
  教师:那家饭馆远是远,但是那儿的环境很舒适。
  学生:那家饭馆远是远,但是那儿的环境很舒适。

教师虽每次领读的句子不同,但包含同一个语法点的多个句子的意思最好高度相关,这样不仅确保每个句子有意义,而且确保这些句子在整体上也是有意义的。

2.1.1.2 重复句子

这种练习和领读的不同之处在于,领读是从"老师—学生"式的重复,而重复句子则是"老师—学生—学生—学生……"式的重复。

以"A 是 A,可是/不过/但是……"为例。

  教师:中国菜好吃是好吃,不过油太多。
  学生1:中国菜好吃是好吃,不过油太多。
  学生2:中国菜好吃是好吃,不过油太多。
  学生3:中国菜好吃是好吃,不过油太多。
  学生4:中国菜好吃是好吃,不过油太多。

除教师领读的包含同一个语法点的多个句子的意思高度相关外,每次最好是 3-4 个学生重复一个句子,重复的人多了学生会容易烦躁。另外,这 3-4 个人的水平最好有所差别,水平好的先重复,差的后重复。

第七讲　对外汉语语法课堂教学常用方法与技巧(上)

如果是很多学生重复一个句子,很多时候会感到无聊,尤其是重复了几个句子以后,这时,教师可以稍微变换一下形式。这种练习也可以做得趣味性强一点儿,学生不仅是听后重复,而且自己要做改变(部分重复)。仍以"A 是 A,可是/不过/但是……"为例。

  教师:中国菜好吃是好吃,不过油太多。
  学生1:中国菜油多是多,不过很好吃。
  学生2:那家饭馆的中国菜好吃是好吃,不过太贵了。
  学生3:那家饭馆的中国菜贵是贵,不过服务员很热情。
  学生4:那家饭馆的服务员热情是热情,不过人有点儿多。
  学生5:那家饭馆的人多是多,不过环境很舒适。
  学生6:那家饭馆的环境舒适是舒适,但是太远了。
  学生7:那家饭馆远是远,但是坐公共汽车去很方便。
  学生8:那家饭馆坐公共汽车去方便是方便,不过坐公共汽车太挤了。
  学生9:那家饭馆坐公共汽车去挤是挤,不过能吃到好吃的菜。

2.1.1.3　重复对话

教师口授一段包含所学语法点的对话,或由师生共同引出一段对话。在教师领说数遍后,进行学生之间的对话重复。这种练习可以用于机械练习的后期,也可以用于有意义的练习的初始阶段,以加深学生对意义的理解。练习可以是全部重复,也可以是部分重复。这种练习可以进行全班"合唱",也可以要求学生单个重复。在机械练习阶段应要求学生尽量练到流利为止。在重复练习过程中,教师应不断对学生重复的正误给予确认和纠正。

以"程度补语"为例,师生共引一个对话,然后让别的学生重复。

  教师:你有什么爱好?说两个。
  学生:我喜欢打篮球、踢足球。
  教师:你打篮球打得怎么样?
  学生:我打篮球打得还不错。
  教师:你踢足球踢得怎么样?
  学生:我踢足球踢得很好。

学生可以重复教师刚才说的,也可以与自己的同学围绕"爱好"另造一个对话,这时的重复是重内在的句法结构,而非外在的形式。

2.1.2　替换练习

在教师用所学语法点说出一个标准的句子之后,说明替换的位置,然后由教师或学生给出替换的词语,再由其他学生说出所要求说的句子。

替换练习包括：
2.1.2.1　单项替换练习
替换句子或对话中的一个词或词组。例如：

他正在	看电影
	听音乐
	做作业
	和朋友聊天儿

练习时，教师先说出一个完整的句子，学生跟着说一遍，然后教师说出替换的词，学生说出完整的句子。

在做这种练习时，教师要掌握好练习的速度，一般速度要略快一些，这样可以使学生精力集中，提高学生的反应速度，提高学生的练习效果。

可以是快速地"合唱"，也可以是"独唱"。教师说一个词或词组，学生很快用这个句型说一个包含此词或词组的句子；教师再说一个词或词组，第二个学生很快用这个句型说一个包含此词或词组的句子；教师再说一个词或词组，第三个学生很快用这个句型说一个包含此词或词组的句子……这样可以一直进行下去，一直到学生说熟练了，也玩儿得没什么兴趣了为止，或者学生说熟练了，可是正是兴趣盎然时戛然而止也很好。这样做可以让学生觉得有趣、刺激，但教师要多准备几个词，同时也受学生水平的限制。

2.1.2.2　多项替换练习
替换句子或对话中的多个词或词组。例如：

我	8点	骑自行车	去	长城
	下星期	坐火车		广州
	明天	坐出租汽车		北京大学
	周末	坐汽车		买东西

有两种选择，一种是教师说词，可采用全班齐唱，个人独唱，或先全班齐唱后个人独唱的形式，以不断换词和提快语速让整个练习变得活泼、有趣。二是学生自己想词，然后单独逐个说。这时也可做得有趣一点儿，先说的同学选择下一个同学，或者以一种条件选出一部分同学说，如"短头发的同学说"。这主要是为了调节课堂氛围，也有利于增强学生的联系。

2.1.2.3　分句替换练习
用句子或分句进行替换。这种练习适用于复句教学。可以是只替换前一个分句或后一个分句的一部分，或者两个部分都替换。例如：

第七讲　对外汉语语法课堂教学常用方法与技巧（上）

替换前一个分句的部分内容：

要是	明天下雨，	我就不出去玩儿了。
	我没写完作业，	
	妈妈不让，	
	爸爸不给钱，	

替换后一个分句的部分内容：

要是我有很多钱，	我就	不工作了。
		买个大房子。
		买辆汽车。
		出去旅行。

同时替换前一个分句和后一个分句的部分内容：

要是	身体不舒服，	你	就	好好休息。
	天气很好，	我们		去颐和园
	很累，	你		早点儿休息。
	骑车技术不好，			在北京不要骑车。

2.1.3　扩展练习

通过不断增加词语或句子，加长所说话的长度，以达到使学生能流利地说出包括所学语法点的语句的目的。

扩展练习可以分为以下三类：即词语扩展、句子扩展和扩展回答。

2.1.3.1　词语扩展练习

不断地添加词语，增长句子难度。

这种练习常常用于刚开始学习一个结构较长的语法点时，也用于在练习进展中遇到的较长、拗口的句子。做法一般首先是由教师给予词语提示，由后往前进行。以带有"请""叫""让"之类的有使令意义的动词的兼语句为例。

带有"请"的兼语句：

师:歌	生:歌
师:中国	生:中国歌
师:唱	生:唱中国歌
师:我们	生:我们唱中国歌
师:教	生:教我们唱中国歌
师:老师	生:老师教我们唱中国歌
师:请	生:请老师教我们唱中国歌
师:我们	生:我们请老师教我们唱中国歌

带有"叫"的兼语句:

师:苹果	生:苹果
师:买	生:买苹果
师:她	生:她买苹果
师:给	生:给她买苹果
师:我	生:我给她买苹果
师:叫	生:叫我给她买苹果
师:同屋	生:同屋叫我给她买苹果

带有"让"的兼语句:

师:课文	生:课文
师:昨天的	生:昨天的课文
师:复习	生:复习昨天的课文
师:我们	生:我们复习昨天的课文
师:让	生:让我们复习昨天的课文
师:老师	生:老师让我们复习昨天的课文

在学生初步掌握后,也可由教师提出要求或给出词语,让一个学生进行词语提示。

注意在这种练习时,应当不断提高说话的频率,以达到熟巧的目的。

2.1.3.2 句子扩展练习

即通常所说的完成句子。

在替换练习的基础上,可让学生做完成句子的练习,培养学生用汉语思维的能力和记忆力。例如:

第七讲　对外汉语语法课堂教学常用方法与技巧(上)

我	一边走路	一边看书（例子）
	一边写作业	（由学生说出）
	一边看电视	
	一边唱歌	
	一边听音乐	

这种练习也可以用于复句的学习中。可以是前一个分句或后一个分句扩展练习。例如：

前一个分句扩展练习：

不管天气好不好，	
不管身体舒服不舒服，	我都要去上课。
不管别人去不去上课，	
不管累不累，	

后一个分句扩展练习：

除了他以外，	我	也	会说汉语。
	我们		喜欢吃中国菜。
	小明		有自行车。
	我们		喜欢旅行。

2.1.3.3　扩展回答练习

师生之间或学生与学生之间通过扩展进行问答的练习形式。

它与词语扩展练习的不同之处是双方说出的都是句子。比如在"是……的"句中练习状语的位置时，可以做这样的练习：

师：听说你去西单了，你是什么时候去的？
生：我是昨天去的。
师：你是跟和谁去的？
生：我是跟同屋一起去的。
师：你们是怎么去的？
生：我们是打车去的。
师：你是什么时候和谁怎么去西单的？
生：我是昨天和同屋打车去西单的。

又比如在练习多项定语的位置时,可以做这样的练习:

师:他的围巾是什么做的?
生:他的围巾是羊毛做的。
师:他的围巾是什么颜色的?
生:他的围巾是红色的。
师:他的围巾漂亮吗?
生:他的围巾漂亮。
师:你什么时候买的?(问围着围巾的同学)
生:我上个星期买的。
师:这是什么时候买的什么样的什么颜色的什么做的围巾?
生:这是上星期买的漂亮的红色的羊毛做的围巾。
师:很好,也可以说"这是上星期买的漂亮的红色的羊毛围巾。"
生:这是上星期买的漂亮的红色的羊毛围巾。

这种方法常常是为了使某些较长的句子、结构说得流利,比如一些较长的带有定语、状语的结构,学生既难上口,又难适应词语的顺序,就可以进行这样的练习。

2.1.4 听写练习

听写运用于语法练习,主要目的是引起学习者对于语序和虚词等形式方面的关注,具体来说,又有两种:一种是听写句子,要求听完后把句子完整地写出来;另外一种是听一段话,把这段话的大意写下来。前一种听写如:

听写下列句子:
① 他说汉语说得很流利。
② 他打篮球打得很好。
③ 他游泳游得很快。
④ 他睡觉睡得很少

这一练习的目的是为了引起学生对"VOV得C"格式的注意。这种练习既可以安排在语法讲解之前作为一种导入方式,也可以放在语法讲解之后,作为对于语法形式的一种强化方式。

后一种听写如下:

听一段话,听完后,根据回忆尽可能完整地把内容写出来。
录音文本:张山是我的朋友。他高高的,胖胖的,每天睡得很早,起得很晚,吃得很多。他说他以前睡得很少,吃得很少,所以很瘦,现在睡得多了,吃得多了,所以就胖了。

第七讲　对外汉语语法课堂教学常用方法与技巧(上)

我们可以看到,这段话里有三种语法现象比较突出:形容词的重叠、可能补语、表示变化的"了"。在学生根据回忆把内容写出来以后,教师可以再把听力原文展示给学生,让他们进行一下对比。这种练习能够比较好的控制表达内容和语法形式,让练习在篇章完整性的前提下保证语法练习的针对性,既让学生有话可说,又不至于"天马行空",随便乱说。

2.2　半机械练习

2.2.1　变换练习。即改写句子一类的练习。常见的有两种:句型变换练习和句子变换练习。

2.2.1.1　句型变换练习

将一种句型变成另一种句型。

一般由教师给出被变换的句型,学生说出要求变换的句型,可以进行肯定式、否定式、疑问式之类的变换,也可以用于不同句式间的变换。比如:

肯定式、否定式、疑问式之类的变换:

肯定式	否定式	一般疑问式	正反疑问式
他去过长城。	他没去过长城。	他去过长城吗?	他去过长城没有?
他听懂了。	他没听懂。	他听懂了吗?	他听懂了没有?

不同句式间的变换:

　　屋子里有一个人。→那个人在屋子里。
　　他一边做作业一边看电视。→他看着电视做作业。

在进行变换练习前应当以适当方式给出提示,如在黑板上写出公式,或由教师说出例子。

2.2.1.2　句子变换练习

可以把两个句子变成一个句子或把一个句子变成两个句子。例如:

把两个句子变成一个句子:

　　我看见一个人。他穿着一件红毛衣。→我看见一个穿着红毛衣的人。
　　我上街。我要买东西。→我要上街买东西。
　　我高。他不高。→我比他高。

把一个句子变成两个句子:

　　小猫在窗台上趴着睡觉。→小猫在窗台上趴着。小猫在窗台上睡觉。
　　他看着看着电视睡着了。→他看着电视。他睡着了。
　　只要你＝努力,你就能成功。→你努力,你成功。
　　他一下课就回家。→他下课。他回家。

这样两向拆分,有利于学生理解句子的结构。

2.2.2 选择练习

选择练习也是多种多样的,如下面三种,分别是选择合适的词语、选择正确的句子、选择正确的语法位置:

2.2.2.1 选择合适的词语

选择合适的词语:

① 孩子甜甜地_____我微笑。
　A. 对　　　　B. 向　　　　C. 给

② 他从来不_____我送花。
　A. 对　　　　B. 向　　　　C. 给

③ _____前走十分钟就到了。
　A. 对　　　　B. 向　　　　C. 给

④ 这个汉字太难了,_____中国人也不认识。
　A. 就　　　　B. 连　　　　C. 又

2.2.2.2 选择正确的句子

选择正确的句子:

A. 我不仅会做中国菜,而且做得很好。
B. 不但他会做中国菜,而且做得很好。
C. 我既会做中国菜又做得很好。

2.2.2.3 选择正确的语法位置

我括号里的词语放在正确的位置上。

① 以前我不会说汉语 A,现在会 B 说 C。　　　　（了）
② 今天早上我没吃 A 别的,只喝 B 一杯牛奶 C。（了）

2.2.3 填空练习

要求把合适的词语填入空格或括号中,如:

填入恰当的结果补语:		
买（　）	睡（　）	停（　）
洗（　）	看（　）	听（　）
修（　）	改（　）	写（　）

填空练习可以和选择练习结合起来,像下面的练习:

第七讲　对外汉语语法课堂教学常用方法与技巧(上)

选择下面的词语填空：

了　着　过　的

① 他们是昨天从西安坐飞机来_____。
② 这个人我以前在电视上见_____。
③ 房间里的灯开_____，可是里面一个人也没有。
④ 我学_____两年汉语了。

跟单纯的填空比起来，这样的练习降低了难度。

填空和选择一样，都可以是不同层次上的：短语层次的、句子层次的、语篇层次的。下面是语篇层次的填空练习。

我们高中同学约_____，今年暑假一定回母校聚会。没见面以前，我有些担心，怕大家找不_____共同的话题。

但是，没想_____，大家见面以后，一下子就回_____了过去。大家一起聊天儿，一直聊_____天亮。

上面的填空练习是比较难的，因为在完成这个练习的时候首先要理解整个语篇的意思，并且要考虑到上下文的衔接和连贯。这一练习的答案也不一定是唯一的。把上面的练习稍作修改，为空格提供选择项，就成了选择练习，难度也降低了。

我们高中同学约_____，今年暑假一定回母校聚会。没见面以前，我有些担心，怕大家找不_____共同的话题。

但是，没想_____，大家见面以后，一下子就回_____了过去。大家一起聊天儿，一直聊_____天亮。

① A. 了　　　　B. 好　　　　C. 住　　　　D. 上
② A. 到　　　　B. 对　　　　C. 错　　　　D. 住
③ A. 起来　　　B. 过去　　　C. 起　　　　D. 到
④ A. 来　　　　B. 去　　　　C. 到　　　　D. 忆
⑤ A. 到　　　　B. 天儿　　　C. 一下　　　D. 上

2.2.4　补足练习

"补足"与"填空"相似。"填空"广义上也是一种"补足"，但是有待补足的词语的位置是确定的，不确定的只是有待补足的内容。而对于"补足"练习来说，有待补足的词语的位置是完全不确定的(在这一点上也区别于"选择")。

与选择一样，补足可以是句子层面上的，也可以是语篇层面上的。如：

在下面句子中需要加"了"的地方加上"了"，有的句子可能不需要"了"，有的句子可能需要几个"了"。

① 我是留学生。
② 他常常生病。
③ 我昨天买一本字典。
④ 他现在不在家,他去朋友家。
⑤ 明天吃饭我们一起去看电影,怎么样?
⑥ 他昨天没来上课。
⑦ 他刚才让我给小王打一个电话。
⑧ 我们昨天骑自行车去参观一个工厂。
⑨ 我已经喝两瓶,不能再喝。

上面是句子层面上的练习。可是,我们常常发现,有的句子究竟要不要"了"其实是很难说的,因为这些句子脱离了语境。若果让学生在语篇中完成这一练习,有助于学生更好地理解语法形式的语篇功能和交际价值。如:

阅读下面的短文,在需要的地方加上关联词语和助词"了":
昨天早上我起床以后吃早饭,去图书馆借书。走进图书馆,我去找书。找到要找的书,我来到柜台。我问柜台的小姐可以借几天,她说可以接一个星期。办完手续,我回宿舍。

【昨天早上我起床以后吃早饭,去图书馆借书。走进图书馆,我去找书。找到(了)要找的书,我来到柜台。我问柜台的小姐可以借几天,她说可以接一个星期。办完手续,我回宿舍。】

上面的这个练习也可以从另一个角度来处理,就是把"补足"必要成分变成"删除"不需要的成分。如:

昨天早上我起床以后吃早饭了,然后就去图书馆借书了。走进图书馆我就去找书了。找到了要找的书了,我来到柜台了。我问柜台的小姐可以借几天,她说可以接一个星期。办完了手续了,我就回宿舍了。

2.2.5 改错练习
即改正错句的练习。如:

改正下面句子中的错误:
我帮忙不了你。
他结婚了他的女朋友。
我每天2个小时左右学习。
我生气她。
外面下雨起来。

第七讲 对外汉语语法课堂教学常用方法与技巧(上)

外面相当很冷。

中小城市不如大城市方便得多。

在初级阶段,在学生对于正确的语法形式还缺乏大量的感性认识的前提下,运用该练习应该谨慎。

2.2.6 排序练习

这是与语序有关的语法练习。如:

把下面的词语按照正确的语序连接起来,组成一个有意义的句子:
① 根本 打算 不 出去 我
② 香港 他 从来 去 没 过
③ 他 把 这本书 想 给 送你
④ 他 批评 今天 老师 被 没

一般来说,给出的词语不宜太多,否则难度会大大提高,重点也无法突出。另外,由于缺乏上下文,有时会有多个答案。

2.2.7 翻译练习

翻译练习包括句子翻译练习和词语替换翻译。

2.2.7.1 句子翻译练习

句子翻译练习包括把汉语的句子翻译成学生的母语和把学生的母语翻译成汉语两种,后一种更为多见。如:

把下列句子译成汉语:
① She sings very well.
② He gets up early everyday.
③ You are dressed so beautifully today.

在国外的课堂上和供外国使用的教材中,这一练习是比较常见的,国内则少使用这种练习。除了教学理念上的原因以外,国内的对外汉语教学课堂上,学生往往来自不同的国家,也使这一练习无法操作。

有控制地运用翻译练习,有助于学生自觉地对比两种语言在表达形式上和表达功能上的差异。但是翻译练习的弊病也是比较突出的,有些错误其实是翻译"诱导"出来的,有些汉语表达方式很难用外语准确地表达出来,过多地依赖翻译也不利于培养学生直接用汉语思维的习惯。

至于高级阶段的翻译课,那又是另外一回事了。要区别两种"翻译",我们这里说的翻译,其目的是要引起学生对两种语言的形式结构和表达方式的差异的关注,是通过翻译练习提高汉语的语言水平,而高级阶段的翻译课,是要培养学生的翻译技巧和语言能力。

2.2.7.2　词语替换翻译

在替换练习中用学生母语提示要替换的词。

比如练习表示正在进行的句型时,可以这样做:

师:我走进宿舍的时候,小王正在做作业呢。
is writing a letter.(指生1)
生1:我走进宿舍的时候,小王正在写信呢。
师:is drinking beer.(指生2)
生2:我走进宿舍的时候,小王正在喝啤酒呢。

注意:在进行翻译练习时,教师应当注意所给外文词要简洁。

2.2.8　连句成篇

这是培养语篇表达能力的一种方式。如:

把下面的句子按照恰当的顺序连接起来,组成一段文章。在连接的过程中,可能需要省略一些成分,同时补充一些起关联作用的词语。

① 为了给大女儿齐文娟选一个才貌双全的女婿,齐太尉决定在中秋节的晚上,邀请全城的才子到家里来赏花灯。
② 让齐文娟借这个机会选一个她满意的人。
③ 齐太尉有三个女儿,她们长得都很美。
④ 齐家一再派人去请赵旭之。
⑤ 赵旭之是全城最有名的人。
⑥ 赵旭之勉强来到齐家。
⑦ 赵旭之到齐家。
⑧ 赵旭之被齐文娟选中了。

【齐太尉有三个女儿,她们长得都很美。为了给大女儿齐文娟选一个才貌双全的女婿,齐太尉决定在中秋节的晚上,邀请全城的才子到家里来赏花灯。同时,让齐文娟借这个机会选一个她满意的人。赵旭之是全城最有名的人。齐家一再派人去请赵旭之,他才勉强来到齐家。赵旭之到齐家,就被齐文娟选中了。】

2.3　准交际性练习

2.3.1　复述练习

复述练习是让学生重复教师口述或教材的段落或课文。在语法的复述练习中,应当突出要练习的语法点。

复述练习包括完全复述、减缩复述、看图复述、扩展复述、分角色复述和将对话体改成叙述体叙述。

第七讲 对外汉语语法课堂教学常用方法与技巧(上)

2.3.1.1 完全复述

在听了教师演示的简单对话或叙述后,让学生准确地进行对话或叙述。这种复述也分为两种形式:一种是不提供任何提示和帮助,让学生把课文内容重新说一遍。如:

以前中国大学生的学习生活非常简单,可以说是"三点一线"——从宿舍到教室、图书馆,从教室、图书馆到食堂,再从食堂到宿舍。可是,现在大学生的学习生活越来越丰富了,卡拉 OK 厅、舞厅、健身房、网吧都是他们常去的地方。他们不但很会玩儿,而且学习也都非常努力。他们努力学习,为的是以后能找到一个好工作;他们"努力"玩儿,是因为工作以后就没有时间玩儿了。

另一种常见的形式是:让学生用几分钟时间准备,教师把课文里的关键词写在黑板上,让学生看着黑板复述课文内容。这种复述形式一方面比上一种在控制程度上更严格,学生自由发挥的空间大大缩小,但是另一方面,也大大降低了难度。教师在黑板上提供的关键词可多可少,取决于学生水平和准备程度。也可以先写得多一点,在学生轮流复述的过程中逐渐减少,最后一个复述的学生得到的帮助最少。仍以上段课文为例:

以前……可以说是"……"——从……到……、……,从……、……到……,再从……到……。可是,现在……,……、……、……都是……。他们不但……,而且……。他们努力学习,为的是……;他们"努力"玩儿,是因为……。

2.3.1.2 减缩复述

概括地说出教师的叙述或课文内容。如:

如果你打算去中国朋友家里做客,那么你应该了解怎么称呼朋友的家人,带什么礼物合适。

按照中国人的习惯,对朋友的父母可以叫叔叔、阿姨或伯父、伯母,对朋友的兄弟姐妹可以叫名字。

送给中国人的礼物,可以选择传统的茶、酒、点心、水果,也可以选择鲜花、巧克力。

其实,去中国人家里做客,没什么特别的规矩。如果你又有礼貌,又显得像回到自己家一样随便,主人一定会很高兴。

2.3.1.3 看图复述

听过叙述或看过一张图片后,看着教师预先准备好的图片复述。如:

这是小雨的家。书房里很安静,爸爸正在沙发上作者看报,妈妈在客厅里跟邻居喝着咖啡聊天儿,小雨在自己的房间里听着音乐看书。他们家的小猫在窗台上趴着睡觉呢。

2.3.1.4 扩展复述

即教师说出一个故事或对话的情景或梗概,学生据此进行发挥,进行对话或叙述练习。如:

故事梗概:

我的邻居是一个美丽的女孩儿,我发现她的名字叫爱乐(yuè)。我很高兴。因为我自己也是一个音乐迷。我每天下班后故意把音乐放得很大声,我觉得邻居女孩儿一定和我一起享受这优美的音乐。有一天,女孩儿来敲我的门,我开门以后,发现她不好意思地看着我,我以为她喜欢上了我……

以"对话体"为例:

情景是男孩儿和女孩儿在屋子里的对话。
男孩儿:你好,我叫王明明。你喜欢听音乐吗?
女孩儿:我挺喜欢听的。
男孩儿:我每天下班后都放一段音乐,你听见了吗?
女孩儿:我听见了。
男孩儿:你吃水果、喝茶吧。
女孩儿:好,谢谢。
男孩儿:你的名字是爱乐(yuè)吧?
女孩儿:呵呵,其实我的名字是爱乐(lè)。因为我小时候很喜欢笑,所以叫爱乐。
男孩儿:噢,是这样。我以为你和我一样都是音乐迷呢。
女孩儿:我也是音乐迷,不过我喜欢听轻柔的音乐,所以……所以你以后可以放一点儿轻音乐吗?而且可以放得小声一点儿吗?因为你放音乐的时候我在做作业……
男孩儿:噢,好……好……一定一定。不好意思,打扰到你了。
女孩儿:没事儿。那我先走了。
男孩儿:好,那你慢走。
女孩儿:好,再见!

第七讲 对外汉语语法课堂教学常用方法与技巧(上)

男孩儿:再见!

2.3.1.5 分角色复述

让学生按课文或对话中的人物,分角色进行复述。

这一般是在学生熟悉了所学的课文后进行的。做这种练习时,可以让学生严格按课文复述,也可以有所改变,如果有足够的时间,甚至可以让学生发挥。

通过分角色复述,角色扮演,不仅能促使学生进一步熟练掌握课文内容,而且可以活跃气氛,展现课文的语境,帮助学生更准确地理解课文内容。

有些教师强烈主张要让学生背诵课文,认为背诵是学习外语的重要途径,甚至是最基本的途径。但是简单地要求学生把课文背出来,学生不一定有积极性,特别是西方学生,很不习惯背诵课文。这样,教师就需要采取某些策略。从某种意义上讲,复述和角色扮演就起到了促使学生在不知不觉中背诵课文的作用。

A:明天星期六,咱俩去香山玩儿玩儿,怎么样?

B:好主意。你说咱们怎么去呢?

A:坐公共汽车吧。去香山坐几路车啊?

B:我这儿有地图,咱们一起找找。

A:啊,先坐375路到颐和园,然后再倒331,坐到头就到了。没想到这么方便。

B:明天路上千万别堵车。上次去故宫,堵了差不多一个小时!

A:那是因为故宫在市区,沿途都是热闹的地方,所以很容易堵车。

2.3.1.6 将对话体改成叙述体叙述

对话体:

飞龙:没想到,才来一个星期,你跟服务员就很熟了。

李钟文:哪儿呀!我想请服务员帮我换个房间。

飞龙:怎么了? 你的房间有问题吗?

李钟文:不是。我跟我同屋的生活习惯完全不一样。

飞龙:我想没什么关系吧,一个月以后学习就结束了。

李钟文:你不知道,晚上我睡觉的时候,他学习;下午我要学习的时候,他偏偏要睡觉。

飞龙:这确实得换。服务员同意给你换了吗?

李钟文:她既没说同意,也没说不同意,只是说再等等。

叙述体:

李钟文想请服务员帮他换个房间。他和他同屋的生活习惯完全不一样。晚上他睡觉的时候,他同屋学习;下午他要学习的时候,他同屋偏偏要睡觉。服务员既没说同意,也没说不同意,只是说再等等。

2.3.2 真实问答练习

例如,教了时间表达方式,并且强调了"在汉语里时点应该在动词之前"这一规则,然后就可以就日常生活习惯进行问答(师生之间、同学之间):

> 回答问题:
> 你每天几点起床?
> 你一般几点睡觉?
> 你一般几点吃晚饭?

由于课堂环境的局限,有些语法点在教学上要设计真实回答是有困难的。另外,在设计这类问题时,还应该注意不要涉及个人隐私,要注意文化差异。

2.3.3 叙说练习

叙说可以分为两种。一种是针对某个语法点的,教师说前面一句(或几句),然后让学生说下去。如练习"连……也/都……":

> 教师:他很忙,没有时间玩儿,没有时间休息,没有时间睡觉。
> 学生:连吃饭的时间也没有。
> 教师:他的记性不好,出门常常忘了带钥匙,忘了朋友的生日,有的时候甚至……
> 学生:连自己家的地址也忘了。
> 学生:连自己的名字也忘了。

另外一种是,教师或某个同学开个头,大家一人一句把故事编下去,实现谁也无法预测故事最后的结果是什么。故事编的是否精彩取决于全体学生的合作精神,如编一个故事,用上"……的时候、根本、从来":

> A:小的时候,我从来没玩儿过玩具。
> B:因为小明(班里的同学)总偷妈妈给我买的新玩具。
> C(小明):小明根本没偷,是艾达(班里的同学)偷的。(大家笑)
> D:我小的时候从来没有过女朋友。
> E:因为我们班里根本没有女孩儿,都是男孩儿。
> ……

这样的练习一般适用于语篇练习。做这一练习的时候,要提醒学生注意上下文的衔接和连贯。

2.3.4 看图说话

看一幅图,说一说他们在干什么。以"把"字句为例:

他先把小白兔运到河对岸,然后他把船再划回来。然后他把大白菜运到河对岸,把小白兔装在船上运回来。他把小白兔放在岸上,然后把狼放在船上,再把狼运到对岸。他再把船划回来,把小白兔再放到船上,再把船划过去。这样,狼就不会吃兔子,兔子也不会吃白菜,它们都运到了对岸。这个人真聪明。

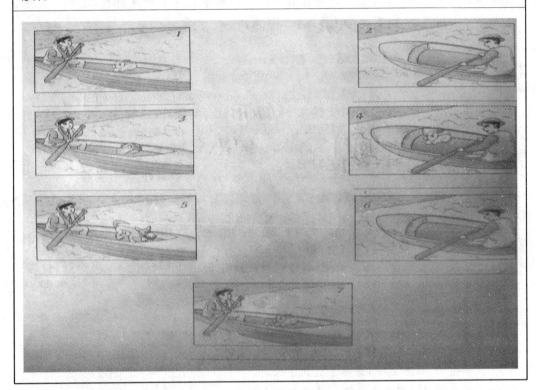

2.3.5 描述练习

让学生对环境和自己的情况进行说明。这种练习可以只主要练习一个语法点,如在学习"被"字句时,说一说你倒霉的一天。也可以综合各语法点练习。如介绍一家饭馆,你的宿舍或你的家。可以用到"方位词,存在句,既……也……,A是A,可是/不过/但是……,不但……而且……"。

2.3.5.1 只练习一个语法点

今天早上起床的时候,我的牛奶和面包被同屋吃了。早上出来的时候,刮大风,帽子被风刮走了。我对面的人没看清楚路,所以我被他撞了,我的腿被他撞青了。我被他送到医院,我的腿没什么大问题。可是我上课迟到了,被老师批评了,我心里很难过。今天真倒霉。

2.3.5.2 综合各语法点练习

我最喜欢的那家饭馆在学校的前面。那儿既干净又舒适,我和同屋都很喜欢去那儿。那儿不但环境很好,而且服务员既热情又周到,她们总是微笑服务。那儿的菜既好吃又不腻,所以那儿的外国客人不少。那家饭馆好吃是好吃,不过有点贵。服务员热情是热情,不过说话的声音大了点。

2.4 交际性练习

如自由会话、课堂讨论、社会实践等。除了语言社会实践外,一般是在课堂上模拟社会真实交际情境,开展语篇层次上的有意义的活动。内容不受限制,学生有自由创造发挥的广阔空间,不仅培养语言能力,同时也培养语言交际能力。以"课堂讨论"为例。

教师要求学生讨论周末出去玩儿去哪个地方好,什么时候去好,怎么去好。

学生A:这个周末你想去哪儿?天坛还是颐和园?
学生B:天坛和颐和园我都去过了,要不咱们去长城吧。
学生A:长城太远了,而且天也太冷。
学生B:要是你不想去长城,那咱们就去故宫吧。
学生A:我没去过故宫,那咱们就去吧。
学生B:好。那咱们几点去呢?
学生A:咱们星期六早上9点去怎么样?
学生B:9点我怕堵车,要不咱们早一点儿出发吧?
学生A:那8点吧,太早了我起不来。
学生B:好,那就八点吧。那咱们怎么去呢?
学生A:咱们坐公共汽车去吧,我还没坐过北京的公共汽车。
学生B:坐公共汽车不太方便,要倒好几次车。
学生A:那坐地铁怎么样?
学生B:坐地铁比较方便,而且也不用担心堵车。这下我们可以9点出发了。
学生A:好主意。那我们星期六在哪儿见面呢?
学生B:在6号楼门口见吧。
学生A:好,那星期六早上9点在6号楼门口见。
学生B:好的,不见不散。

每对学生讨论的内容及句式可能都不一样,但是都是基于本课的句型或者以前学过的句型。这样学生说话的自由度会大一些,但是错误也可能更多,教师要及时发现、记录,等学生说完后给予点评和纠正。

第八讲　对外汉语语法课堂教学常用方法与技巧（下）

从排序上讲，应该按照导入语法点、解释语法点和练习语法点的逻辑顺序讲解，但考虑到每一讲的篇幅要大体匀称，所以上一讲将如何导入语法点和如何练习语法点放在一起，而将如何解释语法点后置，单独设为本讲。

三　如何解释语法点

怎么教汉语语法，需注意汉语自身的特点，遵循语法教学的原则，符合学习对象的习得规律，注意语法点由易到难的衔接，采用最适合的方法在汉语学习中巧妙地讲解、训练不同的语法点。下面从解释的角度举例介绍12种常用的语法教学方法。

这12种教学方法分别是：1.对比法；2.公式符号法；3.归纳法（示例法）；4.演绎法；5.情景法；6.图示法；7.翻译法；8.以旧释新法（以旧带新法）；9.简化法；10.发现法；11.解释法；12.综合法。

3.1　对比法

对比法具体又分几类：
1) 汉外对比：通过汉语与外语（即学生母语）对比，显示两种语言相关语法点的差异。
2) 汉语内部对比：
   a. 相近语法点的对比，通过对比揭示相近语法点的同中之异。
   b. 相反语法点的对比，通过对比突显相反语法点具体的不同之处。
   c. 有和无的对比，有某个语法点和无某个语法点的句子之间的对比，通过对比显示该语法点的意义和作用。
3) 正误对比，也就是目的语和中介语的对比：将汉语中正确的句子与学生的典型误句进行对比,从中揭示汉语语法规则,同时也使学生注意避免同类偏误。

下面结合对外汉语教学的具体实例来逐一说明。

3.1.1 汉外对比,如汉英词对比:

汉语中的**"常常"**与英语中的**"often"**的对比:

"常常"从意义上说,它只是单纯指动作、行为经常发生;从用法上说,不管动作或行为发生在过去、现在或将来,只要是经常发生的,都可以用"常常"来说明。

对英语为母语的学生,可以采用汉英对比的方法来说明"常常"跟"often"用法上的不同。可以告诉他们,"常常"跟英语的"often"的意义基本相同,但二者在句中的位置有所不同:英文的"often"既可以用在句中动词的前面,也可以用在句子最前面表示人或事物的词语之前,甚至还可以放在句子的最后;汉语的"常常"一般只用于句中动词的前面,通常不能用于句首或句末。为了让他们把"常常"和"often"区分开来,可以让学生做翻译练习,就是给他们一些"often"用于句首或句末的英文句子,让他们翻译成中文。在他们翻译出来的句子中,如果出现"常常"位置不当的错误,就可以再次强调二者位置上的不同,或让他们自己再想想老师说过的二者在位置上有什么不同,然后让学生自己改正错误。

又如汉英句子成分对比:

一个英语句子里如果有几个状语,它们通常的顺序是:(1)地点或趋向;(2)状态或方式;(3)次数;(4)时间。汉语里动词前的状语是:语气助词＋时间＋地方＋对象＋怎么样＋动词。英语中这样说:

He went to Shanghai by train yesterday.

汉语却要这样说:

他昨天坐火车去上海了。

这样对比,学生印象直观,更容易明白句子成分的位置。

再如汉英句型对比:

汉英形容词谓语句的对比:

在教汉语形容词的时候,如果大部分学生的母语是英语或者大部分学生懂英语的话,可以把汉语形容词谓语句和英语形容词谓语句对比。如:

He	is	handsome.
他		很 帅

让学生观察两者的差别:英语里形容词前有动词 be,汉语里没有;汉语相应的句子里有"很",而英语原文并没有表达 very 的意思。然后,教师可以进一步说明:一、汉语形容词作谓语时不需要用"是";二、在陈述句里,形容词前往往有修饰成分,否

第八讲　对外汉语语法课堂教学常用方法与技巧(下)

则在汉语里表示对比意义。这里的"很"表达程度有的意义很弱,不一定是 very 的意思。

3.1.2　汉语内部对比
a. 相近语法点的对比。如：

"刚才"和**"刚"**是初学汉语的外国学生常常弄混的两个词,原因是这两个词都有"不久"的意思,而且都可以用在动词前表示动作发生的时间。但是它们在意义、词性和用法上还是有区别的。

在教材中,"刚才"和"刚"通常是分别出现在不同的课文里。如果先学"刚才",可以单独讲解它的意义、词性和用法,但到后来教"刚"的时候,就应该把它们放在一起进行对比,这样可以帮助学生们对二者分辨清楚。

为了说明"刚才"和"刚"意义上的区别,可以举出下面这两组例句：

刚才　　　　　　　　　　　　　　　刚

① 刚才她还在这儿,现在她已经走了。　　　⑤ 她刚走。

② ＊去年9月他刚才到北京,就认识了这位中国朋友。　　　⑥ 去年9月他刚到北京,就认识了这位中国朋友。

③ ＊我估计明天他刚才到你就得走了。　　　⑦ 我估计明天他刚到你就得走了。

④ ＊我刚才工作了一年,经验还不足。　　　⑧ 我刚工作了一年,经验还不足。

通过这两组例句可以看出："刚才"是以说话的时间为基点,指说话前不久的那个时间,跟"现在"相对,如例①。它不能指很久以前的时间,也不能指将来的时间,也不表示说话人主观上对时间的感觉,所以②③④都是错误的。"刚"是以动作或事情的发生为基点,指动作或事情发生不久,可以用于过去,如例⑥,也可以用于将来,如例⑦。同时还要强调的是"刚"表示的是说话人主观上感觉那个动作或事情发生不久或时间不长,如例⑧中,"我"已工作了一年,但相对于那些工作多年,经验丰富的同事,"我"觉得自己工作并不久,工作的时间并不长。

讲完了"刚才"和"刚"意义上的区别,就应该继续说明二者在词性和用法上的不同。首先可以告诉学生,"刚才"是时间名词,就像"今天""现在"一样;"刚"是副词,就像"就""才"一样。然后举例说明二者用法上的不同。

刚才	刚
⑨ A. 刚才真热。	B. *刚真热。
⑩ A. 刚才的事我都忘了。	B. *刚的事我都忘了。
⑪ A. 现在比刚才凉快些了。	B. *现在比刚凉快些了。
⑫ A. 刚才他打了个电话。	B. *刚他打了个电话。
⑬ A. 他刚才打了个电话。	B. 昨天你刚走,他就来了。

从这些例子,可以看出"刚才"在句中可以有好几个位置:可以放在句子的最前头,作为说明的对象(作主语),如例⑨ A 句;可以带上"的"放在表示事物的名词前边(作定语),修饰或限制那个名词,如例⑩ A 句;还可以放在"比""从"等介词的后边(作介词的宾语),构成"比刚才""从刚才"等短语,去说明后边的动词或形容词(作状语),如例⑪ A 句。"刚才"的这几种位置(和功能)都是"刚"所没有的,如例⑨⑩⑪的 B 句都是错误的句子。即使是表示动作或状态发生或出现的时间(作状语),"刚才"也有两个位置,一个是在句首,而且是在该句的说明对象(主语)之前,如例⑫ A 句;另一个是在那个说明对象之后、动词或形容词之前,如例⑬ A 句。而"刚"作为副词,只能放在主语之后、动词或形容词之前(作状语),如例⑬的 B 句;而不能像"刚才"那样放在句首主语之前,所以例⑫ B 句也是错误的句子。

"刚"还经常跟"就""又"搭配使用,"刚"在前,"就"或"又"在后,如例⑬ B 句。"刚才"和"刚"的否定形式也不同,如:

⑭ A. 他刚才没来这儿。　　　　　　B. 她刚才不舒服。

⑮ 他不是刚开始学汉语,他已经学了一年了。

从这两例,老师可以归纳出:用"刚才"的句子可以用"没"也可以用"不"否定,否定词都在"刚才"之后;而"刚"的否定则用"不是",否定词在"刚"之前。板书二者不同的否定形式:

刚才+没/不……

不是+刚……

以上通过对比法和归纳法,说明了"刚才"和"刚"在意义、词性和用法上不同。在教学中,由于二者一般是分别出现在初级阶段教材中不同的课文里,所以在分别讲解"刚才"和"刚"的意义和用法时,也可以参考这里的说明。只是我们建议,这两个词,教完第一个,在教第二个的时候,应该采用对比法来凸显二者的区别。

再如:

"**常常**"和"**往往**"都是副词,都可以表示动作、行为发生的次数多,都有"经常"的意思。然而"常常"的意义和用法都比较简单。从意义上说,它只是单纯指动作、行为经常发生;从用法上说,不管动作或行为发生在过去、现在或将来,只要是经常发

第八讲　对外汉语语法课堂教学常用方法与技巧(下)

生的,都可以用"常常"来说明。如:

① 小时候,我常常去那个地方玩。　　（过去）
② 现在我常常跟中国朋友在一起聊天。　　（现在）
③ 明年我到中国留学后,我肯定会常常给你发 E-mail 的。　　（将来）

"往往"的意义和用法要比"常常"复杂,学生使用时也容易出错。所以,教学上,应该先教"常常",后教"往往";在教"往往"时,可以采用对比法。

具体说就是把"往往"跟"常常"进行对比,同时在对比中启发学生,使他们在老师的启发引导下发现二者的异同。

在展示"往往"之前,可以通过师生对话,简要地复习一下上述"常常"的意义和用法,然后板书以下几组例句:

　　常常　　　　　　　　　　　　　　往往

④ A. 我弟弟常常看电影。　　　B. 星期六晚上我往往去看电影。
⑤ A. 我常常用电脑工作。　　　B. 穷人家的孩子往往没有钱买电脑。
⑥ A. 我希望常常见到她。　　　B. 去那个餐厅吃饭的时候,我往往能见到她。
⑦ A. 欢迎你们以后常常来我家玩。　B. 以前他们有空的时候往往到我家来玩。

让学生将各组 A、B 两句对比后,问学生:"④⑤⑥ A 句中有没有表示时间、地点或其他条件的词语？可不可以加上那样的词语？""这三例的 B 句中有没有时间、地点或其他条件的词语？可不可以去掉那些表示时间、地点或某一类人等条件的词语？为什么？""这四例 B 句中的'往往'可不可以用'常常'来替换？为什么？""这四例 A 句中的'常常'可不可以用'往往'来替换？为什么？"通过这样的对比、启发和学生的回答,学生就有可能发现:

a."常常"和"往往"都表示频率高,因此"常常"一般可以用来替换"往往";

b.但是"常常"只是单纯地表示频率高,因此句中可以不需要表示时间、地点或其他条件的词语;而"往往"则表示在一定条件下、有规律性的频率高,句中必须有表示具体条件的词语,所以"常常"不一定能用"往往"替换,如④⑤⑥ A 句中的"常常"就不能用"往往"替换;

c."常常"可以用于过去、现在和将来的事情;而"往往"只能用于过去和现在的事情,不用于将来的事情,所以例⑦ A 句中的"常常"也不能用"往往"来替换;

d."常常"可以用于主观意愿,"往往"不能,像例⑥ A 那样句中有表示主观意愿的"希望"一类词语的句子中只能用"常常",不能用"往往"。

又如,比较"有点儿"和"比较"在程度和意义方面的不同:"有点儿"表示程度不高,一般只用在不愉快、不喜欢的事情上。看下表:

	有点儿	比较
贵	这儿的东西有点儿贵。	这儿的东西比较贵。
便宜	*这儿的东西有点儿便宜。	这儿的东西比较便宜。

"贵"是我们不喜欢的,"便宜"是我们喜欢的。"比较贵""比较便宜"都能说,但只能说"有点儿贵",不能说"有点儿便宜"。

对比的结果可由老师直接告诉学生,但是最好让学生观察、分析、讨论一下,尽量让学生自己去发现问题,解决问题。一般来说,"有点儿"与"一点儿"是学生更易混淆的,我们也比较一下。

"一点儿"是量词,表示少量,常修饰名词:"一点儿+N";"一点儿"可用在形容词后,表示程度轻微,即"adj.+一点儿"。

"有点儿"常用在心理动词或形容词前作状语,也表示程度轻微,即"有点儿+心理V","有点儿+adj."。"有点儿"和"一点儿"都可以和形容词搭配,区别是(如下表所示):

	有点儿	一点儿
+adj.	√ 多表示评价或不如意的意思,如:这件衣服有点儿贵;我有点儿累。	×
adj.+	×	√ 表示比较, 可以是两个东西的比较,如:这件衣服比那件衣服贵一点儿; 也可以是两种情况的比较,所以我们常把这种情况用在祈使句中来"提出自己的希望和要求",如:请走慢一点儿。
+心理V	√ 如:我有点喜欢他了。	×
+N	×	√ 如:我喝了一点儿酒。

注意:有点儿+N 时,"有"是动词,"点儿"是"一点儿"的省略,与上述的"有点儿"不同,若是学生提出这样的问题,教师可解答。

再如,两种句型的比较:

学生很早就会接触到"存在句"。简单的"存在句"有三种,两个形式:
某处+有/是+某物

第八讲 对外汉语语法课堂教学常用方法与技巧(下)

某物＋在＋某处

首先来比较一下"某处＋有＋某物"和"某物＋在＋某处",即"P＋有＋N"和"N＋在＋P"。

两者的语义重点不同,前者在于描写(门前有几棵树、几盆花)、说明新发现(哎,你屋子里有个人!),通常着重于整个句子的信息;后者的侧重点在于说明 N 的位置(我女朋友在上海呢)。当然,这种解释不包括疑问句和排比句。

这样,在教学时可以设计这样的回答:

教师:你觉得北京怎么样?

学生:很好。

教师:怎么好?

学生:北京有很多公园,有很多名胜古迹。

教师:北京有很多公园,有很多名胜古迹。

对于"N＋在＋P",则可以多提一些问题,使学生理解,如:

教师:你妈妈在哪儿?

学生:我妈妈在东京。

教师:你的书包在哪儿?

学生:我的书包在桌子下。

接着来比较一下"某处＋有＋某物"和"某处＋是＋某物",即"P＋有＋N"和"P＋是＋N"。

a. 用"有"的句子只说明某处存在某人或某物,在于描写;用"是"的句子有的时候是已知某处存在某人或某物,而要进一步说明是谁或是什么。如:

① 厕所里有人。

② 厕所里是人。(意思是厕所里不是动物或别的东西)

③ 厕所里是小王。(告诉我们厕所里是谁)

b. "有"字句的宾语是不确指的;而"是"字句的宾语可以是确指的,也可以是不确指的。如可以说"图书馆对面是我们学校",但不可以说"图书馆对面有我们学校"。

b. 相反语法点的对比。如词语的对比:

"就"和"才"

"就"的出现可能比"才"早,或者两者同时出现,即使"就"的出现比"才"晚,也可在学习时以旧带新对比来讲。此处是"就"的出现比"才"早。

(板书)"就"所在句子的结构:

人或事物＋时间＋就＋动作　　或:主语＋时间状语＋就＋动词

这两种格式,板书哪一种,取决于咱们的学生对语法了解的程度,如果完全不了解什么是动词,什么是主语、状语,就板书前一种格式;如果了解,则可以板书后一种格式。

　　在这之后,就要进一步引导学生了解用"就"的句子末尾经常带"了"的特点。用"就"表示说话者认为动作或事情发生得早的句子末尾通常要带"了",这个"了"表示事情发生了变化或出现了新情况。这时可以将已板书的句子格式改为:

　　人或事物＋时间＋就＋动作(＋地方/事物/人物)＋了

　　或:主语＋时间状语＋就＋动词(＋宾语/补语)＋了

　　"才"的教学往往是在教了"就"之后,这样在教"才"时就可以将"才"与"就"进行对比,从而加深理解。比如,可以将上次教"就"的三个例句再板书出来或利用投影仪展示出来,同时在各句后面,再加上一个用"才"的例句:

① 小王早上8点就来了。　　　④ 小李早上8点才来。
② 小李下午3点就回到家了。　⑤ 小张下午3点才回到家。
③ 他晚上7点就去图书馆了。　⑥ 她晚上7点才去图书馆。

　　这样,通过对比,就可以让学生了解到,在基本相同的语境下,"才"与"就"所表达的语法意义正好相反:"才"表示说话人认为动作或事情发生得晚;在用法上"才"在句中的位置与"就"相同,但用"才"的句子末尾一般不能带"了"。

　　为了突显"就"与"才"是说话人主观上认为早和晚,还可以这样举例:

　　提问:"你们几点上课?"

　　不同的学生有不同的回答:

　　8点半就上课了。(不喜欢学习的学生觉得8点半上课太早了。)

　　8点半才上课。(喜欢学习的学生希望早点上课,所以觉得8点半上课晚了。)

　　"才"也可以与"都"对比来讲。

　　"都"和"才"

　　"都"和"才"的后面都可以加表示时间、数量、年龄的短语,可是意思不一样。"都"＋时间/年龄/数量表示时间长、晚,年龄大,数量多;"才"＋时间/年龄/数量表示时间短、早,年龄小,数量少。因此,可以用对比的方式呈现、讲解。

	都	才
时间晚/早	都凌晨2点了,可是他还没睡觉。	才晚上8点,他就已经睡觉了。
时间长/短	都做了3个小时了,还没做完作业。	她才写了30分钟,就做完作业了。
年龄大/小	都35岁了,可是她还没结婚。	才22岁,她已经有2个孩子了。
数量多/少	这个月都给了他1000块了,他怎么还要?	才给了他500块,他就说够了。

　　c.有和无的对比。有某个语法点和无某个语法点的句子之间的对比。通过对比显示该语法点的意义和作用。

第八讲　对外汉语语法课堂教学常用方法与技巧(下)

"了"在现代汉语中主要有两种用法:一种是用在句中动词后,表示动作的完成;一种是用在句末,主要表示发生了变化,出现了新情况,还有成句的作用。这里我们说的是第一种。

教师可以通过对比法来加深学生对"了"的意义和用法的印象,可以用印好的片子或板书的方式展示对比的句子:

① A. 我要喝咖啡。　　　　　　B. 我喝了一杯咖啡。
② A. 明天我们学习第五课。　　B. 昨天我们学习了第五课。

让学生朗读后说明或由老师说明每一组中的前后两个句子的不同:前面的句子中有"要""明天",表明动作还没发生或完成,所以动词后不能用"了";后面的句中动词后用"了"表示动作已完成,句中常常有表示过去时间的词语,如"昨天";没有明确时间词时,也表示某个动作或行为已在过去某时完成,如例①B句。

然后再举一组例句:

③ 我昨晚看了一个电影。
④ 我现在才明白了你的意思。
⑤ 明天我下了课就去找你。

通过这组例句,说明"了"只与动作的完成有关,与动作发生的时间无关,如例③④⑤的动作分别发生在"昨晚""现在"和"明天"。可见,"了"只是表示那个动作的完成,而那个动作既可以发生在过去,也可以发生在现在或将来。

3.1.3　正误对比,也就是目的语和中介语的对比:

将汉语中正确的句子与学生的典型误句进行对比,从中揭示汉语语法规则,同时也使学生注意避免同类偏误。

关于什么时候不该用"了",首先要向学生说明句中"了"表示动作的完成,但并非所有表示动作完成的情况都要用"了"。然后可以通过正误句的对比辨析让学生了解哪些情况不该用"了",如可以将正误相对的一组一组句子印发给学生,或板书出来,让他们和老师一起来分析:

⑥ A. 我根本没说这句话。　　　B. *我根本没说了这句话。
⑦ A. 我常常吃中国饭。　　　　B. *我常常吃了中国饭。
⑧ A. 我打算买一台电脑。　　　B. *我打算了买一台电脑。
⑨ A. 他对她说:"我喜欢你。"　　B. *他对她说了:"我喜欢你。"

对比辨析后,老师就可以根据这些例句总结概括出不能使用"了"的一些规则:

a. 否定句中用了"没"或"没有"之后,一般不能再用"了";

b. 表示经常性动作行为的动词后不能用"了";
c. 动词后带动词性宾语时不能用"了";
d. 动词在直接引语前(或后)不能用"了"。

当然这只是举例性的,实际不能用"了"的情况还不止这些,也并非一定要完全按上面的这些顺序来讲。在教学中可以根据课文的内容和语法点的安排,分成几次来讲,这里只是介绍了引入和讲解这些规则的一种方法而已。

3.2 公式符号法

所谓公式符号法,就是用公式和符号将语法点的形式列出,简明扼要、便于记忆的方法。

首先介绍一些英文符号的简写,以便在教学中使用。

  n—noun—名词
  v—verb—动词
  adj.—adjective—形容词
  adv.—adverb—副词
  pron.—pronoun—代词
  conj.—conjunction—连词
  prep.—preposition—介词
  mw—measure word—量词
  nw—numeral measure word—数量词
  vp—verbal phrase—动词短语
  S—subject—主语
  O—object—宾语
  C—complement—补语
  sth.—something—某事
  sb.—somebody—某人

这些是目前在教材编写中或实际课堂教学中使用的一些英文缩写和省略符号,使用这些符号,有助于简化和书写公式,同时方便学生对语法点的记忆,教师写起来也省时省力,使课堂结构更紧凑。

下面介绍一些语法点的公式化的例子,有的语法点是汉语加英文缩写(或简写),有的只有汉语。

第八讲 对外汉语语法课堂教学常用方法与技巧(下)

3.2.1 "把"字句和"被"字句

A+把+B+V+到+place	B+被+A+V+到+place
A+把+B+V+在+place	B+被+A+V+在+place
A+把+B+V+给+sb./sth.	B+被+A+V+给+sb./sth.
A+把+B+V+成+sb./sth.	B+被+A+V+成+sb./sth.
A+把+B+V+上/好/干净/进来	B+被+A+V+上/好/干净/进来
A+把+B+V+了	B+被+A+V+了

3.2.2 表示比较的句子

"比"字句		
A 比 B+adj.	A 跟 B 一样	A 有 B+adj.
A 不比 B+adj.	A 跟 B 不一样	A 没有 B+adj.
A 比 B+还/更+adj.	A 跟 B 一样+adj.	
A 比 B+adj.+一点儿/一些	A 跟 B 不一样+adj.	
A 比 B+adj.+得多/多了		

3.2.3 补语
3.2.3.1 程度补语

V+得+C	V+O+V+得+C

3.2.3.2 可能补语

V 得了	V 不了
V 得+adj./v	V 不+adj./v

3.2.3.3 结果补语

结果补语跟动词紧密结合,中间不能插入其他成分。有了结果的动作一般总是完成了的,常带"了"。

V+完/好/干净/住……	
O+V+完/好/干净/住……+了	
V+完/好/干净/住……+(O)+(了)	

3.2.3.4 趋向补语

简单趋向补语：V+来/去
复杂趋向补语：V+上/下/进/出/回/过/起+来；   　　　　　　V+上/下/进/出/回/过+去
复杂趋向补语带地点宾语时：V+上/下/进/出/回/过/起+O+来；   　　　　　　　　　　　　V+上/下/进/出/回/过+O+去

3.2.3.5 时量补语

无宾语形式	V+(了)+the time-measure complement(时量补语) e.g. 我昨天睡了8个小时。 e.g. 我每天学2个小时。
有宾语形式	Ⅰ V+O+V+(了)+the time-measure complement(时量补语) e.g. 我昨天写汉字写了8个小时。 e.g. 我昨天等她等了3个小时。 e.g. 我每天学汉语学2个小时。 此种形式宾语可以是人称代词,如"我昨天等她等了3个小时。"
	Ⅱ V+(了)+the time-measure complement(时量补语)+(的)+O e.g. 我昨天写了8个小时(的)汉字。 e.g. 我每天学2个小时(的)汉语。 此种形式宾语为非人称代词,不能说"我昨天等了3个小时(的)她。"Ⅰ和Ⅱ是不完全对称的。
对比分析	V+O+V+(了)+the time-measure complement(时量补语)此形式中动词表示的动作不能持续,从动作发生到某时(或说话时)的一段时间。 e.g. 我昨天写汉字写了8个小时。"写汉字"这个动作已经结束了,动作发出者在说话人说话时已经不写汉字了。
	V+O+V+(了)+the time-measure complement(时量补语)+了　此形式表示动作仍在进行。 e.g. 我写汉字写了8个小时了。"写汉字"这个动作还没结束,动作发出者在说话人说话时可能还在写汉字。

第八讲 对外汉语语法课堂教学常用方法与技巧(下)

3.2.3.6 动量补语

无宾语形式	V+(过/了)+the action-measure complement(时量补语) e.g. 我去过三次。 e.g. 我看了三遍。 e.g. 请你数一下儿。
有宾语形式	Ⅰ 次 V+(过/了)+n次+O(宾语为非人称代词) e.g. 我去过/了三次香山。 V+(过/了)+O+n次(宾语为人称或非人称代词) e.g. 我见过/了她三次。 e.g. 我去过/了香山三次。 O+V+(过/了)+n次(宾语为人称或非人称代词)e.g. 她我见过/了三次。 e.g. 香山我去过/了三次。 Ⅱ 遍 O+V+(过/了)+n遍(宾语为非人称代词) e.g. 那本书我看过/了三遍。 e.g. 这段课文请回去读两遍。 Ⅲ 一下儿 V+(了)+O+一下儿(宾语为人称代词) e.g. 妈妈打了孩子一下儿。 V+(了)+一下儿+O(宾语为人称或非人称代词) e.g. 妈妈打了一下儿孩子。 e.g. 他敲了一下儿钟。
对比分析	"遍"和"次"的不同:"遍"强调从开始到结束的整个过程,而"次"不包含这样的意味。 e.g. 那本书我看了三次,可我只看了一遍。 另外,"一下儿"除了表示动作的次数外,也可以表示动作经历的时间短,并带有轻松随便的意味。 e.g. 你的文章我看了一下儿。

3.2.4 存在句

存在句在形式上可以大概分为两种:一种是没有"着"的"是""在""有"字句;一种是"动词+着"表示存在的句子。

没有"着"的形式	place+有+sb./sth.(处所词+有+某人/某物) e.g. 教室里有3个同学。
	place+是+sb./sth.(处所词+是+某人/某物) e.g. 我的左边是小红。
	sb./sth.+在+place(某人/某物+在+处所词) e.g. 小红在我的左边。
"动词+着"的形式	place+V+着+NM+N e.g. 墙上挂着一张地图。

3.2.5 其他句型

一……就……	S 一 VP₁……就 VP₂……e.g.我一吃完饭就写作业。	
	S₁ 一 VP₁……S₂ 就 VP₂……e.g.他一出飞机场我就看见他了。	
动词+着	肯定形式:V 着 表示动作或状态的持续。 e.g.门开着。 正反疑问句形式:V 着没有? e.g.门开着没有? 否定形式:没(有)V 着 e.g.门没(有)开着.	
	带宾语形式:V 着+NM+O e.g.他穿着一件 T 恤衫。	
	V₁ 着 V₂+(O) V₁ 表示 V₂ 进行的方式 e.g.他听着音乐做作业。	
	V₁ 着 V₁ 着 V₂ 一个动作在进行中另一个动作出现了 e.g.他听着听着音乐睡着了。	
动词+过	肯定形式:V 过 表示某种动作曾经在过去发生 e.g.我去过香山。 正反疑问句形式:V 过没有? e.g.你去过香山没有? 否定形式:没(有)V 过。 e.g.我没(有)去过香山。	
强调否定	一+MW+(N)+也+不/没+V+…… e.g.我一次烤鸭也没吃过。 e.g.我一个中国朋友也没有。	
强调否定	一点儿也不+adj. e.g.我的宿舍一点儿也不舒服。 哪儿/谁/什么 etc.+都+也+不/没+V+…… e.g.昨天我哪儿都没去。 e.g.刚来中国我谁也不认识。 e.g.我感冒了,什么也不想吃。	
越来越……	越来越+adj. /心理 V 表示事物的程度随时间的变化而推移。 e.g.天气越来越热。 e.g.我越来越喜欢学汉语。	
又……又……	又+adj. / V+又+adj. / V 表示两种性质状态或动作行为同时存在。 e.g.我的房间又干净又舒适。 e.g.同学们在教室里又唱又跳。	
……来……去	V 来 V 去 相同的动作行为重复多次 e.g.孩子在房间里跑来跑去。	
表示感叹	真是+一+MW+N e.g.真是一个好天气。	

3.3 归纳法(示例法)

归纳法,也称示例法,就是在教学中先举出例句,然后从中归纳出语法形式、意义和规则。

3.3.1 以词语"常常"为例进行说明:

"常常"

在讲解"常常"的意义和用法时,可先给出例子,如:

① 小时候,我常常去那个地方玩。　　　　　　　　　　　　(过去)
② 现在我常常跟中国朋友在一起聊天。　　　　　　　　　　(现在)
③ 明年我到中国留学后,我肯定会常常给你发 E-mail 的。　(将来)

然后启发学生注意"常常"时间方面的特点,教师给予如下归纳:

从意义上说,它只是单纯指动作、行为经常发生;从用法上说,不管动作或行为发生在过去、现在或将来,只要是经常发生的,都可以用"常常"来说明。

3.3.2 以有标记的句型为例进行说明:

"比较句"

其中一个格式是:A 比 B adj. 一点儿。教师板书格式,然后展示一组数据,要求学生说出相应的"比"字句。

| 今天 | 30℃ | 昨天 | 29℃ 小王 |
| 60公斤 | 小张 | 56公斤 | |

学生:今天比昨天热一点儿。
　　　小王比小张重一点儿。

然后介绍第二个格式:A 比 B adj. 得多。教师把刚才的一组数据改动一下。

| 今天 | 35℃ | 昨天 | 20℃ |
| 小王 | 80公斤 | 小张 | 50公斤 |

学生:今天比昨天热得多。
　　　小王比小张重得多。

然后介绍第三个格式:A 比 B 还/更 adj.。教师把刚才的一组数据再改动一下。

| 今天 | 42℃ | 昨天 | 40℃ |
| 小王 | 100公斤 | 小张 | 80公斤 |

学生:今天比昨天还热。
　　　小王比小张更重。

在教师改动数据的过程中,学生自然意识到其中奥妙所在,对相关格式的意义也就心领神会了。这里不是形式归纳,而是意义归纳。

3.3.3 以无标记的句型为例进行说明:

无标记意义的被动句

在汉语中,意义被动句比"被"字句用得更多,然而由于"被"字句句首是动作的接受者,句中有"被"作为被动句的形态标志,这跟其他一些语言如英语、俄语、西班牙语、日语、韩语相似,因而外国学生掌握"被"字句相对要容易些;而意义被动句没有形态标志,要通过意义关系才能理解,因而外国学生掌握起来难度相对较大。

要展示意义被动句,最好选择日常生活中学生们熟悉的事物来做例子,如

① 饭做好了。
② 衣服都洗干净了。
③ 作业写完了。
④ 我到教室时,门已经开了。

然后由学生或老师归纳并由老师板书出这种句子的格式:动作接受者＋VP,同时要向学生说明意义被动句与"被"字句的区别:

a."被"字句主语(动作接受者)可以是人,也可以是事物;而意义被动句的主语通常是无生命的某事物,而不是人或其他有生命的事物。

b."被"字句中"被"后的动作发出者有时要表示,有时不要;而意义被动句的动作发出者一般都不必或无法指出来。

c."被"字句大多用于不愉快或受损害的事情;而意义被动句则没有这种限制,而且常用于叙述日常生活中的事情。

3.4 演绎法

演绎法,就是先说语法规则,再举例说明。

3.4.1 以词为例

形容词重叠的教学

首先,教师告诉学生在汉语里大多数的形容词是可以重叠的,说明形容词重叠的形式、意义、使用条件,并举几个例子。

第八讲　对外汉语语法课堂教学常用方法与技巧(下)

形式	单音节形容词重叠式：A→AA(的) e.g. 高→高高的＝很/非常高 　　　大→大大的＝很/非常大 双音节形容词重叠式：AB→AABB(的) e.g. 干净→干干净净的＝很/非常干净 　　　舒服→舒舒服服的＝很/非常舒服
意义	表示性质、状态的程度加深或加强描写,有时有喜爱的色彩。

其次,让学生用形容词的重叠形式描述一些对象,如让一个学生描述班里的另一个学生的样子:她个子高高的,皮肤白白的,脸圆圆的,眼睛大大的,鼻子高高的,嘴小小的,头发长长的、黑黑的、直直的,穿得漂漂亮亮的,每天都开开心心的。

最后,提醒学生,形容词重叠前面不可以再加"很""非常"等等,因为形容词重叠本身就有"很""非常"的意思,也不可以加"不"。

3.4.2　以句子成分为例

"可能补语"与"能"的异同(兼对比法)

在让学生说明可能补语的意思,或比较可能补语句与结果补语句或趋向补语句意思上的异同时,学生很可能会用"能"和"不能"来说明,这样就引出了可能补语与"能""不能"的异同问题。老师可以采用演绎法适时地说明:

(1)当句子是肯定句,表示动作者自身有能力或条件进行某动作或达到某结果或趋向时,可以用"能＋动"或"能＋动结/动趋"的格式,也可以用可能补语。如:

① A. 我能游500米。　　　　　≈B. 我游得了500米。
② A. 我能听懂英语。　　　　　≈B. 我听得懂英语。
③ A. 这座山我能爬上去。　　　≈B. 这座山我爬得上去。

各例A、B两句意思基本相同,但一般多用A句,即"能＋动"或"能＋动结/动趋"的格式。

(2)当句子是疑问句,表示请求对方同意时,用"能";当句子是否定句,表示"不同意""不可以"时,只能用"不能"。这两种情况都不能用可能补语的否定式。如:

① 我能进去吗?　　　　　　　不能说:＊我进得去吗?
② 这是女厕所,你不能进去。　不能说:＊这是女厕所,你进不去。

(3)当句子是否定句,要表示主客观条件不具备,因而无法实现某种结果或趋向时,一般只用可能补语。如:

① 行李太多,我拿不了。　　　　不能说:*行李太多,我不能拿。
② 这个门太小,大胖子进不去。　不能说:*这个门太小,大胖子不能进去。

3.4.3 以句型为例

"被"字句

首先,讲解被字句的意义、形式和使用条件,并举几个例子。

形式	S+被+O+V+…… 主语(受事)+被+介词的宾语(施事)+动词+其他成分 e.g. 我的面包被他吃了。 我的自行车被师傅修好了。
意义	"被"字句是用介词"被"引进动作的施事的句式,句子的主语是动作的受事。其中动词是有处置意义的动词。多数用于不愉快、不如意的事情,特别是在口语中。

其次,让学生用被字句描述自己倒霉的一天,如早上起来,我的面包被弟弟吃了,牛奶被妹妹喝了,我去车棚,发现自行车被人偷了,走路去上课,刮风了,帽子被风刮走了。

最后,提醒学生:

a. "被"字句的主语即受事是确指的,如"那封信被他取走了。"不能说"一封信被他取走了。"
b. "被"字句的谓语不能是单个动词,动词后要有其他成分。如"我的面包被他吃了。"不能说"我的面包被他吃。"
c. 表示人体自身部位动作的动词一般不用于"被"字句。如举(手)、抬(头)、踢(腿)、睁(眼)等。不能说"手被我举起来了。""头被我抬起来了。"
d. 否定动词和能愿动词要放在"被"的前面。如"我的自行车没被人借走。"不能说"我的自行车被人没借走。"

3.5 图示法

图示法,是指用图片或在黑板上画简笔画具体形象地表示某种抽象的语法意义和规则。

第八讲 对外汉语语法课堂教学常用方法与技巧(下)

3.5.1 以句子成分—趋向补语为例(图片)

V+来	上来	V+去	上去
首先分别显示上来、上去的图形,并标出说话人的位置、动作者的动作方向。 对于"上来"来说,说话人的位置在上面,动作由下而上。 对于"上去"来说,说话人的位置在下面,动作由下而上。 针对"图1"问学生:B在做什么?学生答:B在上楼。B从下面往上面走。 　　问学生:说话人A在哪儿?学生答:说话人A在上面。 　　这时A可以说,他上来了。 　　老师领读一遍"他上来了",然后叫几个同学说一下。 针对"图2"问学生:B在做什么?学生答:B在上楼。B从下面往上面走。 　　问学生:说话人A在哪儿?学生答:说话人A在下面。 　　这时A可以说,他上去了。			

这时A可以说,他上去了。
　　老师领读一遍"他上去了",然后叫几个同学说一下。
然后把"上来""上去"这两个动作放在一幅图里呈现,这个环节使用的是PPT,先只显示图片,找同学来说图片表达的内容,等同学说完,再显示说话人所说的内容。
对于"下来""下去"等组合,讲解、演示方法相同。

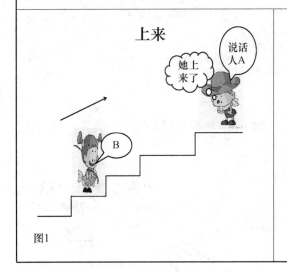

图1

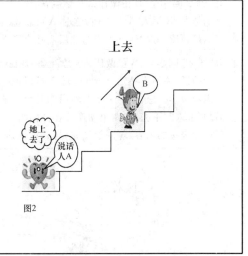

图2

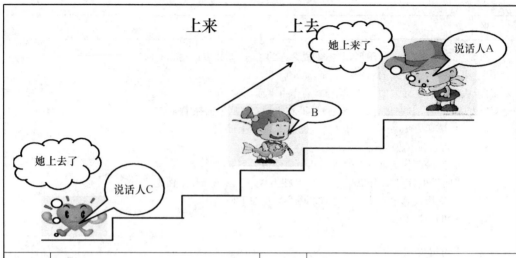

V+来	下来	V+去	下去

首先分别显示出来下来、下去的图形,并标出说话人的位置、动作者的动作方向。

对于"下来"来说,说话人的位置在下面,动作由上而下。

对于"下去"来说,说话人的位置在上面,动作由上而下。

针对"图1"问学生:B在做什么?学生答:B在下楼。B从上面往下面走。

　　老师说:说话人A在下面,这时A可以说,他下来了。

　　老师领读一遍"他下来了",然后叫几个同学说一下。

针对"图2"问学生:B在做什么?学生答:B在下楼。B从上面往下面走。

　　老师说:说话人A在上面,这时A可以说,他下去了。

　　老师领读一遍"他下去了",然后叫几个同学说一下。

然后把"下来""下去"这两个动作放在一幅图里呈现,这个环节使用的是PPT,先只显示图片,找同学来说图片表达的内容,等同学说完,再显示说话人所说的内容。

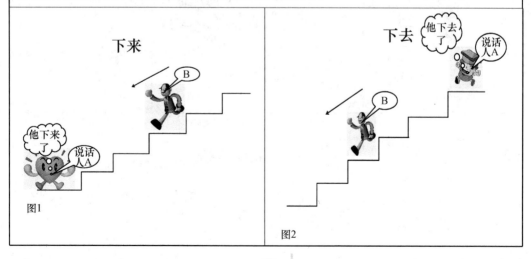

第八讲 对外汉语语法课堂教学常用方法与技巧(下)

续表

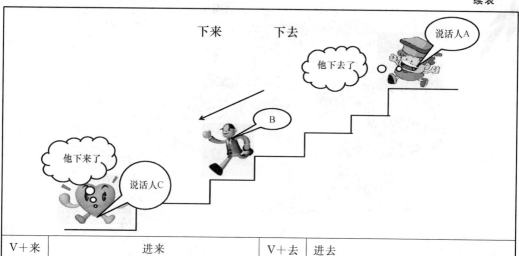

V+来	进来	V+去	进去

首先分别显示出来进来、进去的图形,并标出说话人的位置、动作者的动作方向。
对于"进来"来说,说话人的位置在里面,动作由外面到里面。
对于"进去"来说,说话人的位置在外面,动作由外面到里面。
针对"图1"问学生:B在做什么?学生答:B去教室。B从教室外面往里面走。
  问学生:说话人A在哪儿?学生答:说话人A在里面。
  这时A可以说,他进来了。
  老师领读一遍"他进来了",然后叫几个同学说一下。
针对"图2"问学生:B在做什么?学生答:B去教室。B从教室外面往里面走。
  问学生:说话人A在哪儿?学生答:说话人A在外面。
  这时A可以说,他进去了。
  老师领读一遍"他进去了",然后叫几个同学说一下。
然后把"进来""进去"这两个动作放在一幅图里呈现,这个环节使用的是PPT,先只显示图片,找同学来说图片表达的内容,等同学说完,再显示说话人所说的内容。

续表

| V+来 | 出来 | V+去 | 出去 |

首先分别显示出来、出去的图形,并标出说话人的位置、动作者的动作方向。
对于"出来"来说,说话人的位置在外面,动作由里面到外面。
对于"出去"来说,说话人的位置在里面,动作由里面到外面。
针对"图1"问学生:B在做什么?
学生答:B离开教室。B从教室里面往教室外面走。
问学生:说话人A在哪儿?学生答:说话人A在外面。
这时A可以说,他出来了。
老师领读一遍"他出来了",然后叫几个同学说一下。
针对"图2"问学生:B在做什么?
学生答:B离开教室。B从教室里面往教室外面走
问学生:说话人A在哪儿?
学生答:说话人A在里面。
这时A可以说,他出去了
老师领读一遍"他出去了",然后叫几个同学说一下。
然后把"出来""出去"这两个动作放在一幅图里呈现,这个环节使用的是PPT,先只显示图片,找同学来说图片表达的内容,等同学说完,再显示说话人所说的内容。

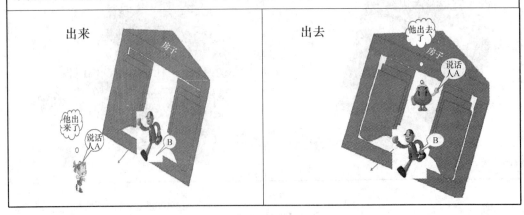

第八讲 对外汉语语法课堂教学常用方法与技巧(下)

续表

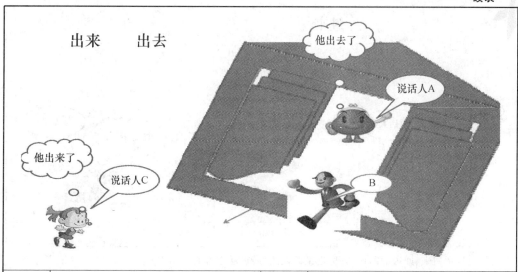

V+来	过来	V+去	过去

首先分别显示过来、过去的图形,并标出说话人的位置、动作者的动作方向。
对于"过来"来说,动作发出者走向说话人的位置。
对于"过去"来说,动作发出者离开说话人的位置。
针对"图1"问学生:B去哪儿?答:B走向A。
  老师说:这时A可以说,他过来了。
  老师领读一遍"他过来了",然后叫几个同学说一下。
针对"图2"问学生:B去哪儿?学生答:B走向A。
  老师说:这时A可以说,他过去了。
  老师领读一遍"他过去了",然后叫几个同学说一下。
然后把"过来""过去"这两个动作放在一幅图里呈现,这个环节使用的是PPT,先只显示图片,找同学来说图片表达的内容,等同学说完,再显示说话人所说的内容。

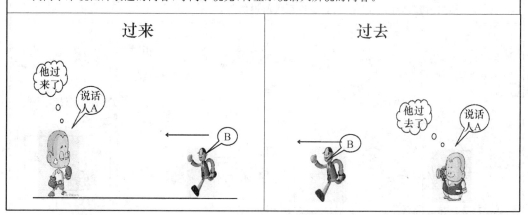

续表

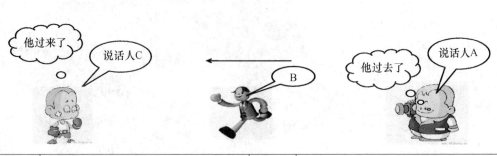

| V+来 | 回来 | V+去 | 回去 |

首先分别显示回来、回去的图形,并标出说话人的位置、动作者的动作方向。
对于"回来"来说,说话人在原位置,动作发出者从别的位置到原位置。
对于"回去"来说,说话人在别的位置,动作发出者从别的位置到原位置。
针对"图1"问学生:B去哪儿了? 答:B回家了。
  问学生:B是从哪国回家? 答:从公司。
  问学生:说话人A在哪儿? 答:在家。
  老师说:说话人A在家,这时A可以说,爸爸回来了。
  老师领读一遍"爸爸回来了",然后叫几个同学说一下。
针对"图2"问学生:B去哪儿了? 学生答:B回家。
  问学生:B是从哪回家? 答:从公司。
  问学生:说话人A在哪儿? 答:在公司。
  老师说:说话人A在公司,这时A可以说,他回去了。
  老师领读一遍"他回去了",然后叫几个同学说一下。
然后把"回来""回去"这两个动作放在一幅图里呈现,这个环节使用的是PPT,先只显示图片,找同学来说图片表达的内容,等同学说完,再显示说话人所说的内容。

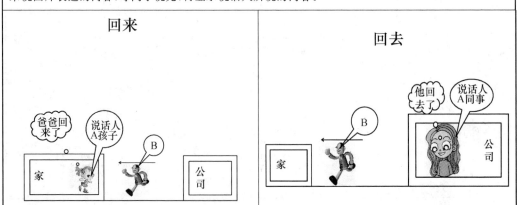

第八讲 对外汉语语法课堂教学常用方法与技巧(下)

续表

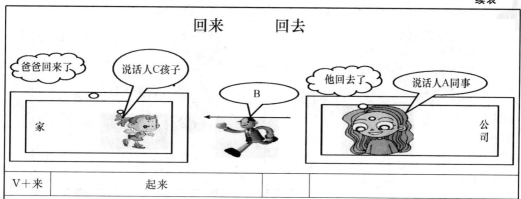

V+来	起来	

首先显示起来的图形,并标出说话人的位置、动作者的动作方向。
对于"起来"来说,动作离开原来的位置向上,说话人位置不定。
针对"图 1"问学生:snoopy 在做什么? 答:snoopy 在睡觉。
　　　　　　　snoopy 在做什么? 答:snoopy 起床了。
　老师说:这时说话人 A 可以说,他起来了。
　老师领读一遍"他起来了",然后叫几个同学说一下。
然后把"起来"这个动作放在一幅图里呈现,这个环节使用的是 PPT,先只显示图片,找同学来说图片表达的内容,等同学说完,再显示说话人所说的内容。
若教师很难找到合适的图片或者做图片很费时的话,可以采用在黑板上画简笔画的办法。

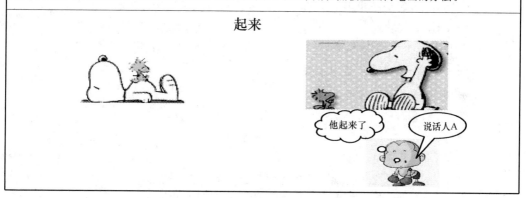

3.5.2 以句型为例来说明

"比"字句

比字句有多种格式,教师找到三张合适的图片,不断变换三张图片,便可将各种格式一一练到。下面举例来说明:A 比 B+adj.

小王　　　　　　　　　小李

教师将句型"A 比 B+adj."写在黑板上,然后指着图片问同学问题,同学若说得出来,教师就再重复一遍。同学若说不出来,教师就指着黑板说出句子,让学生看图领会。

老师:小王和小李谁高?
学生:小李高。
教师:对,小李比小王高。
老师:小王和小李谁胖?
学生:小李比小王胖。
教师:对,小李比小王胖。

还是看同一幅图,然后教师接着问:
老师:小李比小王高很多吗?
学生:不是。
教师:对,小李比小王高一点。或者说小李比小王高一些。
老师:小李比小王胖很多吗?
学生:小李比小王胖一点。(有的学生会回答小李比小王胖一些。)
教师:对,小李比小王胖一点。或者说小李比小王胖一些。

然后教师要告诉学生这里"一点儿"和"一些"的细微差别,"一些"的数量比"一点儿"多一点。

教师展示另外两幅图片,讲授"A 比 B+adj.+得多/多了"。

第八讲 对外汉语语法课堂教学常用方法与技巧(下)

老师:小李比小王高很多吗?

学生:对。

教师:对,小李比小王高得多。或者说小李比小王高多了。

老师:小李比小王胖很多吗?

学生:小李比小王胖得多。(有的学生会回答小李比小王胖多了。)

教师:对,小李比小王胖得多。或者说小李比小王胖多了。

教师再展示两幅图片,讲授"A 比 B+还/更+adj."。

老师：小李高吗？
学生：小李很高。
教师：小张高吗？
学生：小张也很高。
教师：小张和小李谁高？
学生：小张高。
老师：对，他们都很高。可是小张比小李更高。或者说小张比小李还高。（边说边指黑板）
学生：哦，小张比小李更高。（或者小张比小李还高。）
老师：小李胖吗？
学生：小李很胖。
教师：小张胖吗？
学生：小张也很胖。
教师：那么……
学生：小张比小李更胖。（或者小张比小李还胖。）
教师：对，小张比小李更胖。或者说小张比小李还胖。

接下来，教师讲授 A 比 B+adj.+数量。教师可把刚才用过的三幅图同时展现，并在图上标示出所要练习的数字。学生前面有了基础，下面的部分更容易脱口而出。

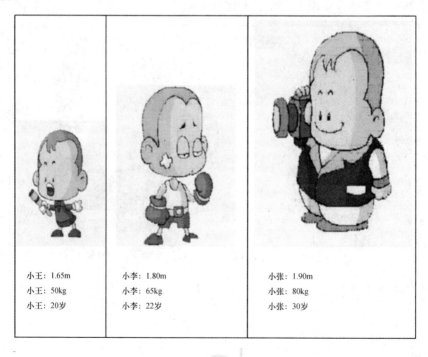

小王：1.65m　　小李：1.80m　　小张：1.90m
小王：50kg　　 小李：65kg　　 小张：80kg
小王：20岁　　 小李：22岁　　 小张：30岁

第八讲 对外汉语语法课堂教学常用方法与技巧(下)

老师:小王多高?
学生:小王 1.65 m。
教师:小李呢?
学生:小李:1.80 m。
教师:那么小李比小王高多少?
学生:小李比小王高 15 cm。
老师:很好,小李比小王高 15 cm。那么小张比小李高多少?
学生:哦,小张比小李高 10 cm。
老师:很好,小张比小李高 10 cm。
接下来教师就可以直接用 A 比 B+adj.+多少来提问。
教师:小李比小王重多少?
学生:小李比小王重 15 kg。
老师:很好,小李比小王重 15 kg。那么小张比小李重多少?
学生:哦,小张比小李也重 15 kg。
教师:应该说"小张也比小李重 15 kg。"
学生:哦,小张也比小李也重 15 kg。
教师:小李比小王大多少?
学生:小李比小王大 2 岁。
老师:很好,小李比小王大 2 岁。那么小张比小李大多少?
学生:哦,小张比小李大 8 岁。
老师:很好,小张比小李大 8 岁。

若教师很难找到合适的图片或者做图片很费时的话,可以采用在黑板上画简笔画的办法。这里就不再列举简笔画的画法了,讲法同上。

3.6 情景法

情景法具体又分两类类:课内情景和课外情景。

3.6.1 课内情景

课内情景包括利用利用课堂上的景物、环境及关系来说明语法点;也可以通过老师做动作或让学生做动作,来引出语法点或帮助学生理解语法点。即课堂景物法和动作演示法。

3.6.1.1 课堂景物法
3.6.1.1.1 以助词"着"为例:
在讲解"V 着"时,先解释"V 着"的意义,然后教师用课堂中现有的环境说句子。
老师:老师现在站着吗?(用手示意让学生注意自己)

学生：老师现在站着。

教师：你们呢？

学生：我们坐着。

教师：教室的窗户开着吗？（用手示意让学生注意看窗户）

学生：教室的窗户开着。

老师：还有什么开着？

学生：灯也开着。

教师：教室的空调关着吗？（用手示意让学生注意看空调）

学生：空调关着。

教师：还有什么开着？

学生：门也关着。

老师：很好。现在请你来说一说我们刚才说的有"着"的句子。

学生：老师现在站着，我们坐着。教室的窗户开着，灯也开着。教室的空调关着，门也关着。（教师可用手指物，让学生说出来，这样学生说的会比较有顺序，也比较能达到教师的要求。也可等学生自己说出来。或者先领学生说一遍，再让学生自己说一遍。或者找一个水平较好的学生说一遍，做个示范，然后让学生齐说。或者按学生的汉语水平逐个说，汉语水平较好的先说，不太好的可以先听一听，模仿一下，然后再说，这样不会挫伤水平一般的学生的信心，也更增加了水平较好的学生的自信。）

接下来讲解动词带宾语加"着"的形式"V着O"，先解释"V着O"的意义，然后同样教师用课堂中现有的环境说句子。首先教师要先确定学生知道所穿的服饰的名称，若学生不知道的话，教师选择最常用的写在黑板上。

老师：乔丹穿的衣服叫什么？

学生：T恤衫。（学生若回答不出来老师就要告诉学生，把汉字和拼音都写在黑板上）

然后依次问出牛仔裤、鞋、帽子、眼镜、手表、书包这些词。还要确定学生知道穿、戴、背这些动词。

教师：乔丹穿着什么？

学生：乔丹穿着T恤衫。

教师：对，乔丹穿着T恤衫。乔丹穿着……T恤衫？（要学生说出量词）

学生：乔丹穿着一件T恤衫。（学生说不出来教师要告诉）

老师：很好。乔丹穿着一件T恤衫。乔丹还穿着什么？

学生：乔丹还穿着一条牛仔裤。

教师：对，乔丹还穿着一条牛仔裤。乔丹还穿着什么？

学生：乔丹还穿着一双鞋。

第八讲　对外汉语语法课堂教学常用方法与技巧(下)

教师:对,乔丹还穿着一双鞋。小明戴着什么?(指着学生的眼镜)

学生:小明戴着眼镜。

教师:对,小明戴着眼镜。小明戴着一……眼镜?(要学生说出量词)

学生:小明戴着一……眼镜。(学生说不出来教师要告诉)

老师:小明戴着一副眼镜。

学生:哦,小明戴着一副眼镜。

教师:小明还戴着什么?

学生:小明戴着一个帽子。

教师:小明还戴着什么?

学生:小明戴着一个手表。

教师:小明戴着一块手表,不是一个手表。

学生:哦,小明戴着一块手表。

教师:小明背着什么?(教师让小明背上书包)

学生:小明背着一个书包。

老师:对,小明背着一个书包。很好。现在请你来说一说我们刚才说的有"着"的句子。

学生:乔丹穿着一件 T 恤衫、一条牛仔裤、一双鞋。小明戴着一副眼镜、一个帽子、一块手表。小明背着一个书包。(教师可用手先指一个人,然后指这个人穿、戴、背的东西,让学生说出来,这样学生说的会比较有顺序,也比较能达到教师的要求。也可等学生自己说出来。或者先领学生说一遍,再让学生自己说一遍,这样能把句子中多余的词去掉。否则学生可能说成"乔丹穿着一件 T 恤衫。乔丹穿着一条牛仔裤。乔丹穿着一双鞋。小明戴着一副眼镜。小明戴着一个帽子。小明戴着一块手表。小明背着一个书包"。或者找一个水平较好的学生说一遍,做个示范,教师纠正了一些表达上的错误和冗余之后,然后让学生齐说。或者按学生的汉语水平逐个说,汉语水平较好的先说,不太好的可以先听一听,模仿一下,然后再说,这样不会挫伤水平一般的学生的信心,也更增加了水平较好的学生的自信。)

若在下一课或者以后的课程中学到动词加"着"表示动作进行的方式的"V_1 着 V_2O"时,先解释"V_1 着 V_2O"的意义,然后同样教师用课堂中现有的环境说句子。

教师:老师在讲课吗?

学生:老师在讲课。

教师:老师现在站着吗?

学生:老师现在站着。

教师:好,那老师怎么讲课?(教师指着句型的公式符号)

学生:老师站着讲课。

教师:很好,老师站着讲课。

教师:你们在听老师讲课吗?
学生:我们在听老师讲课。
教师:对,你们在听课。你们现在坐着吗?
学生:我们现在坐着。
教师:好,那你们怎么听课?(教师指着句型的公式符号)
学生:我们坐着听课。
教师:很好,你们坐着听课。所以,老师……
学生:老师站着讲课,我们坐着听课。(这时可让全班同学一起说,也可以找几个同学单独说一说,练习一下新的语法点)

3.6.1.1.2 以"存在句"为例:

教师先讲存在句的意义和句型写在黑板上,简单地说一下它的意思。然后确保同学会使用前边、后边、左边、右边、上面、下面这些方位词。学生若不会,教师要在讲语法点之前将学生教会。教师:小明的后边是谁?(教师一手指着P+是+N这个句型,一手指着小明)

学生:小明的后边是玛丽。
教师:小明的前边是谁?
学生:小明的前边是田中。
教师:小明的左边是谁?
学生:小明的左边是乔丹。
教师:小明的右边是谁?
学生:小明的右边是艾达。
教师:很好。我们来一起说,小明的前边是田中,小明的后边是玛丽,小明的左边是乔丹,小明的右边是艾达。(然后找几个同学按前后左右的方式单独说一遍)
教师:那谁在小明的后边?(教师一手指着"N+在+P"这个句型,一手指着小明)

学生:玛丽在小明的后边。
教师:谁在小明的前边?
学生:田中在小明的前边。
教师:谁在小明的左边?
学生:乔丹在小明的左边。
教师:谁在小明的右边?
学生:艾达在小明的右边。
教师:很好。我们来一起说,田中在小明的前边,玛丽在小明的后边,乔丹在小明的左边,艾达在小明的右边。(然后找几个同学按前后左右的方式单独说一遍)
教师:那小明的桌子上面是什么?(教师一手指着"P+是+N"这个句型,一手

第八讲　对外汉语语法课堂教学常用方法与技巧(下)

指着小明的桌子上的东西)

　　学生:小明的桌子上面是一本书。

　　教师:很好。那小明的桌子下面是什么?

　　学生:小明的桌子下面是他的书包。

　　教师:很好。我们来一起说,小明的桌子上面是一本书,小明的桌子下面是他的书包。(然后找几个同学按前后左右的方式单独说一遍)

　　教师:说得很好。我们把刚才说过的所有的句子放在一起再说一遍。小明的前边是田中,小明的后边是玛丽,小明的左边是乔丹,小明的右边是艾达。田中在小明的前边,玛丽在小明的后边,乔丹在小明的左边,艾达在小明的右边。小明的桌子上面是一本书,小明的桌子下面是他的书包。(教师领说,教师边指边说)

3.6.1.2　动作演示法

3.6.1.2.1　以句子成分——结果补语为例进行说明:

教师先在黑板上试写一个非常小的字,然后问同学:

　　教师:你们看清楚这个字了吗?

　　学生:没看清楚。

　　教师用手把这个字盖住。

　　教师:你们看见这个字了吗?

　　学生:没看见。

　　教师非常小声地叫班里一位同学的名字。

　　教师:你们听清楚我叫的名字了吗?

　　学生:没听清楚。

　　教师无声地叫班里一位同学的名字。

　　教师:你们听见我叫的名字了吗?

　　学生:没听见。

　　教师故意对着一位同学叫别的同学的名字。

　　教师:我叫错他的名字了吗?

　　学生:你叫错了。

　　教师再叫一次这位同学的名字。

　　教师:我叫对他的名字了吗?

　　学生:你叫对了。

　　教师转身去擦黑板,第一次故意不擦干净。

　　教师:黑板我擦干净了吗?

　　学生:你没擦干净。

　　教师转身再去擦黑板,这一次擦得干干净净。

　　教师:黑板我擦干净了吗?

学生：你擦干净了。

教师故意在同学面前藏一本书，然后在别的同学的桌子上拿到一本相同的书。

教师：书我找到了吗？

学生：你没找到。

教师这次把藏的书找出来。

教师：书我找到了吗？

学生：你找到了。

教师给一个同学打电话，却叫了另一个同学的名字。

教师：喂，是艾达吗？

学生：对不起，你打错了。我是乔丹。

教师再打一次。

教师：喂，是艾达吗？

学生：这次你打对了，我是艾达。

3.6.1.2.2 以句式——"把"字句为例：

"把"字句的教学

教师事先准备好一个包，包里有一个玩具狗、报纸等。教师把包交给一位同学。

教师：把包打开。

学生把包打开，惊讶地发现里面竟是一个玩具狗。

教师：把包里的小狗拿出来。

把小狗交给小明。

学生把小狗交给小明。

教师问另外一个同学，刚才乔丹干什么了？

学生（在教师引导下）：刚才乔丹把小狗交给小明了。

这样让学生也参与进来，课堂气氛更活跃。

3.6.2 课外情景

利用教师及学生熟悉的事物或学生头脑中有印象的事物设置情景，展示或解释语法点。

3.6.2.1 以"有的……有的……"为例：

教师：下课休息的时候，我们班的同学都做什么？

学生1：我们班有的同学下去买吃的。

学生2：有的同学去洗手间。

学生3：有的同学睡觉。

学生4：有的同学和别的同学聊天。

学生5：有的同学写作业。

学生6：有的同学吃早餐。

第八讲 对外汉语语法课堂教学常用方法与技巧(下)

学生7:有的同学出去玩儿。
学生8:有的同学问老师问题。
学生9:有的同学和老师聊天。(学生们七嘴八舌地开始说)
教师:我们上次去三里屯的酒吧的时候,人们都在做什么?
学生1:酒吧里有的人喝酒。
学生2:有的人和美女聊天。
学生3:有的人和帅哥聊天。
学生4:有的人跳舞。
学生5:有的人唱歌。
学生6:有的人给别人打电话。
学生7:有的人抽烟。
学生8:有的人大声喊。
学生9:有的人和老师聊天。(学生们七嘴八舌地开始说)
教师:我们上次去野餐的时候,同学们都在做什么?
学生1:有的同学做饭。
学生2:有的同学弹吉他。
学生3:有的同学唱歌。
学生4:有的同学聊天。
学生5:有的同学躺在地上睡觉。

3.6.2.2 以"方位词"为例:

教师:你能说一说你家的前后左右都有什么吗?
学生1:我家的前面是条河,后面是山,左面是一个房子,右边是放车的地方。
学生2:我家的前边是超市,后边是银行,左边是医院,右边是学校。
学生3:我家的前面是学校,后边是电影院,左边是公园,右边是饭馆。

3.7 翻译法

翻译法,就是把某语法点或有该语法点的汉语句子翻译成学生母语,从而借助学生母语帮助学生理解该语法点。对某些意义比较抽象、用直观手段难以说明的语法点,翻译有时是一种最简便的方法。

3.7.1 以词为例

根本

根本这个词有的书上翻译成 completely 或者 totally。可在汉语里面根本常常是和"不""没"等否定形式一起连用,而且交给留学生的也是这个否定句型,所以直接把"根本(不)/(没)"翻译成"not at all"更合适。教师可把翻译写在这个词的后面。

教师可以先找一些最贴切的例子,如：

教师：我的钱包被人偷了,我现在有钱吗？

学生：没有钱。

教师：所以也可以说……（教师指着黑板上的翻译）

学生1：现在你根本没有钱。（前提是学生已经知道"不"和"没"的区别）

教师：我昨天在酒吧里看见你了。（教师示意一个学生说）

学生2：昨天我根本没去酒吧。

教师：听说你会唱中国歌。（教师示意另一个学生说）

学生3：我根本不会唱中国歌。

教师：听说你有一个中国女朋友。（教师示意另一个学生说）

学生4：我根本没有中国女朋友。

这样,学生就很快领会了"根本"的意思,也会记住这种搭配,避免学生在肯定句中乱使用"根本",出现偏误。在实践中,这种翻译方法比较有效,学生没有什么误解。

3.7.2 以复句为例

一……就……

把这个复句翻译成"……as soon as……"易于学生理解。教书板书完复句及英文翻译后,就要给出恰当的例子。

教师：你回家以后马上做什么？

学生1：写作业。

教师：所以也可以说……（教师指着黑板上的翻译）

学生1：我一回家就写作业。

教师：你下课以后马上做什么？

学生2：我一下课就去吃饭。

教师：刚才我到教室的时候做什么了？

学生3：你一到教室就放下包,打开书。

教师：你呢？

学生4：我一到教室就和戈锋聊天。

教师：我刚才进来的时候马上看见谁了？

学生5：你一进来就看见戈锋了。

这样结合实际来练,学生易于理解和记忆。

3.7.3 以句式为例

"把"字句

有的"主＋动＋宾"句可以转换为"把"字句,如"请打开书"可以转换为"请把书打开",而学生学过这两种句式后,也可能会提出这两种句子有什么不同的问题。老

第八讲　对外汉语语法课堂教学常用方法与技巧（下）

师可以让学生做一些由"主＋动＋宾"句转换为"把"字句的练习，如：

L. 我看完书了。　　　→　　我把书看完了。
(I've finished reading.)　　(I've finished reading the book.)

M. 他送给我一个礼物。　→　　他把那个礼物送给我了。
(He gave me a gift.)　　　(He gave the gift to me.)

通过做这个练习，可以归纳出两种句式的不同：①"主＋动＋宾"句是一般的客观叙述，重点通常在句末的宾语，而"把"字句则强调对"把"的宾语怎么样，重点在句末表示结果的补语或另一个宾语。②"主＋动＋宾"句的宾语不是特定的，而"把"字句的宾语是特定的。如果是英语为母语的学生，可以请他们在转换之后，再用英语翻译出来，这样就可以让他们注意到宾语从无定到有定的转换，在形式上要加上一个定冠词，同时也可加深对语序变化的认识。如果通过翻译成其他语言也能反映出这两种句式的不同，那么同样可以在作转换练习的同时采用翻译法来进行练习。

3.8　以旧释新法（以旧带新法）

以旧释新法，也称以旧带新法，顾名思义，就是用学生已学过的语法格式引出新的语法格式，同时帮助学生理解新格式的构成、意义和其中的语义关系。

3.8.1　以词为例

关联词"尽管"

一般来说，"虽然"和"尽管"意思相当，表示让步，用于已发生的情况。留学生会先学习"虽然"，然后学习"尽管"。这时就可以先引出"虽然"的例子，然后用"尽管"替换。

教师：中国菜好吃吗？

学生：好吃。

教师：那中国菜油吗？

学生：油。

教师：所以怎么说呢？

学生：虽然中国菜很好吃，可是很油。

教师：非常好。"虽然"是我们以前学过的。今天我们再学一个和"虽然"意思相当的"尽管"。"尽管"和"虽然"意思一样，所以刚才的句子我们也可以说……

学生：尽管中国菜很好吃，可是很油。

教师：很好。我来说一个句子，请你用"尽管"说。

学生：嗯。

教师：虽然汉语有点难，可是很有意思。

学生：尽管汉语有点难，可是很有意思。

教师先让学生替换几个，然后让学生自己用尽管造句子或者进入下一步的练习。这样学生可以熟悉新的词，同时也可以说顺新的词。这样的例子比比皆是，可以用"但是/可是"引出"不过"的教学，也以用"因为"引出"由于"的教学。

3.8.2 以句式为例

以"把"字句或"主＋动＋补"格式引出"被"字句

"被"字句的展示可以采用"以旧带新"法和"公式法"进行。"被"字句的教学如果是安排在"把"字句的教学之后，就可以利用已学过的"把"字句来帮助展示"被"字句，加上用公式来表示新旧两种句式在词序上的不同，学生们就更容易明白了，如：

弟弟把电脑弄坏了。≈　　　　　电脑被弟弟弄坏了。
$N_1+把+N_2+VP$　　　　　　$N_2+被+N_1+VP$

可以向学生说明 N1 是动作发出者，N2 是动作接受者，VP 表示动作及其结果；或者直接用"动作发出者＋把＋动作接受者＋VP"和"动作接受者＋被＋动作发出者＋VP"来代替上面完全用字母表示的公式。

如果没学过"把"字句，那么仍然可以利用已学过的"主＋动＋补"格式及其相应的公式来帮助展示"被"字句，如：

弟弟弄坏了电脑。≈　　　　　　电脑被弟弟弄坏了。
N_1+VP+N_2　　　　　　　　$N_2+被+N_1+VP$

然后老师可以继续给出一系列"把"字句或"主＋动＋补"格式的句子，让学生将它们转换成"被"字句，如：

A. 小偷把我的钱包偷走了。　　｜A'. 小偷偷走了我的钱包。
B. 他把房间里的东西都弄乱了。｜B'. 他弄乱了房间里的东西。
C. 老师把他批评了一顿。　　　｜C'. 老师批评了他一顿。
D. 我们把敌人消灭了。　　　　｜D'. 我们消灭了敌人。
E. 困难没把我们吓倒。　　　　｜E'. 困难没吓倒我们。

在这个基础上，让学生自己或由老师来对比并说明一下"把"字句或"主＋动＋补"句与"被"字句在词序和意义上的异同。比如：

"把"字句和"被"字句

相同点：

a. 都有某个动作造成某个人或事物移位，处于某种状态，产生某种变化或结果的意思。b. 除非本身含有结果义，否则 VP 不能是单个动词，后面需要有表示结果、趋向、数量的词语或"了"。

不同点：

a."把"字句是主动句；"被"字句是被动句。b."把"字句句首的名词是动作发出者；"被"字句句首的名词是确指的动作接受者。c."把"后是确指的动作接受者，一定不可省略；"被"后是动作发出者，通常可以省略。

这样一来，就加深了学生们对"被"字句的结构和意义的理解，同时也复习了"把"字句和"主＋动＋补"句。

强调否定句也适用于这种教学。

学生若先学习过"哪/谁/什么……＋也/都＋不/没……"句式，就可以此句式引出"一 MW(N)＋也/都＋不/没……"句式。或者先学习了后者，用后者引出前者。先把引出者写在黑板上，然后用引子句式说句子，然后教师通过例子替换，引出被引出的句式。

3.9 简化法

有些语法点比较抽象，难以讲明白，教师可以把抽象的意义用形象直观的方式表达出来，化难为易。如：

趋向补语有具体的意义，也具体的用法，如：

V 起来：热闹起来/胖起来/亮起来↑

V 下来：安静下来/瘦下来/暗下来↓

这里"起来"和"下来"都表示"开始并继续"的意义，但是前者用"起来"，后者用"下来"。这时，教师可以再黑板上画一幅示意图，再以手势相配合，说明在母语者的感觉上，"热闹"、"胖"、"亮"是"向上"的，"安静"、"瘦"、"暗"是"向下"的。

这种方法也不一定以对举的形式出现，当单独讲到"V 起来"或"V 下来"时也可使用。有些语法现象，我们可以把它具体化，让学生领悟格式的一般意义。如：

"V 得起"和"V 得到"

教师可以回避讲解这里"起"、"到"的一般意义，而是通过把 V 具体化，通过具体的例子，让学生领悟到"起"、"到"的一般意义。

教师：如果在商店里有，那么你"买得到"，如果商店里没有，那么你"买不到"。

如果你有很多钱，那么你"买得起"，如果你没有钱，那么你"买不起"。

然后再拿班里的实际情况为例：

教师：在中国，你吃得到泰国菜吗？

学生：吃得到。

教师：有个饭店的菜非常贵，才一点点菜，要 1000 元，你吃得起吗？

学生：吃不起。

这种方法也不一定以对举的形式出现,当单独讲到"V得起"或"V得到"时也可使用。

3.10　发现法

发现法,亦称"引导性的发现法",即通过提问的方式引导学生进行分析、归类,自己发现语法形式、意义和规则。以"可能补语"为例:

"V+不/得+了"中的"了"有两种意义,可以通过这种方法让学生理解。如首先依次问几个学生:"让你一顿饭喝10瓶啤酒,你喝得了喝不了?""你很喜欢吃北京烤鸭,让你一次吃三只烤鸭,你吃得了吗?""在这儿生活,一个月5000元用得了用不了?"然后让学生说说这些回答中的"了"是什么意思,"V+不+了""V+得+了"表示什么意思。弄清楚后,再给学生另一类问题:"明天我们去看NBA的比赛,你去得了吗?""如果今天老师要求你们写一篇5000字的作文,你明天交得了吗?""中国有多少个省?这个问题你回答得了回答不了?"学生回答了这些问题后,再让他们说说这些问答中的"了"跟前面那些句子中的"了"一样不一样,如果不一样,那是什么意思。然后老师再将学生的回答归纳并板书:"了"在"V+不+了""V+得+了"结构中的两个意义:a.表示"完"的意思;b.表示有可能、有能力进行某种动作。

这种方法不同于"归纳法","归纳法"重在将知识有规律、有层次的呈现,大部分时候由教师给予准确的归纳总结;而"发现法"重在让学生自我发现,教师要启发学生全面地发现规律、意义,然后再将学生说出来的归纳在黑板上,补充为提及的一小部分。所以可以说"归纳法"是教师归纳例子中的规律、意义,而"发现法"是教师将学生发现的规律、意义做个总结。

3.11　解释法

解释法是让学生用汉语解释语法点。主要有两种类型:一种是一开始就用提问的方式,请同学用汉语进行解释,用于比较简单的语法项目、学生又预习得比较好的时候;另一种是一些难于理解的语言现象,在解释发生困难时,可以请已经理解了的同学讲解(甚至可以用学生的母语解释)。在这种时候,学生可能比教师讲得更有效,更清楚。

3.12　综合法

综合法,在教某个语法点时,对其不同的方面采用不同的方法来展示、解释或操练,从而帮助学生更加完整、准确地理解该语法点。如:

第八讲 对外汉语语法课堂教学常用方法与技巧（下）

下面的结果补语的讲解就涉及了"情景法"、"公式法"、"归纳法"三种方法。

结果补语表示动作、变化的结果，由动词和形容词充当。动词和结果补语组合的结构形式很简单，即"V＋V/A"（即：动词＋动词/形容词），学生掌握起来不算太难，但是由于各个结果补语的具体语义以及它们与前边的动词组合后所形成的语义各不相同，而且说明的对象不仅是动作本身，还包括动作的对象和动作的发出者，因而学生要准确理解和正确使用不太容易。好在经常用作结果补语的动词和形容词并不是很多，所以在教学中应该对具体的结果补语一个一个地进行讲解和练习。

例如，教结果补语"到"时，可以通过情景法来展示"V＋到"的结构。老师从黑板下沿拿起一支粉笔，然后问学生："老师拿什么？"学生："粉笔。"老师把粉笔拿到桌子上，问："粉笔拿到哪儿了？"学生："粉笔拿到桌子上了。"老师再让一学生把一把椅子搬到另一边，然后问别的学生："椅子搬到哪儿了？"老师在教室里走起来，然后问："老师在干什么？"再问："现在老师走到哪儿了？"通过这样一番演示，老师就可以板书："V＋到"的格式，同时通过学生的问答启发学生，使他们了解到 V 只是表示发出某个动作，"到"表示具体某个动作的结果——通过动作某个东西或人移动到一定的位置上。"V"和结果补语"到"之间不能插进别的成分，如果句子有宾语，应该放在结果补语的后边，"了"也应该放在结果补语后。然后可以继续通过情景对话操练"V＋到"结构，如老师向学生提问：

① 这个课本我们学到第几课了？
② 你昨天去买飞机票，买到了吗？
③ 听说你要找一个很漂亮的女朋友，你找到了吗？

在对例②和③进行问答之后，老师可以启发学生想一想这里面的"到"跟前面那些例子里的"到"是不是完全一样的意思，然后归纳出：这个"到"表示动作达到了目的——"票买到了"意思就是通过买的行为得到了票；"找到一个漂亮的女朋友了"意思就是"找"的行为有了结果：自己有了一个漂亮的女朋友。如果学生对例②和③的回答是："没买到""还没找到"，那么老师可以故意问别的学生："他说什么？"以此让学生重复一下表示否定意义的结果补语句，紧跟着老师就由此引出结果补语的否定式："没(有)＋V＋V/A"。同时说明由于结果补语一般表示动作、变化完成并产生了某种结果，所以其否定形式一般要用"没"。然后再向学生提出一些类似例②③那样一些可能会做出否定回答的问题，这样就操练了"V＋到"的否定式。

同样，"V＋到"的正反疑问句也可以采用情景法引出，如：

④ 老师：听说你要找一个很漂亮的女朋友，你找到了没有？
⑤ 老师：去上海的飞机票你买到了没有？

在学生回答之后，可以让他用同一个问题或略作改动之后问下一个同学，如："听说你要找一个很有钱的男朋友，你找到了没有？""听说你的自行车丢了，现在你找到了没有?"其他同学依次做这样的问答,这样多次问答,学生对"V+到"正反疑问句的结构也就比较熟悉了。

一般说来,只单独使用一种方法讲解某一语法点的情形很少,多数情形是综合使用两三种方法,这样做既能增强教学效果,同时也能体现教学艺术。

参考文献

崔永华、杨寄洲 1997,《对外汉语课堂教学技巧》,北京语言文化大学出版社。
李晓琪 2005,《博雅汉语—初级起步篇(Ⅱ)》,北京大学出版社。
李晓琪 2005,《博雅汉语—准中级加速篇(Ⅰ)》,北京大学出版社。
吕叔湘主编 1980,《现代汉语八百词》,商务印书馆。
马箭飞 2005,《汉语口语速成·入门篇(上/下)》,北京语言大学出版社。
马箭飞 2005,《汉语口语速成·基础篇》,北京语言大学出版社。
彭小川、李守纪、王 红 2004,《对外汉语教学语法释义 201 例》,商务印书馆。
吴中伟 2007,《怎样教语法——语法教学理论与实践》,华东师范大学出版社。
张和生 2006,《汉语可以这样教——语言要素篇》,商务印书馆。
赵 新、李 英 2009,《学汉语近义词词典》,商务印书馆。
郑懿德、马盛静恒、刘月华、杨甲荣 1992,《汉语语法难点释疑》,华语教学出版社。
周 健 1998,《汉语课堂教学技巧与游戏》,北京语言文化大学出版社。

第九讲　对外汉语虚词教学

一　虚词研究概述

世界上各种语言,既有共性,也有个性。汉语是缺乏形态变化的语言,组词造句,主要靠语序和虚词。丰富的虚词,使得缺乏形态变化的汉语,也有着自己丰富的语言表达形式。虚词,是每一个汉语使用者必须学会的,因此虚词的研究,一直是汉语研究的难点,当然也是对外汉语教学的难点。

1.1　古代的虚词研究

春秋时期,已经有人注意到虚词的作用。
东汉许慎的《说文解字》对实词和虚词作了最初的划分。
刘勰的《文心雕龙》第一次对虚词的用法作了比较清楚的概括和分类。
到了元代,出现了第一部研究虚字用法的专著:卢以纬的《语助》。
清代对于虚词的研究,可谓达到了一个高潮,出现了一大批专门性的著作,如袁仁林的《虚字说》,刘淇的《助字辨略》,王引之的《经传释词》等。
古人研究虚词主要有两个目的,一是为了写作,二是为了释义,前者属于修辞学范畴,后者属于训诂学范畴。总的来说,早期的虚实区分并不是严格意义上的语法分类,而且虚词和实词的范围、类别也比较模糊。

1.2　《马氏文通》及之后的虚词研究

19世纪末,《马氏文通》的出版,标志着汉语语法学的正式创立。他第一次建立了汉语词类系统,这时的虚、实分类才接近于现代意义上的语法分类。
《马氏文通》之后,虚词的研究越来越受到学者们的重视,此时的虚词研究开始步入语法研究的行列。论著大量涌现,如黎锦熙的《新著国语文法》,王力的《中国现代语法》,吕叔湘的《中国文法要略》,高名凯的《汉语语法论》等。他们力图结合汉语的实际,对汉语的语法现象,提出自己的看法。不过,就虚词研究而言,虽然有创新,但还没有完全跳出传统的义项描写和用法说明的窠臼。

50年代以后,赵元任的《北京口语语法》,吕叔湘、朱德熙的《语法修辞讲话》,丁声树等的《现代汉语语法讲话》,朱德熙的《语法讲义》等语法专著都有关于虚词的研究。随着《暂拟汉语教学语法系统》和《汉语语法教材》的相继面世,有关虚词的教学也进入了一个相对普及的阶段。这一时期的虚词研究主要从两方面进行的,首先是从宏观上对虚词和实词进行划分,虚词的性质和范围,划界和分类进行讨论和探索;其次是从微观的角度对各个词类的功能、意义、用法进行分析和比较。这段时期的虚词研究成果较之前一段时期有了明显的增加,但在理论背景和研究方法等方面并没有取得实质性的突破。

70年代末以后,汉语虚词研究进入了一个崭新的时期。除了各种通论性的语法书和高校教科书中有关虚词的研究外,还出现了一系列编纂很有特色的词典、专著及论文。比较重要的综合性词典有四部:吕叔湘主编(1996)的《现代汉语八百词》,北大中文系1955、1957级语言班编的《现代汉语虚词释例》,武克忠等主编(1992)的《现代汉语常用虚词词典》以及侯学超(1998)编著的《现代汉语虚词词典》。专著有陆俭明、马真(1985)的《现代汉语虚词散论》,邢福义(1985)的《复句与关系词语》,刘公望(1984)的《汉语助词论》,金昌吉(1996)的《汉语介词和介词短语》,张谊生(2000)的《现代汉语副词研究》等。还有一些论文,如朱德熙《说"差一点"》(1959)、陆俭明《关于汉语虚词教学》(1980)、《"还"和"更"》(1980),王还《"ALL"与"都"》(1983),马真《谈谈虚词研究的方法》(2002)、《在对外汉语虚词教学中要重视比较的方法》(2004)、《说"反而"》(1983),蒋琪、金立鑫《"再"与"还"重复义的比较研究》(1997),周小兵《表示限定的"只"和"就"》(1998)等。

1.3 虚词研究存在的不足

主要表现为:在虚词和实词的划界问题,虚词内部的划界问题,以及一些词类的归类、升降等问题上都存在较大的分歧。

现今在划分依据上,已经取得了比较一致的看法。词类的划分应该是多标准的:语法意义标准,形态标准,语法功能标准。汉语划分词类的主要依据是词的语法功能,即分布,主要指词和词的组合能力。当然,在划分词类时,还要以意义、形态为依据。但在副词、叹词、拟声词的归类上,还是各持己见,下面是一些学者的观点:

将副词划分为实词的,主要有黎锦熙、胡裕树、黄伯荣、廖序东、刘月华;划分为虚词的,主要有吕叔湘、张志公、朱德熙、邢福义、王还、马真、房玉清、张宝林。王力将副词归为半实词,张谊生等认为副词是非典型的实词,也是非典型的虚词。

将叹词、拟声词划分为虚词的,主要有黎锦熙、王力、吕叔湘、胡裕树、张志公、邢福义、王还;划分为实词的,主要有黄伯荣、廖序东。朱德熙、马真、房玉清等认为拟声词、叹词属于实词和虚词之外的类,刘月华认为叹词是独立的一类,拟声词是虚词。

由上可见,在归类上真可谓众说纷纭。其实副词、叹词、拟声词的虚实归类无所谓绝对的对与错、好与不好,只要其分类符合语言实际,能够指导语言实践,标准前后一致就可以了。从有利于对外汉语教学的角度出发,我们将副词归为虚词一类。

另外,对于虚词本身,也还存在一些问题:对虚词的意义和用法、描写和说明都还比较粗。有很多虚词的用法,我们还不能完全、详尽地说明并总结它的所有用法,所以要进一步加强对虚词的语法特点和语法功能的研究。对于怎么充分认识虚词的个性,这一点还未能引起足够的重视。

相对而言,微观的单个虚词的研究和分析比较详尽,宏观的整个类别的探讨和理论总结比较简略。

不太注意从学习者的角度来描写、说明虚词的意义或用法,这是目前已出版的辞书普遍存在的问题,尤其是有关虚词的辞书。由于这些不足,也对一些初学者,特别是留学生的学习造成了很大的影响。

二 对外汉语虚词教学的原则、策略及方法

2.0 虚词教学的重要性及主要问题

汉语缺乏严格意义上的形态变化,不像印欧语那样有形态标志和屈折形式,也不像日语那样有黏着形式。这样,虚词就成为汉语表示语法意义的非常重要的表达手段,也是汉语的一个重要特点。汉语的虚词是封闭的类,虽然数量不多,但使用频率很高,而且用法很复杂,可以说虚词的学习是留学生学习汉语的关键。

对外汉语教师在教学中遇到的最突出、也是最棘手的问题,就是对一些常用虚词的讲授。这些虚词很难完全讲清楚它的意义和用法,只是先粗略讲授,后在语言实践中不断纠正。外国学生在虚词的学习方面,还存在着严重的"化石化"现象,即学习者在初级阶段学习的某些虚词项目掌握到一定程度就停滞不前了,即使到了高级阶段,对这些虚词仍然掌握不好。

留学生学习虚词的主要困难,主要集中在两个方面:一是意义分不清。几乎没有一个虚词在意义和用法上与某种外语词汇完全等同。因此,通过翻译法学习汉语虚词的留学生,很难恰当地领会每个虚词的真正含义。二是用法掌握不好。通过对150余名母语为英语的中、高级留学生使用关联词的情况考察,结果表明,语法平面的偏误和语义平面的偏误分布很不均衡,前者占80%,主要包括:1)缺少关联词语;2)关联词搭配错误;3)关

联词位置不对;4)连接项错误;5)用错相关成分;6)用错句型。(李晓琪 1998)

2.1 对外汉语虚词教学的原则、策略及方法

2.1.1 对外汉语虚词教学的原则

关于虚词的教学,教外国人和教中国人,是两种截然不同的教法。母语者在一些细微的知识点上,虽然没有系统、完备的理论知识,但是他们根据语感,可以很明晰地分辨。他们很少考虑老师讲的规则是否能真的概括汉语事实,只是将其作为一种知识来学习、对待,不会严格地按照老师讲的来说话。但是对于学习汉语的外国人来说,他们对汉语的语法一无所知,他们学习汉语语法知识的目的是用这些来指导自己的语言实践。老师怎么教,他就怎么说,而且本能地按照老师讲的语法规则去类推。学习的结果会直接影响到他们能否正确地使用汉语。留学生大都希望在较短的时间里学会并运用所学知识,他们只是把其作为一根拐杖,从而提高其运用汉语的技能。

"教外国学生重点不应该是理论体系和概念术语,而应该是用法"。(胡明扬 2002)"教用法应该成为对外汉语语法教学的一条基本原则。"(张宝林 2006)所谓"用法",就是一个语言形式出现的条件:什么情况下能用?什么情况下不能用?什么情况下非用不可?它出现的语言环境是什么?我们要教给学生的正是怎么来用一个词语、一个格式。所以在对外汉语教学上,我们的教学应该侧重的是教用法。

2.1.2 对外汉语虚词教学的策略及方法

至于怎么来教,则要根据所要教的内容,具体问题具体分析。现在的对外汉语虚词教学主要有两种形式,一种是分散式教学,也叫随机教学,即汉语教材(主要是初级教材)中出现什么虚词就教什么;另一种是集中式教学,即在中高级阶段把虚词作为汉语语法课的一个组成部分系统地进行教学。这两种形式在语言学习的不同阶段有其不同的作用,相互补充,缺一不可。目前,初级阶段基本采用的是分散式教学。但是采用分散式教学时,一定要注意的是,采用分散式教学,到了一定阶段必须进行总结性的、针对性的"巩固基础语法"的教学,以便学生能把以往在各课文中学到的语法知识进行总结连贯,使之系统化。但一定要注意的是,切忌在教学中进行过多的理论探讨。

虚词课堂教学尤为重要,因为学生习得虚词的主要途径就是课堂。虚词对语言学习者来说,是非常枯燥的。这就使得课堂教学显得更为重要。下面从宏观、微观两大方面深入展开表述。

2.1.2.1 宏观方面

A. 调动学生学习的积极性

教师在进行语法教学时,切忌过分强调语法,更不能直接给学生讲语法规则。教师要最大限度地调动学生学习的积极性,这是"教学成功的关键"。(李晓琪 2005)让学生成为课堂的主体,让他们也参与到虚词的归纳、研究中来。

很多中高级对外汉语老师经常采用的一种方法,就是先在黑板上列出关于该语法点的一些典型的例子,让学生自己去发现、归纳。教师在学生归纳的过程中进行提示、指导,引导学生归纳出初步的规律和用法。在总结归纳的过程中,学生自己的印象也是最深刻的,比起直接将用法告诉学生,效果更明显。接着教师要设计各种语境,并给出必要的语言材料,让学生进行练习。这样的方法,李小荣(1997)将其称为"三段式教学方法:展示—归纳—实践"。这种方法是围绕着揭示虚词的意义及其使用环境进行的,贯穿的过程是从言语到语言、再从语言到言语,基本符合学习和认识的规律,这样就能充分调动学习者的积极性。

B. 采用"点拨式教学法"

在教学中遇到一个虚词,我们要采用"点拨式教学法",不能把这个虚词的所有用法都教给学生,这样可能会让学生更糊涂,所以选取我们目前学到的用法进行教学,以后遇到其他用法时,再进行讲授、比较。

C. 课堂用例要简单、实用

课堂上提供给学生的所有用例,一定要精选,既要简单,又要实用。所谓简单,是说用例中一般不要出现生词,如果生词过多,会转移学生的注意力。所谓实用,即要贴近生活,这样也能很好地唤起学生的学习兴趣。

D. 善于运用对比的方法

虚词教学,"需要更多地运用比较的方法"。(马真 2004)比较,主要从下面五个方面着手:

D1. 把彼此同义或近义的虚词放在一起,进行比较辨析;

D2. 把意义相对的虚词放在一起进行比较分析,以辨明各自表示的语法意义;

D3. 把说明同一方面问题的虚词放在一起进行比较辨析,以显示这些虚词各自所表示的语法意义;

D4. 把使用了某虚词的句子跟不用该虚词的句子拿来比较,即作有无某虚词的比较,以显示出这个虚词的语法意义;

D5. 将形似实异的虚词放在一起进行辨析。

虚词之间的异同是多种多样的,有语法意义上的差异,有用法上的差异。

对于对外汉语虚词教学而言,除了汉语本体的对比外,汉外对比也是一个非常重要的方法,因为留学生对汉语虚词的误用往往需要用对比的方法才能讲清楚。(李晓琪 2007)

E. 重复是最好的方法

虚词教学要在简明、实用的用例中,让学生能最大程度地接受。而让学生很好地习得,关键是要用,在重复中去习得。所以,教师要在有限地时间里面,尽可能地练习,在自由练习或表演环节,让学生尽可能地用到我们所学的虚词。首先是教学内容的循序渐进,即由易到难;其次是具体的虚词的习得,也要讲究循环和重现,李晓琪(2007)指出至

少要包括以下五个环节:

E1. 课堂练习(填空或判断正误),发现问题,引起学生的注意。

E2. 课堂讨论,分析问题,启发学生思考。

E3. 教师总结,把分析或对比分析成果简明地展示出来。

E4. 再次进行课堂练习,再次重复强化课堂所学的知识,使它们成为习惯或技能。

E5. 讲评课后练习中出现的问题,进一步总结提高,进入一个新的循环。

F. 总结、归纳

在学习到了一定时期时,要对初级阶段分散学习的虚词用法进行总结和归纳,使之条理化和系统化。站在全局的角度,对这些虚词的共同点或区别进行总结,这也是中高级阶段的虚词学习最主要的内容。

2.1.2.2 微观方面

A. 细致地揭示虚词的意义

要让学生正确地使用汉语虚词,需要对汉语虚词的用法进行比较细致的研究。汉语虚词的用法大致可以从以下几个方面进行考察:(陆俭明、马真 2004)

A1. 句类

主要指什么样的虚词可以出现在什么样的句类中,这个将在 B2."特定的句法环境"中详细说明。

A2. 词类

词类,既指名词、动词、形容词等大类,也指大类下面的小类,包括从语义上分的小类。例如:

A2.1."和""跟"都能用来连接词或词组,但"和"主要连接名词性词语,也可以有条件地连接动词或形容词性词语(常充当句子成分,但不能作谓语),而"并"只能用来连接动词或形容词性词语。例如:

① 姐姐和妹妹

② 这件事还需要调查和研究,才能得出结论。

③ 经过讨论,他们研究并制定了具体的方针政策。

A2.2."而且""并且"都可以表示递进关系,在连接分句上没什么差别,但是在连接词语时,"而且"一般倾向于连接形容词性词语,"并且"倾向于连接动词性词语。例如:

① 他买的东西便宜而且好看。

② 该研究中心去年承担并且完成了多项重大科研项目。

A2.3."的"字结构和"所"字结构,除了所附着的位置有区别外("的"具有后附性,"所"具有前附性),在所附着的词语上也有区别:"所"只能跟动词构成名词性词语,"的"既能跟动词性词语构成名词性结构,也能跟形容词、名词性词语构成名词性结构。例如:

① 他所想的和我们都不一样。

第九讲　对外汉语虚词教学

② 他想的和我们都不一样。
③ 红木做的家具就是好。
④ 干净的房间住着也舒服。

A2.4. 副词"有(一)点儿"修饰形容词时,只能修饰贬义或中性形容词,不能修饰褒义的。例如:

① 有点儿笨
② 有点儿长

A2.5. "多少、稍微"的差别之一就在于,"多少"多与积极意义的形容词或量大的形容词共现,"稍微"不受限制。(还有位置上的差异,下面2.1.7会谈到)

A2.6. "很、挺、怪、蛮、老"在意义上都表示程度深,而且意思也差不多,在用法上也有很多共同点(不能用于比较,不能用于比字句),但是它们所能修饰的形容词和动词,范围并不一样。

所修饰的形容词主要是范围的宽窄不相同点:

"很"所修饰的形容词,范围最宽,除一般所说的"状态形容词"和"非谓形容词"之外,一般的形容词都可以修饰。

"挺"所修饰的范围也比较宽,许多能受"很"修饰的形容词,也能受"挺"的修饰。但一些能受"很"修饰的一些典型的书面语词则不能受"挺"的修饰,如:寒冷、慎重、悲愤,这些都不可以用"挺"。

"怪"所修饰的形容词,范围比"很""挺"都窄,上面说的那些典型的形容词,"怪"也不能修饰,除此以外,一些口语化的形容词,也不能受"怪"的修饰,如:对、大、近等。

"蛮"所修饰的形容词范围比"怪"还窄,"怪"所能修饰的一些口语词,"蛮"也不能修饰,如:脏、痒、痛、腻等。

"老"所修饰的形容词范围最窄,它只能修饰一部分单音节形容词,一般是往大里说的量度形容词,如:远、长、重、厚、大、粗等。

在所修饰的动词性成分上,也有不同。

"老"不能修饰动词性成分。

"很、挺、怪、蛮"能修饰某些表示心理活动、表示意愿的动词,如:喜欢、担心、讨厌、支持等。

"很、挺"都能修饰一些动词性结构;"怪"能修饰少量的动词性结构,主要由动词"有"充任述语的述宾结构;"蛮"也只能修饰少量的述宾结构,一般是褒义的。例如:

① 他很/挺善于学习。
② 怪有意思的
③ 蛮有意思的

"很"还有一个特别的用法,"动词+了+数－量－名"的结构,其他的词不可以用。例如:

① 很念了一些书
② 很花了一些时间

A2.7."很/挺＋不……"这个格式对动词、形容词也有选择,能进入这个格式的只限于表积极意义的形容词,表量度小的形容词或表心理活动、表意愿的积极意义的动词性词语。例如：

① 很不谦虚/正确/坚强
　挺不谦虚/正确/坚强
② 很不少/低/小/短
　挺不少/低/小/短
③ 很不喜欢/满意/值得/懂道理
　挺不喜欢/满意/值得/懂道理

A3. 音节

A3.1. 有些副词要求所修饰的成分必须是个单音节。

A3.1.1."过"只能修饰单音节的,但是同义的"过于"则不受限制。

A3.1.2."互"只能修饰单音节动词,"互相"则只能修饰双音节动词。

A3.1.3."屡"只能修饰单音节动词,"屡次"则没有限制。

A3.2. 有的副词不能修饰单词,只能修饰词组,但对于紧跟在它后面的词还是有音节上的要求的——有的要求紧跟在它后面必须是个单音节词,有的则要求必须是双音节词。

A3.2.1. 副词"连"和"一连"都只修饰动词性词组,表示行为、动作或现象连续进行或发生,并强调数量多或时间长。"连"要求后面紧跟单音节词,"一连"没有限制。例如：

① 连查了五个单位
② 一连查/调查了五个单位

A3.2.2."足"后面必须跟单音节词,"足足"没有这个限制。例如：

① 足/足足等了两个小时
② 足足等候了两个小时

A3.2.3."最""最为"都表示某事物的某种属性经与其他多个事物比较,超出同类,但"最为"只能修饰双音节词,"最"没有限制。例如：最为/最整齐；最齐。

A3.2.4. 由"为"组成的双音节副词,如"大为、甚为、颇为、极为"等,一般也都只修饰双音节词语。"行将、万分、大力"也都有此要求。

A3.2.5."与否"只能跟在双音节词语后面。例如：正确与否。

A3.2.6."根据""据"都标引某种论断或结论的依据。当介词"根据""据"的宾语是单个动词时,"根据"所带的动词只能是双音节的,"据"都可。例如：据/根据调查；据查。

第九讲 对外汉语虚词教学

A4. 轻重音

一些虚词可以通过轻重音来表示不同的语法意义。

A4.1. "都",在句子"我们都看完了"中,重音在"都",总括主语所指的范围;重音在"我",仍是总括,但全句含有"甚至"的意思;重音在"完",这里的"都"是"已经"的意思。

A4.2. "已经"可以言够,也可以言多。同样的句子"已经三个了。"重音在"已经"是言够;重音在"三个"是言多。

A4.3. "再",表示重复的时候,有两种,一是实在的重复,重音只能在"再"或"再"后面的某个音节上,如"这个电影太好了,明天ˈ再看一遍。";一是空缺的重复,重音一定要在"再"之前,如"票已经卖完了,没关系,ˈ明天再看吧。"

A4.4. "就"修饰数量成分时,或者虽不直接修饰数量成分但在语义上指向数量成分时,可以言多,也可以言少。"今天就来了五个人。",重音在"就"上表示,在说话人眼里,人太少了;重音在"今天"上表示,在说话人看来,人不少。

A4.5. "又"既可以表示重复,也可以表示追加。当表示重复时,可以重读,表示追加时,则绝对不能重读。例如:

① 这支笔真好用,所以用完后我又买了一支。 (重复)
② 我刚买了一支笔,又买了一个本子。 (追加)

A5. 肯定、否定

A5.1. "肯定",是说某个虚词在使用上要求后面必须跟一个肯定形式,不能跟一个否定形式;"否定"则相反,后面必须使用一个否定形式。

A5.2. 有些词语只和否定的形式发生关系,如:从、万万、绝、丝毫、毫。例如:

① 他从不说真话。
② 出门万万不能惹是生非。
③ 这件事他绝不知道。
④ 他丝毫/毫不留情。

A5.3. 有些词语只和肯定的形式发生关系,如:"把"字句、万分、分外、差不多、多少。例如:

① 他把论文拿给导师评阅。
② 万分悲痛
③ 分外小心
④ 开学那天,各班学生差不多都到齐了。
⑤ 他多少知道一点。

A5.4. 有些词语有两种不同的意义和用法,而这在肯定、否定的要求上也正好对立。

A5.4.1. "绝"表示程度时,只能用于肯定(绝好的机会);表示加强语气时,只能用于否定(绝不妥协)。

A5.4.2."太"用于赞叹时,一般修饰肯定形式(太漂亮了),表示程度过分时,则两可(太粗心了,太不小心了)。

A5.5.有些词语既能用于肯定,也能用于否定,意思却一样。例如:

① 一个人难免要犯错误/难免不犯错误。　　　　　　(都肯定要犯错)
② 自行车别是他骑走了/别不是他骑走了。　　　　　(都怀疑他骑走了)
③ 去年我得了场大病,差点儿死了/没死。　　　　　(没死)
("差点儿"还受社会心理的影响,参见2.1.11中谈到)
④ 我险些摔倒/没摔倒。　　　　　　　　　　　　　(没摔倒)

A6.简单、复杂

A6.1."简单"是指单个儿一个词,"复杂"则是指一个句法结构,而非一个单词。

A6.2."终究、白白、恐怕、通常、稍微、往往"要求所修饰的成分必须是复杂形式,而同义的"必将、白、也许、常常、较为、略微、稍"则没有这样的要求。例如:

① 终究要灭亡。
② 我白白地浪费了十块钱。
③ 这样做恐怕会引起人们的反对。
④ 周末,我们通常出去玩儿。
⑤ 这里稍微好点儿。
⑥ 这样的天气,往往会下雨。

A6.3."对于"组成的介词结构作状语时,一般要求中心语是个复杂形式,"对"没有要求。例如:

① 对于/对他,我们要好好帮助。
② 你要对她好,她才会对你好。

"异常"要求所修饰的成分必须是个简单成分。例如:异常感谢/兴奋。

A7.位置

A7.1."位置"有两个含义:一是指某个虚词在句子中相对于其他成分而言所应处的位置问题;二是同类虚词连用共现时的先后次序问题,主要指语气词的连用和副词的连用。对于虚词学习者来说,第一种更重要。

A7.2.有些虚词在句中的位置比较固定。

A7.2.1."把"字句和"被"字句,否定副词和能愿动词只能放在"把、被"的前面。

A7.2.2."比……""向……"等介词结构只能放在主语之后;但有的介词结构则只能放在主语之前,如"关于""至于"。例如:

① 他比我学习好。

② 我们要向他学习。
③ 关于学习的重要性,我们不需要再说了。
④ 至于他的存款,我们已经给冻结了。

A7.3. 有的虚词在句中的位置比较灵活,可以在某个成分之前,也可以在某个成分之后。有的在前或者在后,句子的意思变化不大,只是语气或色彩上的差异,如"忽然、从此、或许、也许、莫非、难道";有的在前或者在后意思有变化,如"幸亏、光、只"。例如:

① 你难道不知道吗?/难道你不知道吗?
② 幸亏他回来了。　　　（因为"他"的回来,避免了一些不如意的事）
　 他幸亏回来了。　　　（因为"他"的回来,而避免一些对他不利的事情）
③ 他光学汉语。　　　　（他不学别的）
　 光他学汉语。　　　　（别人不学）
④ 他只知道这件事。　　（不知道别的事）
　 只他知道这件事。　　（别人都不知道）

A7.4. 需要注意的是,有些同义或近义虚词用法上的差异正体现在位置上,如"既、既然","一面、一方面","虽、虽然","明、明明","忽、忽然","渐、渐渐","稍微、多少",前一个都只能出现在主语之后,后一个词在前、在后都可以。

A8. 搭配

A8.1. 搭配,主要指的是虚词和虚词之间的搭配使用,有些词必须和相应的词语搭配才能使用,有些则没有限制。

A8.1.1. "只有"和"才","只要"和"就"搭配。

A8.1.2. "怪"常和"的"搭配,"很"没有限制。

A8.1.3. "恐怕"后常常是"吧","本来"后常常是"嘛"。

A8.1.4. "太""真"都表示赞叹的副词,当它们用来修饰一个形容词时,"太"后面必须有"了"与之相配,"真"绝对不能有。

A8.1.5. 表示程度浅的"有点儿"和"有些","有点儿"可以和"太"搭配,"有些"不可以。

A8.1.6. "丝毫""毫"都是加强否定语气的副词,但"丝毫"可以跟"不、没有、未"搭配,而不能跟"无"搭配。"毫"则可以跟"不、无、没有"搭配,但不能跟"未"搭配。

A8.1.7. "罢了""而已"前常有副词"不过""只"与之相配,"不成"前面常用"难道""莫非"与之相配。

A8.2. 有些虚词或虚词格式对于与之发生直接关系的成分在意义色彩上还有选择。"有点儿"后面的词语常是贬义,"很不"后面常是褒义。例如:

① 他有点儿傻。
② 他很不和善。

A9. 人称

A9.1. "公然"和"竟然"都能表示出乎意料、超出常情的语气,但是"公然"不能用于第一人称,"竟然"无此要求。例如:

① 他公然/竟然反对主席的提议。
② 我竟然把他的生日忘了。

A9.2. "连忙、急忙、赶紧、赶快"意思差不多,但是"连忙、急忙"不用于第二人称,"赶紧、赶快"没有限制。例如:

① 他连忙/急忙就走了。
② 你赶紧/赶快走,这儿不欢迎你。

A10. 语义指向

所谓语义指向,就是指句中某一成分在语义上跟哪个成分直接相关。(陆俭明 2005)

A10.1. 表示限制的范围副词"只""光",差别之一就是语义指向不完全一样。它们都可以指向行为动作、事物(包括行为动作的施事和受事);但"只"还可以指向数量,"光"不可以。例如:

① 他没买什么,只/光买了一个苹果。　　　　（指向受事）
② 他苹果买得很少,只买了一个苹果。　　　　（指向数量）

A10.2. "分别""各自"都可以指向某个集合体的各个个体,都可以前指,但"分别"还可以后指。例如:

① 小明和小李分别/各自拿了一袋水果。
② 小明分别给小张和小李拿了一袋水果。

A11. 社会心理

A11.1. "差点儿"的使用受到社会心理的影响。(朱德熙 1959)

A11.1.1. 如果是社会公认的如意的事情,"差点儿"后如果跟一个肯定形式,表示否定意思,含惋惜的意味;如果后面是否定形式,表示肯定的意思,含庆幸的意思。例如:

① 去年小王差点儿考上了。　　　　　　　　（没考上）
② 去年小王差点儿没考上了。　　　　　　　（考上了）

A11.1.2. 如果是社会公认的不如意的事情,那"差点儿"之后不论是跟一个肯定形式还是否定形式,意思一样,都是说没有发生,表示庆幸。例如:

① 去年我得了场大病,差点儿死了。　　　　（没死）
② 去年我得了场大病,差点儿没死。　　　　（没死）

A11.1.3. 有的事情是因人而异的,所以这时"差点儿"所表示的意思就要根据具体的语境来确定。

"把张三选上"这件事,假设甲方希望把张三选上,乙方不希望把张三选上。那"把张三选上"这件事,对于甲方来说是如意的事,对乙方来说就是不如意的事。那同样的话就有不同的意思。例如:

① 甲方:差点儿把张三选上了。　　　（没选上）
　　甲方:差点儿没把张三选上。　　　（选上了）
② 乙方:差点儿把张三选上了。　　　（没选上）
　　乙方:差点儿没把张三选上。　　　（没选上）

A11.2. 在以汉语为母语的人心目中,用"的"字结构来指称人,是不礼貌的,所以汉语常常不用"的"字结构来指长辈。例如:

① 你的衣服比我的漂亮。
② 你的爷爷比我的爷爷硬朗。
③ 你的孩子比我的聪明。

（孩子是人,但他属于晚辈,所以不存在礼貌不礼貌的问题。）

B. 揭示虚词的适用环境

要让学生真正掌握虚词的用法,还要为他们进一步揭示每一个虚词所适用的环境。这里所谓的环境,包括语义环境、句式、语篇等虚词适用的外部条件。（李小荣 1997）

B1. 特定的语义环境

虚词运用的语义环境,主要指虚词能在什么样的情况或上下文中出现,不能在什么样的情况或上下文中出现;或者说,某个虚词适宜于什么场合或什么样的上下文中使用,不适宜于什么场合或什么样的上下文中使用。

B1.1 "反而"出现的语义环境：（马真 1983）

B1.1.1. 甲现象或情况出现或发生了;

B1.1.2. 按说（常情）/原想（预料）甲现象或情况的出现或发生会引起乙现象或情况的出现或发生;

B1.1.3. 事实上乙现象或情况并没有出现或发生;

B1.1.4. 倒出现或发生了与乙现象或情况相背的丙现象或情况。例如:

① 今天午后下了一场雷阵雨【甲】,原以为天气可以凉快一些【乙】,可是并没有凉下来,反而更闷热了【丙】。

B1.2. "并""又"两者都可以用来加强否定,但使用的语义环境不同。

B1.2.1. "并"的语义使用环境:当说话人为强调说明事实真相或实际情况而来否定或反驳某种看法（包括自己原先的想法）。（陆俭明、马真 1985）例如:

② 大家都以为他很傻,其实他并不傻。

③ 我以为他去美国了,谁知道他并没有去。

B1.2.2. "又"用来加强否定时的使用环境:人们要否定某种事情、某种做法、某种说法或某种想法时,不采用直接否定的方式,而是通过强调不存在该事情、该做法、该说法、该想法的前提条件或起因来达到否定的目的。例如:

④ ——这是我在昆明买的烟,你给你爸爸带回去吧。
　　——我爸爸又不抽烟,你买烟干什么?
⑤ 我又没病,吃什么药?

B1.3. "总"表示说话人所作的估计、推测以及提议、要求、论断等在一定范围里是最基本的、最有可能的或最应该实现的,但说话人常常在这样的情况下使用:在觉得较高的估计或要求得不到满足时,才退一步提出最低估计和要求。例如:

⑥ 他没60也总有55了。
⑦ 周一到周五没时间,周末总有时间吧。

B1.4. "倒也是"常是先前没有想到或不这么认为,在听了对方的解释和说明后才表示赞同的。例如:

⑧ ——周末咱们去香山吧!
　　——周末人太多,而且叶子也不红,不如再等等。
　　——那倒也是。

B1.5. 在使用"好了"时,一定是先说出或暗示某种非意愿的、不如意的或令人担心的情况,然后用"好了"来表示对那种情况不在乎、不介意;或发现对方有某种疑虑或担心时,来劝慰对方别介意、尽管放心。例如:

⑨ 既然他不愿意带我们一起去,那我们自己去好了。
⑩ ——这瓜甜吗?
　　——你吃好了,保准很甜。

B2. 特定的句法环境

句法环境,即指该虚词所能出现的句类。这里的句类概念,包括一般所说的陈述句、疑问句、祈使句、感叹句等句类,也包括这些句类下面再分的小类,也包括一般所说的句式,如"把"字句、"比"字句等。

B2.1. "或者""还是"都能在表示选择关系的复句中起连接作用,但是"或者"只用于陈述句或祈使句,"还是"只用于疑问句。例如:

① 在那儿消费,或者用钱,或者用信用卡,都可以。
② 在那儿消费,用钱还是用信用卡?

B2.2. 疑问语气词"呢""吗","吗"只能用于是非问句,"呢"除了是非问句以外的其他句子都可以。例如：

① 他明天去学校吗？
② 他明天准备去哪儿呢？

B2.3. "更""还""最"都能用于比较，表示程度高，但是"更""还"可以用于"比"字句，"最"不可以。例如：

① 比较起来，今年的房价比去年更/还低。
② 今年冬天比去年冬天更/还热。

"最"可以用于"在……中/上/里"，"名词性词语＋程度副词＋形容词性词语"的句式中，而"更""还"不可以。例如：

① 在咱们班学生中，他最聪明。
② 在咱们班上，他最活跃，老师们都很喜欢他。

B2.4. "稍"、"较"都可表示程度浅，但"稍"可以用于"比"字句，"较"不可以。例如：

① 小王比小张稍高点。
② 今天比昨天稍热些。

B2.5. 表示程度深的"还"，只能用于"比"字句或者对话中含有强烈对比意义的句子；而表示程度浅的"还"，正好相反，只能用于别类句子。例如：

① 我吃的盐比你吃的米还多。　　（程度深）
② 这个房间还干净。　　　　　　（程度浅）

B2.6. "究竟"和"难道"都表示疑问语气，但是"难道"只能用于是非问句中，而"究竟"只用于特指问句、选择问句、反复问句。例如：

① 究竟是谁把玻璃打碎了？　　（特指疑问句）
② 你究竟去还是不去？　　　　（选择疑问句）
③ 你难道不知道吗？　　　　　（是非问句）

B2.7. "千万""万万"都表示强调语气，但是"千万"只用于祈使句中，"万万"既能用于祈使句，也能用于陈述句。例如：

① 这件事千万/万万不要让老师知道。
② 我万万没想到这事是你干的。

B2.8. "赶紧"既能用于陈述句，也能用于祈使句；"赶忙"只能用于陈述句中。例如：

① 赶紧回家去吧，你妈叫你吃饭呢。
② 他赶忙/赶紧跑回家去了。

B2.9. 在"不＋程度副词＋形/动"格式中,"很"可以进入此格式,但是"怪、挺、蛮、老"都不可以。例如：

① 她不很漂亮。
② 我不很喜欢这个电影。

B2.10. 在"程度副词＋不＋形/动"格式中,"很"、"挺"可以进入这个格式;"怪"很少,仅限于"怪不好意思的、怪不自在的、怪不耐烦的、怪不放心的、怪不高兴的";"蛮、老"则完全没有这种用法。例如：

① 很/挺不高兴
② 很/挺不喜欢

B3. 特定的语篇环境

某些虚词只出现在特定的语篇中。如"真"的作用是加强肯定,可用于以下几种语篇环境：(李小荣1997)

B3.1. 回答别人关于"某人某事怎么样"的问题。例如：

① ——北京怎么样？
　　——真不错。

B3.2. 面临实情实景发出的感慨,例如：

②（看见了香山）香山真漂亮！

B3.3. 主动对谈话另一方已知的人或事物进行评价。例如：

③（和朋友一起爬香山回来）我觉得现在的香山真漂亮,你觉得呢？

B3.4. 评价对方所不知道的人或事物,要先进行说明,再评论。例如：

④ 昨天我去爬香山了,真漂亮,你也赶紧去吧,不然叶子就落了。

C. 虚词用法显示的方式

通过研究,归纳出来虚词的各种用法,至于应该用什么样的方法来显示对比结果,这直接关系到学习者的学习效果。

在对比、归纳出虚词的用法后,体现研究成果的最好的方法是以表格的形式显示出来。实用性对比表格,简单明了,对于学习效果起着很好的促进作用。我们在易混虚词辨析部分,有一些就是用表格的形式来显示的。

参考文献

房玉清 2008,《实用汉语语法》,北京语言大学出版社。
高　燕 2008,《对外汉语词汇教学》,华东师范大学出版社。
国家对外汉语教学领导小组办公室汉语水平考试部 1992,《汉语水平词汇与汉字等级大纲》,北京语言学院出版社。
国家对外汉语教学领导小组办公室汉语水平考试部 1996,《汉语水平等级标准与语法等级大纲》,高等教育出版社。
侯学超 1998,《现代汉语虚词词典》,北京大学出版社。
胡明扬 2002,《汉语语法教程》序,见孙德金《汉语语法教程》,北京语言文化大学出版社。
蒋　琪、金立鑫 1997,"再"与"还"重复义的比较研究,《中国语文》第3期。
金昌吉 1996,《汉语介词和介词短语》,南开大学出版社。
李小荣 1997,谈对外汉语虚词教学,《世界汉语教学》第4期。
李晓琪 1998,论对外汉语虚词教学,《世界汉语教学》第3期。
李晓琪 2005,《现代汉语虚词讲义》,北京大学出版社。
李晓琪 2007,汉语虚词教学方法探讨,《汉语教学:海内外的互动和互补》,商务印书馆。
刘公望 1984,《汉语助词论》,民族出版社。
刘月华、潘文娱、故铧 2001,《实用现代汉语语法(增订本)》,商务印书馆。
陆俭明 1980,关于汉语虚词教学,《语言教学与研究》第4期。
陆俭明、马　真 1985,《现代汉语虚词散论》,北京大学出版社。
陆俭明 2005,《现代汉语语法研究教程(第三版)》,北京大学出版社。
吕叔湘主编 1996,《现代汉语八百词》,商务印书馆。
马　真 1983,说"反而",《中国语文》3期。
马　真 2002,谈谈虚词研究的方法,《语言文字学论坛》第一辑,中国社会科学出版社。
马　真 2004,在对外汉语虚词教学中要重视比较的方法,载《汉语口语与书面语教学——2002年国际汉语教学学术研讨会论文集》,北京大学出版社。
马　真 2004,《现代汉语虚词研究方法论》,商务印书馆。
彭小川、李守纪、王　红 2009,《对外汉语教学语法释疑201例》,商务印书馆。
齐沪扬、张谊生、陈昌来 2002,《现代汉语虚词研究综述》,安徽教育出版社。
王　还 1983,"ALL"与"都",《语言教学与研究》第4期。
王明铭 1990,也谈现代汉语的虚词研究,《承德师专学报(社会科学版)》第一期。
武克忠主编 1992,《现代汉语常用虚词词典》,浙江教育出版社。
谢文庆 1989,对外汉语语法教学的思考,《天津师大学报》第6期。
邢福义 1985,《复句与关系词语》,黑龙江人民出版社。
杨寄洲主编 1999,《对外汉语教学初级阶段教学大纲》,北京语言文化大学出版社。

张宝林 2006,《汉语教学参考语法》,北京大学出版社。
张和生主编 2008,《汉语可以这样教——语言要素篇》,商务印书馆。
张谊生 2000,《现代汉语副词研究》,学林出版社。
张谊生 2000,《现代汉语虚词》,华东师范大学出版社。
周小兵 1998,表示限定的"只"和"就",《第三届国际汉语教学讨论会论文选》,北京语言文化大学出版社。
朱德熙 1959,说"差一点",《中国语文》第 9 期,载《20 世纪现代汉语语法八大家:朱德熙选集》(2001),东北师范大学出版社。

第十讲 外国人学汉语语法偏误分析

一 偏误概说

1.1 什么是偏误

第二语言教学过程中,外国学生常输出不符合目的语语法规则的语言。这些语言现象能否被简单地认定为是学生的错误呢?科德(S. P. Corder)将错误分成"偏误(error)"和"失误(mistake)"。偏误是指"中介语与目的语之间的差距"(鲁健骥 1984)。刘珣(2000)对此做了更进一步的解释:"偏误则是指由于目的语掌握不好而产生的一种规律性错误,它偏离了目的语的轨道,反映了说话者的语言能力和水准。"Rod Ellis对鉴别偏误提出了两条标准:看使用频率的高低及能否自行纠正。一般来说,错误率出现频率较高的且不能自行纠正的为偏误,反之为失误。偏误分析是建立在认知理论和乔姆斯基的普遍语法理论的基础上的研究。

1.2 偏误研究与对比分析理论、中介语理论

想要全面了解偏误分析,必须先了解对它产生深远影响的两个理论:对比分析法和中介语理论。

1.2.1 对比分析理论

1957年,Lado提出了对比分析法,提倡将第一语言和第二语言进行对比,分别从语法、语音、词汇等方面找出两者的差异,找出潜在错误,从而促进二语习得。他认为,学习者在学习第二语言时,常常会受到第一语言习惯的迁移。迁移是指在学习过程中已获得的知识、态度、技能和方法等对学习新知识、技能的影响。如果这种影响起正面的、积极的促进作用,便被称为正迁移,反之为负迁移。两种语言结构特征相同之处产生正迁移,两种语言的差异导致负迁移。(刘珣 2000)C. Practor利用对比分析提出了一种"难度等

级模式",将学习者将遇到的难度分为零至五级,由低到高分别为:正迁移、合并、差异不足、再解释、超差异、分化。

对比分析假说提供给我们的启示是第一语言会对第二语言产生巨大的影响,第一语言的负迁移会产生偏误。但是这一假说有其自身的局限:

首先,第一语言的负迁移并不是偏误产生的全部原因,教学误导、目的语规则泛化、交际策略等都有可能产生偏误。

其次,根据教学实践经验,我们会发现并不是难度等级越高,即两种语言差异越大的语言点,越难习得。有时候两者相似之处反而难以习得。因此,结构差异和学习难度并不是单纯成正比关系。

最后,对比分析机械地对比两种语言,忽略了学习者自身的特点和能动性。

1.2.2 中介语理论

60年代后期,人们渐渐发现对比分析法无论是在二语习得的理论研究上,还是在教学实践中都显得力不从心,于是开始探其弊病,渐渐提出中介语理论。

1969年,Selinker提出了中介语假说。中介语是指在第二语言习得过程中,学习者通过一定的学习策略,在目的语输入的基础上所形成的一种既不同于其第一语言也不同于目的语、随着学习的进展向目的语逐渐过渡的动态的语言系统。(刘珣 2000)学习者的中介语包括两个部分:跟目的语一致的部分,即符合目的语语法的部分;跟目的语不一致的部分,即不符合目的语语法的部分。(周小兵等 2007)Selinker提出产生"中介语"的五个原因:语言转移、对第二语言规则的过度概括化、语言训练的转移、学习第二语言的策略、交际的策略。基于这种理论,我们可以得知,母语负迁移、目的语规则泛化、教学误导、学习策略、交际策略等都有可能引起偏误。

对以上两种理论有了大致了解后,我们便大致摸清了偏误分析的研究脉络,对教学和研究都大有裨益。

1.3 偏误的类别

在对偏误进行分类的时候,我们往往会根据语音、语法、词汇等方面进行区分。在本章中,我们将对语法偏误进行重点分析。除此之外,科德等也从不同角度对偏误进行了归类,对偏误的研究和教学提供了新思路。

▲前系统偏误(presystematic errors)、系统偏误(systematic errors)与后系统偏误(postsystematic errors)

这是科德提出的对偏误进行分类的办法。当学习者处于目的语的摸索和学习阶段时,尚未掌握足够多的目的语知识,从而对表达产生了障碍。这时候出现的偏误通常就是前系统偏误。对于这类偏误,学习者无法自行纠正,教师也没有必要对其作出解释,因为即使纠正,学习者可能也无法理解。这种偏误通常出现在初学者身上。

系统偏误则是当学习者已拥有了一部分目的语知识后,但仍可能由于对目的语规则的不完全了解或是不熟悉而造成系统性偏误。这类偏误就是教师需要高度重视的部分。

后系统偏误大致类似于失误。虽然学习者掌握了大量目的语知识,但有时也会错误运用,这类偏误是可以由学习者自行更正的。

▲整体性偏误(global errors)与局部性偏误(local errors)

Ellis 根据偏误的严重程度将偏误分为整体性偏误和局部性偏误。整体性偏误,指影响整句结构从而导致理解困难的偏误;局部性偏误,指仅影响句中某一个成分而不影响整句理解的偏误。(周小兵等 2007)

▲显性偏误(overt errors)和隐性偏误(covert errors)

有一些表达放在单句中是符合语法规则的,放入语境中就显示出其不妥之处,对于这种偏误,我们称为隐性偏误。而显性偏误即使置于单句中也十分明显。在教学中,我们常重视显性偏误而忽略隐性偏误。

此外,还有语义偏误、语篇偏误和语用偏误。

1.4 对待偏误的态度

对待偏误,我们不能单纯地纠正,也无需如临大敌。习得一门新的语言并不是一蹴而就的事情,其过程必然会伴随着偏误的出现,这是学习者不断学习、克服错误认识的结果。我们在看到偏误是一种错误的同时,更应该看到它的积极意义。当然,我们应"对偏误在交际中所产生的影响也要有实事求是的估计"。(刘珣 2000)因为对于大部分学习者来说,交际成功是他们的主要目的。有时,某些偏误不影响交际,就无伤大雅,教师不需要逢错必究,挫伤学习者的积极性,而应鼓励学习者积极进行语言交际。当然,教师对学习者的偏误也不能采取不闻不问的态度,而是有责任帮助学习者改正部分偏误。

1.5 偏误辨认与纠正

偏误辨认是纠偏之前必经的一个步骤。

首先,要对偏误的性质进行分析,以区分轻重缓急。本族教师通常运用语感判断偏误点,倘若是非本族教师,就要根据语法知识去辨认偏误的存在与否。需要注意的是,不能光凭语感或僵硬地使用语法知识。有些学生会使用母语者不太常用的语法形式。可依据 Ellis 的两条原则判断是偏误还是失误。对于失误,教师可以不予纠正。确立偏误点后,应判断其隶属于整体性偏误还是局部性偏误,是前系统偏误还是系统偏误,再作出纠偏与否的判断。倘若属于系统偏误或是整体性偏误,就要进行认真的讲解。

其次,还要看偏误发生的场合,采取不同的纠偏方式:在对语言形式进行训练时(如语音、词汇、句型等操练),不论是语音的还是词汇、语法的偏误都应从严纠正;在进行交际性练习时(如演讲、对话等)则应避免当场纠错、影响学习者的交际活动。可以把偏误记录下来,事后再给学习者指出。(刘珣 2000)周小兵在《外国人学汉语语法偏误研究》中界定了纠正语法偏误的几个原则:不违背原句作者意愿、符合汉语规则和语感、最简化、接近学生水平及选择特定的偏误点。教学中,应选择学习者出现频率最多的,比较接近学生语法水平的,或是学生学过但未掌握好的,或是即将要学的偏误点进行纠正。

二 针对不同母语背景学习者的汉语语法偏误教学

2.0 语际偏误,是由母语负迁移引起的偏误,具体而言是学习者在学习某一种语言时按照母语的思维定势将其表达习惯套入目的语而造成的表达错误。(周小兵等 2007)母语对学习者的影响非常大。

2.1 英语母语者

鲁健骥(1994)从遗漏、误加、误代、错序四个方面对英语母语背景学生的语法偏误进行了深入分析。英语属于印欧语系,与隶属于汉藏语系的汉语在语法上差异较大。与印欧语系比起来,汉语语法最根本的特点就是没有形态变化。这个特点决定了汉语语法的两个基本特点就是:"汉语词类跟句法成分(就是通常说的句子成分)之间不存在简单的一一对应关系;二是汉语句子的构造原则跟词组的构造原则基本上是一致的。"(朱德熙1985)

2.1.1 错序偏误

与汉语不同的是,英语中的词在句子中的位置相当的稳定,例如名词与主宾语,动词与谓语,定语与形容词,状语与副词等都是一一对应的。而在汉语中,正是由于缺乏形态变化,所以语序和虚词为主要语法手段,因此,英语母语背景的学生常常会将英语跟汉语不同的地方用到汉语上。(朱德熙1985)例如:

▲状语偏误

*我不吃饭【在学校的食堂】了。　　(我不在学校的食堂吃饭了。)
*【常常】我们去旅行。　　　　　　(我们常常去旅行。)

这类偏误来源是母语负迁移,是状语的错序。由于在英语中,副词状语可以放在句首、句尾或是谓语前,而介词短语作状语的时候,常置于句首和句尾。

▲定语偏误

*那本书【我买(的)】　　　　　　(那本我买的书。)

第十讲　外国人学汉语语法偏误分析

　　＊情况【关于那个工厂（的）】　　（关于那个工厂的情况。）

　　这类偏误为定语错序。印欧语系里，修饰名词的是形容词。有些语言里，作定语甚至是形容词的专职。而汉语中能充任定语的词语却是多种多样的，如名词、数量词、代词、形容词（短语）、主谓短语等。

　　＊【新一本关于中国】的书。　　（关于中国的一本新书。）
　　＊【一个我】朋友。　　　　　　（我（的）一个朋友。）
　　＊【在北京昨天……】　　　　　（昨天在北京……）

　　而汉语中多重定语和多重状语并列时，顺序是比较固定的。表示领属关系的名词/代词——指示代词——数量词组——表示修饰关系的形容词/名词＋中心语。学生常搞不清楚该顺序从而产生偏误。同时表达时间和地点状语的时候，英语是将地点状语置于前，而汉语却将时间状语置于前，所以引起了学习者的偏误。

　▲"把"字句偏误

　　＊老师【把】打开了教室的窗户。　　（老师把教室的窗户打开了。）
　　＊请你们【把】拿出你们的本子。　　（请你们把本子拿出来。）

　　"把"实际上是介词，学生将它当副词使用，因此置于谓语前。

2.1.2　意义较虚的部分易引起遗漏偏误

　　对英语背景的学生来说，一些意义较虚的成分易引起遗漏。鲁健骥（1994）指出，从说话者组织语言的思维习惯出发，首要想到的、主要的、熟悉的成分不太容易被遗漏，反之则易被遗漏。

　　＊记【住】＊看【见】＊寄【给】＊跑【到】
　　＊【听】完（了）＊【看】完（了）＊【做】完（了）＊【学】完（了）

　　在这些述补短语中，"记""看""寄""跑""完"都属于主要的语义成分，而"住""见""给""到"都是补充性的次要的语义成分。

　　＊除了……，【都】……　　＊一点儿【也】不…

　　这类偏误有一些是由母语负迁移引起的，英语中"except"就可以完整的表达"除了……都……"的意思，而"not at all"中也未包含"也"的词义。所以在教学中，教师一定要对意义较虚的成分加以强调。

2.1.3　能愿动词的偏误

　　周小兵等（2010）曾谈到"汉语能愿动词内对应关系的复杂和英汉两种语言语际性的形式与功能/意义的交叉对应是导致母语为英语的学习者在'对应'和'内置'两个认知环节上产生偏误的主要原因。"对应指学习者必须不断地对比其母语形式与目的语形式并将之进行匹配。而内置则是指学习者须使语句符合其所发生的语境，即将语句内置于社交语境和语言环境并使之尽量协调。当然,这也并不能概括所有的偏误来源,有一些也是由于目的语规则泛化。

▲Can 导致"会"和"能"的混用

　　* 只有有才能的人,才【会】当大使。　　　　（只有有才能的人,才能当大使。）

Can 在功能上对应汉语中的"会"和"能",而"会"和"能"在汉语中的功能有部分相同,有部分不同,即使在表同一功能时也有不同的语法和语境限制,因此不了解这种限制的话,就极易引起两者的混用。在汉语中"只有……才……"有时表条件,有时表强调。当表条件的时候,不能使用不能表条件的"会",而应用"能"。但是英语中,"会"和"能"均可使用"can"。因此,留学生在对应的时候面临着较高的认知要求,不但要区分语境,使形式与语境相符(即内置),在语境相同或相近的情况下还要进行语义的区分。

▲Can 导致"能"和"可以"混用

　　* 在十天内,你们【可不可以】造好箭?
　　（在十天内,你们能不能造好箭?）
　　* 甲:请问,这儿能不能吸烟?　　乙:【能】。
　　（甲:请问,这儿能不能吸烟?　　乙:可以。）

上面两句话中,都使用 can 及其相应的疑问或否定形式。而汉语中的各能愿动词在不同的语境中其否定和疑问形式却有可能和它们的肯定形式不对称。Can 对应了三个汉语能愿动词:"会""能"和"可以"。在表"能力"和"可能性"时,就要区分"会"和"能/可以"。而在表"条件/用途,许可"和"可能性"时,则主要区分"能"和"可以"。在汉语中由于各能愿动词的否定和疑问形式与其肯定形式不一定对应。例如表猜测估计可能性时在肯定句中能用"可以",但在疑问句中却要用"能"。而"可以"的疑问形式"可不可以"却是表示请求许可而不是对能力的询问。因此"可不可以"要换成"能不能"。有时候,用"能不能"提问表示"请求许可",而单独回答却要用"可以"。

▲Should/Shall 导致"能"和"可以"混用

　　* 以后我们一定【应该】生产更多的机器。
　　（以后我们一定要生产更多的机器。）

Should/Shall 表义务的时候对应的是"要"和"应该"。但这句话选用"应该"却造成了偏误,因为"应该"不能和"一定"搭配。"一定"和"要"搭配的时候,是表意愿,而非义务。留学生在理解这一点上可能会有些困难。

▲"要"的否定形式与 Don't want to

　　* 他太困了只好给我开(车)。我【不要】炫耀自己,但我开车非常好。
　　（他太困了只好给我开(车)。我不想炫耀自己,但我开车非常好。）

在表意愿的时候,英语母语学生受到"Don't want to"的母语负迁移,常用"不要"来表示"要"的否定形式。但是中国人却用"不想"。可见英语中肯定与否定形式的对应和汉语中肯定与否定形式的不对应这一重大区别往往导致目的语否定形式上的偏误。

▲"要"的其他形式与"Be going to"

　　＊十岁的时候我给她打个电话说我【快要】去看她。
　　（十岁的时候我给她打个电话说我马上要去看她。）

当母语形式与目的语形式之间存在着决定性相似度时,易产生母语负迁移。比如例句中的"Be going to"表示事件即将发生,看上去对应着"快要"。但是"Be going to"除了表示对客观事件的判断,还表示主观打算,而"快要"就单表示对客观情势的判断。但学生却分不清这一点。

2.2　韩语母语者

韩语与汉语的关系源远流长,无论从语音、语法、词汇上都有莫大的关联。因此,韩国母语者在学习汉语的时候,常常受到母语的负迁移,从而产生偏误。

2.2.1　连动句偏误

汉语的语序是按照事件发生的先后次序来排列的。(戴浩一 1988)汉语是按照动作实现的显性事件为顺序,而韩语则多按动作行为(包括心理活动)的出现先后为顺序,即先有目的才有行动,因此句法上就反映出这种顺序。(周小兵等 2007)

　　＊他找老师【去办公室】。　　（他去办公室找老师。）

例句中,韩国学生先想到的是行为的最终目的,即"找老师",然后而"去办公室"只是为了实现目的。

2.2.2　宾语前置偏误

汉语语序是"主语＋动词＋宾语"(SVO),韩语语序则是"主语＋宾语＋动词"(SOV)。因此常出现宾语前置。

　　＊我们一块儿【学校】去吧。　　（我们一块儿去学校吧。）
　　＊每天下午我【的房间】打扫。　　（每天下午我打扫房间。）

在"把"字句当中,学生也容易产生宾语前置的偏误。韩国学生一般认为学习"把"字句对他们不成问题。他们以为"把"字句就是把宾语提前,而韩国语正是宾语在前,因此只要在韩国语的宾语之前加上"把"就可造出汉语的"把"字句。但问题并不如想象中得那么简单,因为韩国语中是宾语都在谓语前边,而汉语中并非任何情况都可用或须用"把"字的。韩国学生常泛化"把"字的使用规则,对不需要"把"字的情况也用"把"字句。(肖奚强 2000)

(1)＊今天你要是进城,就替我【把】两张电影票【买】。

(今天你要是进城,就替我买两张电影票。)
(2)＊政府【把】乡下人帮助了【在经济、教育、文化等等方面】。
(政府在经济、教育、文化等等方面帮助了乡下人。)
(3)＊用了两个月的时间,我终于【】这件事完成了。
(用了两个月的时间,我终于把这件事完成了。)

在例句(1)中的"电影票"是无定的,而"把"字句的宾语应是有定的,因此不可以使用"把"字句式。学生由于对目的语规则掌握得不够全面而造成了偏误。例句(2)中的"帮助"没有处置义,因此也不能使用"把"字句。例(3)遗漏了"把",但也有可能属于语序偏误。

2.2.3 程度副词偏误

汉语的程度副词分为绝对程度副词和相对程度副词,绝对程度副词在与形容词相结合后在语义上是自足的,而相对程度副词在与形容词相结合后还需要比较对象语义才能自足。例如"很"、"挺"等都属于绝对程度副词,而"更"、"稍微"属于相对程度副词。(肖奚强 2000)而在韩语中,相对程度与绝对程度的界限却并不是很明显。

(1)＊今天比昨天【很】冷。　　(今天比昨天更冷。)

例(1)中的"很"是绝对程度副词。绝对程度副词是不能出现在"比"字句中的。

2.2.4 离合词和及物动词的偏误(肖奚强 2000)

将不及物动词误作及物动词,把本该以介词引导做状语的成分误作不及物动词的宾语,是韩国学生常见的语法偏误。

＊我【着急】你弟弟的健康。　　(我对你弟弟的健康很担心。)
＊我妹妹【失败】了大学入学考试。　　(我妹妹在大学入学考试中失败了。)

"着急"和"失败"都是不及物动词,分别由介词"为"、"在……中"引导置于谓语动词之前充当状语。

＊今天总长【握手】我。　　(今天总长握了我的手。)

这个例句看上去好像是及物动词的偏误,但实际上却是留学生对离合词没有掌握好。

2.2.5 介词偏误

与汉语不同,韩语是黏着语,词尾可表达语法意义。韩语词尾所表达的语法意义有时候就由汉语中的介词来代替,但又不是完全对等。所以韩国学生常常会直接进行母语到目的语的语码的转换,而在转换的过程中,一般有一个把词语从母语到目的语逐个转换的过程。于是,韩国学习者会把某些有时与韩语语法意义相当的汉语介词硬加进本不需使用介词的汉语语句中,或生造一些介词结构来代替汉语的宾语,造成介词的误加。(周小兵等 2007)

(1)＊他们谈了【对】学习方法。　　(他们讨论了学习方法。)

第十讲　外国人学汉语语法偏误分析

(2)＊因为我们不知道好吃的中国菜,所以我们【给】老师问了好吃的中国菜。
（因为我们不知道什么是好吃的中国菜,所以去问老师。）

2.2.6　补语和状语的偏误

韩语无补语,只能用状语修饰谓语中心。因此,状语和补语的使用对韩国学生来说都是难点。除了上面谈到的介词的滥用,还有一种介词短语的偏误也常常出现在学习者的中介语中。韩国学生往往把该作状语的误作补语。

(1)＊我【有约会在公司门口】。　　　　（我在公司门口约会）
(2)＊如果你去买东西,顺便【买给我】一本书。
（如果你去买东西,顺便给我买一本书。）

从例(1)中,我们可以得知,韩国学生是受到了母语的负迁移,把本该置于谓语动词前的状语放在了句尾。而例(2)中"给我"也是如此,应置于谓语动词前。

韩国学生也常在数量补语的使用中产生语序偏误。由于在韩语中动词在句尾,所以根据韩国学生的思维定式,他们会将数量补语放在动词前。尤其是初学者,这样的惯性思维会持续一段时间。（周小兵等 2007）汉语中用时段表示动作持续的时间,在句法上往往用补语来表达。汉语用时点表示动作的开始或结束,在句法上往往用状语来表达。韩国语中因没有补语,时点和时段都以状语表达。这就容易使韩国学生学习汉语时产生负迁移,出现状语、补语颠倒的情况。（肖奚强 2000）

(1)＊我差不多【五年住在他家隔壁】。　　（我差不多在他家隔壁住了五年。）
(2)＊他大概【来五点】。　　　　　　　　（他大概五点来。）
(3)＊中国菜比较油腻,但【几次吃了】以后习惯了。
（中国菜比较油腻,但吃过几次以后就习惯了）

例(1)是时段补语误作状语。例(2)是时点状语误作补语。例(3)是动量补语错序,置于了动词前。

除了补语的错序偏误,有时候韩国学生还会将补语遗漏和误加,尤其是程度补语。韩国学生常常不知道何时该用,何时不该用。

(1)＊他可能不参加我们的宴会,因为他常常忙【】。
（他可能不参加我们的宴会了,因为他常常忙得很/很忙。）
(2)＊没想到我们这么【很】快就见面了。
（没想到我们这么快就见面了。）
(3)＊我家的花都开了,都很漂亮【极了】。
（我家的花都开了,都很漂亮。）

形容词作谓语的时候有一定的限制,一般只能用于对照、比较的情况。在没有对照、比较意味的句子里,只用一个性质形容词作谓语时,会使人感觉不完整。所以要在形容词前加上程度副词"很"或是程度补语等。(刘月华等2001)例(1)就是错将形容词单独做谓语。应在前添加上程度状语或是在后加程度补语。例(2)是状语的累赘,同时使用了两个状语"这么"和"很"。例(3)是补语的多余。

2.2.7 "比"字句偏误(周小兵等2007)

"比"字句是汉语中较为复杂的一类句型,也是外国学生偏误类型最多的句型。周小兵讨论了9类韩国学生的"比"字句偏误。

▲"比B"后出现"很、非常、十分"等绝对程度副词

(1)＊因为小慧和大辉比以前【很容易】亲密。
（因为小慧和大辉比以前容易亲密多了）。

(2)＊所以比韩国旅游时间,嗯,旅游的时候【很有意思】。
（所以比在韩国旅游的时候有意思多了。）

韩语中所有的程度副词都可以进入比较句表比较义。但汉语中绝对程度副词、相对程度副词用法上界限明晰。绝对程度副词绝对不可以进入"比"字句,相对程度副词却可以;兼类词只有"比较(副)"一个,也不能进入"比"字句。

从程度副词和程度补语的角度来看,韩语中只有"谓词前程度副词"这一种形式,汉语中有谓词前程度副词和谓词后程度副词两种形式,所以韩国学生常会犯例(2)似的错误。有时候学生实现了谓词前后位置的转换,但由于还不能区分绝对程度、相对程度,有时会犯"A比B＋形＋得很"或"A比B＋形＋极了"类的偏误。

▲"比B＋比较"

(1)＊我特别喜欢的料理是东北菜,【比】广东菜【比较】合适韩国人的口味。
（跟广东菜比起来,东北菜比较适合韩国人的口味。）

(2)＊很有名在日本,我听说日本的女人喜欢韩国的人,因为韩国的男人一定去当兵,因为他【比较大人】,【比日本的男人】。
（因为跟日本的男人比起来,他(韩国人)比较成熟。）

汉语中,"比"和"比较"来源相同,意思也相通,若出现在同一句中语义有羡余。而韩国学生会犯例句中的错误,也是与两种语言的语法规则体系有关,在汉语中所有的程度副词都不能以状语形式出现在"比字句"中,而韩语中所有的程度副词(无论表绝对程度副词或相对程度或数量词)都可以出现在表比较的句式中。

▲"比B＋倍数"

(1)＊统计学表示,【比女性的两倍左右的】男性都答应(回答)了"是"。
（有女性两倍左右的男性都回答了"是"。）

(2)＊中大什么都有。【中大面积比我们学校的面积大概10倍】。
（中大面积大概是我们学校面积的10倍。）

第十讲　外国人学汉语语法偏误分析

汉语中的"比"字句只能表达"大于"或"小于"的概念,而在韩语的比较句中甚至可以表达"等于"的概念。

▲"比 B+重叠"

(1) * 北京比广州人【慢慢的】。(北京人比广州人慢多了。)

重叠是汉语中特有的语法现象,以重叠的手段表示量的变化,对形容词而言,常常是表量的增加。但是韩语中并没有这一语法手段,所以学生将其归入量增加的范围,认为也可以用于"比"字句中等同于程度副词的作用,这实际上是由于学习者根据自己的语法系统对新的语法现象进行了错误的归纳。

▲"(没有)比 B+不(或正反问)"(差比否定句的错误否定形式)

(1) * 嗯,帅。我觉得都是这样,看里面【比】真的人不好。一点胖。不是很矮,比较矮。
(看里面(电视里面)没有真的人好。)

(2) * 在宿舍里自己煮饭比大家想象中【不太】麻烦。
(在宿舍里自己煮饭没有大家想象中那么麻烦。)

汉语中的差比否定式有三种形式:"没有"、"不比"、"没有……比……更……"。韩语中比较句中可直接加否定式。韩国学生常常由于母语负迁移而出现偏误,在"比 B"之后、形容词之前加否定词"不"或"不太、不怎么"等系列的否定格式或正反问句形式。

▲"比 B(不)一样/差不多"("比"字句后出现等比的结论项)

(1) * 她的个子【比】我差不多。
(她的个子跟我差不多。)

(2) * 昨天考了。昨天很难了,【比以前的】。【比以前不一样的方式】。这个是第一次改成的,试验的是我们。
(昨天的考试比以前难多了。跟以前不一样的方式。)

这里的偏误和第三类偏误的成因是成体系的,因为汉语中比较句不表等比的意思。需要注意的是,这种类型的偏误并不是韩国学生独有的,其他母语背景的学生有时也在口语中会说出这样的句子,这可能是因为学生在语流中先想到的是比较,而后发现结论是等比,也就顺势说出来了。

▲将"比"字句用作泛比

(1) * 我觉得这里用地铁的人很少,就【比】广州城市的大小。广州城市很大,利用地铁的人还少,……
(我觉得这里用地铁的人,跟广州城市的大小比起来,很少)

在汉语中比较的双方必须是同类,不同类的事物不能用于"比"字句。而韩语中这个范围却要相对宽泛一些。这实际上是个比较项范围大小的问题,不属于形式上的差异,是个比较隐性的语义语法上的差异。

▲数量短语(或词)前置或者"多"的形式错误

(1)＊我跟大哥像我妈妈,二哥三哥像我爸爸。全部不一样。哥哥比我【多大】,四岁大。

(哥哥比我大多了,大四岁。)

(2)＊而且我的邻居都进了比我【好多】学校。

(而且我的邻居都进了比我好多了的学校。)

汉语中的数量词做补语时位于形容词之后;韩语中的数量词做谓语的状语则位于形容词之前。就"比"字句而言,韩语使用度量状语,汉语可使用相对程度副词或度量补语。此外,韩国学生在数量短语上所犯的错误多出在"多"做数量补语之时,例如:平比时用"＊他比我高多";纵横比时用"＊你来中国以后胖得多"这样的偏误。这是由汉语中"多"表差量时形式和意义的复杂性所引起的。汉语中有三种形式"形＋得多"、"形＋多了"、"形(了)＋很多"三种形式,且各自使用条件和意义还不同:"形＋得多"一般只能用于平比(即与其他对象的同时比较),不能用于纵横比(即同一对象不同时间不同地点的比较);"形＋多了"既可用于,也可用于较比;"形＋很多"用于平比,"形了＋很多"用于纵横比。

▲比较项为心理能愿动词的宾语。

(1)＊元彬。但是我比较喜欢歌手,【比电视表演喜欢,歌手比表演喜欢】。唱歌的人,我不喜欢,【比表演】。

(跟电视表演相比,我更喜欢歌手。

(2)＊不过近年来,妈妈做给我的菜【比家里人更想】。

(跟想家里人比起来,我更想妈妈做的菜。)

韩语的比较句可以比较心理动词、能愿动词的宾语,而这是汉语"比"字句功能上的一个盲点,大多数情况下我们必须换用简单的单项递进比较句,或者泛比句等其他句式来表示。

2.3 日语母语者

虽然日语和汉语不属于同一语系,但是和韩语一样,日语和汉语的关系也源远流长,尤其是汉字。因此,日本学生在学习汉语的时候,在书写和汉字认读方面比其他母语背景的学生具有更大的优势。但需要注意的是,这并不能减少学生在语法方面出错的几率。

2.3.1 "是"的滥用和遗漏(周小兵等 2007)

"是"的偏误常常出现在名词谓语句中。汉语的名词谓语句通常不用"是",当陈述对象是数量、天气、籍贯、日期等时,如果不是为了强调,汉语常常不用"是"。但是日本学生通常会受到母语的影响,用"A 是 B"的句式来代替名词谓语句。

(1)＊今天【是】星期三。　　（今天星期三）

还有一种情况,日本学生容易造成"是"的滥用。汉语的动词、形容词可以直接做谓语,不需要用"是",但是由于日本学生常常将"是"等同于日语中的副助词,从而造成偏误。

(1)＊通过这个学期,我要学习的内容【是】如下:……
　　（通过这个学期,我要学习的内容如下:……
(2)＊一般的烹调方法【是】很简单。
　　（一般的烹调方法很简单。）

有时,当偏误得到纠正后,学生又会矫枉过正,尤其是宾语前有定语的时候,容易将"是"字遗漏。

(1)＊那时候的达成感也【】我小时候的许多回忆之中忘不了的一件事情。
　　（那时候的达成感也是我小时候的许多回忆之中忘不了的一件事情。）
(2)＊对管理员来说,【】在香港最便宜的招待所。
　　（对管理员来说,是在香港最便宜的招待所）

2.3.2　动词重叠的偏误(吕滇雯 2000)

▲日本学生常常在表达中会滥用动词重叠式的偏误,例如滥用 VV(O)和 V-V(O)。

(1)＊有一天,我和她在公园里【散散步】。　　（有一天,我和他在公园里散步）

这里的"散散步"并不符合中国人的表达习惯,因为"散散步"并不可用于进行态。动词重叠式不仅有特定的语法意义（短时/尝试）和表达功能（减弱该动词的目的性和明确性/缓和语气）,同时还带有较鲜明的时态特征。正是由于这种特征,才决定了动词重叠式和动词作定语的结构不相容。留学生对目的语规则掌握得不准确导致了偏误。

(1)＊永远失去让大家【听一听】自己的演奏的机会。
　　（永远失去让大家听自己演奏的机会。）
(2)＊我要【讲讲】的故事是在美国发生的。
　　（我要讲的故事是在美国发生的。）

动词重叠式也不能用于其他非未然态、非持续态的句子。

(1)＊小王正【要写写】心得体会的时候,突然有人找他。
　　（小王正要写心得体会的时候,突然有人找他。）

当不满足叙述体所需要的条件,动词重叠式则不能用于叙述体。

(1) *于是,他【挖一挖】那里,从地里取出刘大叔埋的坛子。
    (于是,他挖了一下那里,从地里取出刘大叔埋的坛子。)

除了时态和语体,有时候日本学生会因为对动词重叠式语义理解上的错误造成偏误。例如:

(1) *可是我们希望老师的身体,多【保重保重】。
    (可是我们希望老师的身体,多保重。)

学生误认为把动词用上两次,是加强这个动词的词义,但事实上恰好相反,这种结构是为了减弱该动词的词义,减弱该动词/行动的目的性和明确性。

动词重叠式的后面不能有别的动词结构,这包括三种情况:动词重叠式后面带谓词性宾语;动词重叠式在连动结构的前一部分;动词重叠式作状语。这三种情况都不成立。动词重叠式后面要么带名词性宾语,要么不带宾语。动词重叠后不能带表示时量或动量的词。因为动词重叠式本身已含有量的概念,再加上时量词或动量词,无异于画蛇添足。

(1) *要是你认为我说的是谎言,那么你也【试一试】戒一次烟吧。
    (要是你认为我说的是谎言,那么你也试着戒一次烟吧。)
(2) *回国以后,我先在家【休息休息】几天,然后去我的银行上班。
    (回国以后,我现在家休息几天,然后去我的银行上班。)

例(1)所犯的偏误就是将重叠式做状语,而例(2)的偏误则是时量词的赘余。

动词重叠式对宾语也有所要求,宾语要么是一个类概念,要么是特定的个体。换句话说,它排斥的就是不定的个体。所谓不定的个体,在语言形式上表现为未加限定词的数量名结构,如一本词典、两个问题、很多事情。

(1) *你应该【写写】一封信。   (你应该写一封信。/你应该写写信。)

▲滥用 V 了 V(O),也是日本学生常见的偏误。

(1) *(跟老师告别的场面)有几个人的学生哭了哭。(有几个人的学生哭了)

例(1)中的"哭了哭"表示的是短时间内就结束的行为,与学生要表达的本义应该是不符合的。

▲动词重叠式的缺损。

在某些情况下必须用动词重叠式来减弱动词的明确性/目的性,以表达一种随意的、没有明确目标、只有一个大致范围的行动。这时,如果单用一个动词会使该动词的语义显得非常突兀,不能圆满地完成上述语义表达。这里的偏误比较容易被接受,并不是什么错误的表达方式,只是不够地道。

(1) *他说了两三句话,可是我听不懂。我【看了】周围,跟他同样的孩子抓住了我朋友的棉袄。

(他说了两三句话,可是我听不懂。我看了看周围,跟他同样的孩子抓住了我朋友的棉袄。)

（2）*哎呀,那个坛子里有很多钱。今西【数钱了】,那个坛子里边有三百两白银。

（哎呀,那个坛子里有很多钱。今西数了数钱了,那个坛子里边有三百两白银。）

这两个句子有共同之处:都是叙述体以及完成态。在这样的句子里需要使用动词重叠式,主要是语法上的要求,说得更极端一些,是由"了"决定的。在此也可以不使用动词重叠式,而用动词加"一下"来代替。

2.3.3 时间词的偏误

汉语中的时间词也是日本学生的一个学习难点。他们常常会把该放在动词后做补语的时量词放在动词前。这是因为在日语中,无论是时量词还是时点词都是位于动词前的,日语的动词永远后置。而汉语中的时量词既可以位于动词前,也可位于动词后,虽然语义不同,可是学习者只注意到形式,没注意到语义的区别,于是构成了语内干扰。（周小兵等,2007）

（1）*我们【很长时间互相争论】了。然后,我怒气爆发,拉她的右手呀（应为"咬"之误）了一口。

（我们互相争论了很长时间,……）

（2）*我们【整天走】才到山顶。

（我们走了整天才到山顶。）

2.3.4 人称代词的偏误

日语中的无主句较汉语多,尤其是自称和对话时,对"你"、"我"这些称谓经常被省略,使主体的所指潜在于动词形式之中。受这种表达方式的影响,学生在说话时也往往丢掉了主语。（魏继东,1992）汉语的人称代词却有时可以省略,有时却不可以,例如汉语在上下文非常清楚的情况下就可以省略人称代词。（周小兵等,2007）所以常常使得日本学生不知所措。

（1）*【特意到车站来送,很过意不去。

（(S)特意到车站来送,很过意不去。）

（2）*【一看那夫妻进来,对他们宛然一笑而说"欢迎光临!……"

（(S)一看那夫妻进来,对他们宛然一笑而说"欢迎光临!……"）

2.3.5 语序偏误

汉语的语序和日语不同。汉语是主谓宾,日语是主宾谓。所以日本学生在表达意义较为复杂的句式时,还是极易受到母语的负迁移的影响。

(1)*在各地很多亲切的中国人碰见了。
    （在各地碰见了很多亲切的中国人。）

有时候,副词作状语的时候,日本学生更易说出错序的句子。这主要是因为日语中对"也"、"都"这些副词的位置要求并不固定,它们一般是只接在所强调的词语之后,至于应该用在句子的什么成分之前、什么成分之后,则没有严格规定。(魏继东,1992)

(1)*今年【也】庄稼长得不错。　　　（今年庄稼长得也不错）

2.3.6 比较句的偏误(周小兵 2010)

比较句也是日本学生学习汉语的难点之一。周小兵从四个方面分析了日本学生比较句的偏误：

▲度量差比较句。

在表示两者差异较大时,汉语用程度补语"得多"、"多了"、"很多",放在谓语后。在表示两者差异较小时,汉语用补语"一点儿"、"一些",放在谓语后,或用副词"稍"、"稍微"。副词放在谓语前,通常和补语共现。日语则相反。

(1)*我比你【很高】。　　　（我比你高很多。）
(2)*我比你【有点儿高】。　（我比你高一点儿。）

在用具体数字说明两者差异时,汉语、日语都用数量词。但是,汉语把数量词放在谓语后,日语把它放在谓语前。

(1)*韩国的面积比日本【的一点儿小】。
    （韩国的面积比日本小一点儿。）
(2)*1995年的工资【比2005年的工资1000元少】。
    （1995年的工资比2005年的工资少1000元。）

▲比较项与被比较项

汉语"比"字句的基本句型是：被比较项＋比＋比较项＋结论项。日语比较句中有一种无题句,这种句型的语序看起来跟汉语的句型一样,只是被比较项和比较项的顺序相反而已。因此,还没完全掌握"比"字句的初学者可能会受到其影响,产生病句。

(1)*【刚刚来中国的时候比现在】听得懂得多。
    （现在比刚刚来中国的时候听力进步多了。）
(2)*【以前的工资比现在】增加了一倍。
    （现在的工资比以前增加了一倍。）

▲结论项为动词

日语表能力、愿望的动词/动词词组(动词＋助动词)、表心理活动的动词/形容动词作谓语时,可以拿两个宾语来比较,但是汉语却不行,要用介词短语把宾语提到主语前。

(1)＊哥哥喜欢狗【比猫】。　　　（比起猫,哥哥更喜欢狗。）

如果换一个动词短语,结构可能有所改变,如果主语和宾语都是人时,还会有歧义。

(1)＊爸爸相信我【比妈妈】。　　　（跟妈妈相比,爸爸更相信我。）

▲状语和补语

带情态补语的一般动词可以做"比"字句的谓语,汉语的述补结构在日语中通常用主谓结构来表达,所以没有掌握好述补结构的初学者很难把日语的主谓结构和汉语的述补结构对应起来,于是,他们可能会把日语的结构(名词性动词＋形容词)类推到汉语"比"字句上,造出下面的病句:

(1)＊我比你【起早】。　　　（我比你起得早。）

在比较句中,汉语形容词"早"、"晚"、"多"、"少"等既可以做状语,也可以做补语。做状语时,它所修饰的动词后通常有数量补语;作补语时,动词和这类形容词之间一般都需要有"得",形容词后边就不能有明确度量,但可以有模糊度量。由于这类比较句语法限制太多,日本学生内化的过程自然要延长,很容易形成偏误。

(1)＊张波比陈民【起来起得早】两个小时。
　　　（张波比陈民早起两个小时。）

三　汉语篇章语法偏误

在传统的对外汉语语法教学中,我们常常从两大类进行考虑:一类是词法,包括各种词类的使用;另一类是句法,对外汉语教学中表现为句型的教学。因此,我们归纳偏误的时候也常常分为词性偏误和句型偏误。(杨柳程南昌2008)。但随着研究的日益深入,大家都认为语言应当放到更大的语言环境——句群中去讨论。陆俭明先生2002年就曾指出:"有许多词语,特别是不少语法点,只在一个句子范围内是不容易讲清楚、讲透彻的,而需要在更大的范围内,譬如说在语段或篇章中才能说清楚。如果把过去的讲法称为'句本位'的话,那么今后应提倡'语段或篇章本位'的讲法,因而需要在今后的对外汉语教学中加强语段、篇章分析的意识。"因此,篇章偏误也应当值得教学者关注。下面,我们将主要就英语和韩语为背景的学生的篇章偏误进行讨论,抛砖引玉。

3.1　省略偏误

省略是指某结构中未出现的词语可从篇章的其他小句或句子中回找,其作用是避免重复,突出主要信息,衔接上下文。它是汉语篇章形式连贯所采用的最主要的语法手段之一。(陈晨2005)包括主语省略、定语省略等。

▲汉语的主语省略较为灵活且频率特别高,并且是篇章连接的重要手段。而英语中的主语省略并不常见。(陈晨2005)而韩语中有时虽然也会省略主语,但是词与词之间隔写,分句间没有停顿,不用标点符号,所以韩国留学生认为承前或蒙后省略主语是理所当然的,语言表达明确、清楚。而汉语中有停顿,学生就会误认为每个分句都要有主语。

(1)＊我来中国以后,【我】经常感到孤单,所以【我】决定养动物。但是,因为我住在宿舍,所以养动物的条件是很不好的。
(我来中国以后,经常感到孤单,所以决定养动物。但是,因为我住在宿舍,所以养动物的条件是很不好的。)

(2)＊我要坐两班飞机才能到我的男朋友居住的城市。坐飞机的时候,我特别紧张,【我】吃不下饭,【我】睡不着觉,【我】看不了书,【我】只能跟别的旅客谈话。
(我要坐两班飞机才能到我的男朋友居住的城市。坐飞机的时候,我特别紧张,吃不下饭,睡不着觉,看不了书,只能跟别的旅客谈话。)

有时候,由于不了解汉语篇章中主语省略的前提是在同一话题链中,或由于其他原因,在不该省略主语的地方却省略了。(陈晨2005)

(1)＊有一天,老张决定带孙女去公园玩。在路上,他突然看到一个人有点儿面熟,【】是他的老同学老王!老张很高兴,【】跟老王已经两年多没见面了。
(有一天,老张决定带孙女去公园玩。在路上,他突然看到一个人有点儿面熟,那是他的老同学老王!老张很高兴,他跟老王已经两年多没见面了。)

▲汉语省略表领属的人称代词的语篇条件有两个:一是处于同一话题链内几个小句中的名词所表示的人或事物,属于话题所表示的人或事物时,其定语常常被省略。二是在记叙一个与"我"有着某种特殊关系的人物时(包括亲属、朋友等),一般只在题目中或文章的开头交代一下这种领属关系,后文中表领属的代词可全部省略。韩语中表领属的代词省略的方式与汉语基本相同。韩国留学生因为不了解汉语和韩语定语省略的对应特点,所以在习作中常常出现该省略定语而不省略的偏误。(黄玉花2005)而在英语中根本没有这种省略。

(1)＊我的爸爸妈妈都住在仁川,【我的】爸爸是老板,【我的】妈妈是一个家庭主妇。
(我的爸爸妈妈都住在仁川,爸爸是老板,妈妈是一个家庭主妇。)

(2)＊三个星期以前,我跟一个朋友去了山海关。我们在那儿住了三天。虽然那三天很冷,但是我们玩得很高兴。【】天很蓝,很晴朗,风景也特别漂亮。
(三个星期以前,我跟一个朋友去了山海关。我们在那儿住了三天。虽然那三天很冷,但是我们玩得很高兴。那天的天很蓝,很晴朗,风景也特别漂亮。)

3.2 照应偏误

照应(reference)指在语言表达中某个语言单位与上下文出现的另一语言单位表示的人或事物相同的一种语言现象。它多用代词等语法手段来表示语义关系,从而使单句连缀成篇。照应是语篇衔接的一种重要手段。

汉语语篇中具有照应功能的主要是名词、代词(指示代词和人称代词)和零形式。在保证语言表达明确的前提下,汉语照应形式的选择原则是:能用零形式的一般不用代词,能用代词的一般不用名词。(杨春 2004)在汉语语篇中,代词照应的原则为:一是如果话题链与话题链之间在意义上有一定的转换或变化,其语义距离较远,则常用比零形式意义更具体的代词来照应。二是如果篇章中出现的人物或事物是单一的,则倾向于用代词。三是连词和时间词后面的小句主语倾向于用代词。(高宁慧 1996)与此对应的是,韩语却通常使用零形式。

(1) *妈妈每天都很忙,常常很晚回家。因为【妈妈】开了一家商店。
（妈妈每天都很忙,常常很晚回家。因为她开了一家商店。)
(2) *我在高中学习的时候,,学过有关毕加索的文章,也看过【毕加索】的作品。
（我在高中学习的时候,学过有关毕加索的文章,也看过他的作品。)

在汉语叙事语篇中,零形式照应的原则:一是同一话题链内的小句之间,倾向于用零形式照应。二是如果篇章中出现的人物或事物是单一的,则仍倾向于用零形式。三是存现句中名词性成分做后文的小句主语时,倾向于用零形式。(高宁慧 1996)韩语中虽然也这样,但是由于汉语分句在功能上和结构上是独立的,所以常常给韩国学生造成假象。以为汉语中每个分句都要有主语和谓语。(黄玉花 2005)

(1) *比如说有两个女孩,她们毕业于同一所大学。第一个女孩是系里最优秀的学生,【她】会说汉语、英语、日语,【她】能力很强,但【她】长得难看。另一个女孩,【她】只会说汉语,【她】成绩很一般,但【她】长得漂亮。在这样的情况下,长得漂亮的女孩更容易找工作。
（比如说有两个女孩,她们毕业于同一所大学。第一个女孩是系里最优秀的学生,会说汉语、英语、日语,能力很强,但长得难看。另一个女孩,只会说汉语,成绩很一般,但长得漂亮。在这样的情况下,长得漂亮的女孩更容易找工作。)

英语母语学习者学习汉语的时候,也常常会出现照应偏误。他们的偏误常常表现为:表照应的指示代词或人称代词所指称的对象不清楚;语段中用来表示照应的名词和代词分工不当,这些和韩国学生所犯偏误有类似之处。此外,英语母语者用人称或指示代词进行照应时,代词和指称对象在单复数方面常常不一致;表照应的人称代词与其在语段中的所指的交际关系角色不一致。

  (1)＊如果一个人一直学习,没有休闲的时间,【这些】肯定影响【你】对学习的态度和【你】的学习成绩。
   (如果一个人一直学习,没有休闲的时间,这肯定影响他对学习的态度和学习成绩。)

3.3 词汇衔接偏误

  词汇衔接是篇章形式衔接采用的另一种重要的手段。篇章中跨越小句或句子的两个或多个词项之间常出现意义联系,叫做词汇衔接。(刘辰诞2001)它可分为两大类:复现关系和同现关系。汉语学习者常常会忘记使用原词复现手段或是过分使用,以及误用上、下义词而产生偏误,(陈晨2005)例如:

  (1)＊我们先去法兰克福,然后坐火车到科隆。因为要游览的地方很多,我们要在【那个城市】停留五天。
   (我们先去法兰克福,然后坐火车到科隆。因为要游览的地方很多,我们要在那里停留五天。)

这里的偏误来自于未使用原词复现手段,和前面的"照应不清"是重合的。

  (2)＊窗外三个小孩正在堆雪人,这使我想起了我的童年。我抽(着)烟,品着奶茶,心里感觉很【舒服】。下午,我和同学一起去了颐和园。我们把那里美丽的风景画了下来。那时候,我们都没说话,但心里很【舒服】。
   (窗外三个小孩正在堆雪人,这使我想起了我的童年。我抽(着)烟,品着奶茶,心里感觉很舒服。下午,我和同学一起去了颐和园。我们把那里美丽的风景画了下来。那时候,我们都没说话,但心里很舒畅。)

例(2)则过分使用了原词复现。

  (3)＊我最喜欢旅游。今年暑假,我和朋友一起去了北京、西安、厦门、上海和青岛。这些地方风景很漂亮,也有很多名胜古迹。我对【外国】的风景名胜很感兴趣。
   (我最喜欢旅游。今年暑假,我和朋友一起去了北京、西安、厦门、上海和青岛。这些地方风景很漂亮,也有很多名胜古迹。我对中国的风景名胜很感兴趣。)

这里的"外国"不能作为"北京"、"西安"、"厦门"、"上海"和"青岛"的上义词。

(4)＊在韩国,【特别】看重外貌,【特别】是女人找工作的时候。
(在韩国,特别看重外貌,尤其是女人找工作的时候。)

在汉语中,词语重复可以达到强调、突出的表达效果,宣泄特定的感情、思想,但在例句中,词语重复却适得其反,显得单调、乏味。(黄玉花2005)

3.4 连接成分偏误

连接成分是介于语法手段与词汇衔接手段之间的一种篇章衔接手段。我们把连接成分分为两种:一种是篇章中用以连接句子或段落的关联词语(包括连词、副词、短语等等);另一种是篇章中因具有完句功能而可作为话题链结束标志的句尾"了"。(陈晨2005)

▲关联成分上的偏误:

关联词语主要表示分句与分句之间抽象的"逻辑—语法"关系,有句间连词、关联副词、助词"的话"和超词形式四种。(邢福义2001)由于分句与分句之间的关系非常复杂,每一种关系都要用不同的关联词语标记,关联词语内部又有很多使用上的限制,(黄玉花2005)所以学生常常会出现错用、缺失、搭配不当等各种关联词语的偏误。学生常受到母语的关联词语的负迁移,尤其是韩国学生,或者没有深层理解关联词语的语义逻辑关系。(黄玉花2005)

(1)＊我们都很累,【还有】爸爸开车,但是我们全家人都谈笑风生。过了四个多小时,终于到了江原道。
(我们都很累,爸爸又开车,但是我们全家人都谈笑风生。过了四个多小时,终于到了江原道。)

例子里的"还有"就是韩国学生受到了母语的负迁移。

(2)＊今年的10月1号,我住在中国,【那么】,有机会跟中国人一起参加国庆节的庆祝活动。
(今年的10月1号,我住在中国,所以,有机会跟中国人一起参加国庆节的庆祝活动。)

这是英语国家的学生所犯的表转折关系的关联词语偏误。

(3)＊我也要这样教育儿子,与其替儿子做事,【】教给他做事的方法。
(我也要这样教育儿子,与其替儿子做事,不如教给他做事的方法。)

这里是缺失了关联词语,在两个分句之间应加上"不如",表示选择关系。

(4)＊总的来说,【无论】自己的处境多么不好,【可是】不能灰心,最重要的是相信自己。

（总的来说,【无论】自己的处境多么不好,都不能灰心,最重要的是相信自己。）

汉语有些关联词语要成双成对地前后搭配使用,如果张冠李戴,搭配不当,就不能正确表达。例子中跟"无论"搭配使用的后续关联副词应该是"都、也"。（黄玉花 2005）

▲"了"的偏误：

在篇章中,这种具有成句功能的句尾"了"往往是一个话题链结束的标志。如果少用了这种作为话题链结束标志的句尾"了",常常会导致篇章衔接的失败。（陈晨 2005）

(1) *寒假的时候,我一直住在北京。除了我以外,别的同学都去旅行【】。他们都去了南方……

（寒假的时候,我一直住在北京。除了我以外,别的同学都去旅行了。他们都去了南方……）

这里若缺失了"了",前面的话题链就有未完之感。两个话题链的衔接也就显得不够顺畅。

除了上面我们提到的几个典型的篇章偏误之外,各国学生都会由于各自的母语背景或是其他原因出现自己独特的篇章偏误,例如：韩语背景学生的时间词语偏误。句序偏误、时与体的偏误、句式偏误、替代偏误等都成为汉语学习者常见的一些偏误,需要引起教学者的充分重视。

最后,我们用鲁健骥的一段话结束本章的内容：外国学生在学习汉语的过程中出现偏误,是自然的,必然的,应该被视为正常。教师应该允许学生出现偏误,关键是应用正确的方法引导学生修正偏误,减少反复,提高学习效率和效果,所以教师应该鼓励学生大胆实践,大胆创造,切不可为了防止偏误而压制他们实践和创造性地学习,运用汉语的积极性。

参考文献

程美珍等 1997,《汉语病句辨析九百例》,华语教学出版社。

陈　晨 2005,英语国家学生学习汉语在篇章连贯方面的常见偏误,《四川大学学报》(哲社科学版)第 3 期。

戴浩一(黄河译)1988,时间顺序和汉语的语序,《国外语言学》第 1 期。

高宁慧 1996,留学生的代词偏误与代词在篇章中的使用原则,《世界汉语教学》第 2 期。

黄玉花 2005,韩国留学生的篇章偏误分析,《中央民族大学学报》(哲社科学版)第 5 期。

刘辰诞 2001,《教学篇章语言学》,上海外语教育出版社。

刘　珣 2000,《对外汉语教育学引论》,北京语言文化大学出版社。

刘月华、潘文娱、故铧2001,《实用现代汉语语法(增订本)》,商务印书馆。
李大忠1996,《外国人学汉语语法偏误分析》,北京语言大学出版社。
鲁健骥1984,中介语理论与外国人学习汉语的语音偏误分析,《语言教学与研究》第3期。
鲁健骥1994,外国人学汉语的语法偏误分析,《语言教学与研究》第1期。
吕滇雯2000,日本留学生汉语偏误分析之(一):动词重叠,《汉语学习》第5期。
佟慧君1986,《外国人学汉语病句分析》,北京语言大学出版社。
魏继东1992,谈谈日本学生学习汉语的一些问题,《北京师范大学学报》(社会科学版)第6期。
王建勤2005,《汉语作为第二语言的习得研究》,北京语言大学出版社。
肖奚强2000,韩国学生汉语语法偏误分析,《世界汉语教学》第2期。
邢福义2001,《汉语复句研究》,商务印书馆。
杨春2004,英语国家学生初级汉语语篇照应偏误考察,《汉语学习》第3期。
杨柳 程南昌2008,外国人学汉语语法偏误分析研究综述,《现代语文(语言研究版)》第7期。
周小兵等2010,《外国人学汉语语法偏误研究》,北京语言大学出版社。
朱德熙1985,《语法答问》,商务印书馆。

后　记

一

《汉语作为第二语言教学语法》是语言学及应用语言学专业对外汉语教学方向、课程与教学论专业、汉语国际教育专业硕士研究生的专业课"对外汉语教学语法（体系）研究"的配套教材，也可作为汉语国际教育志愿者、海外中文教师的参考用书。

2006年我接手"对外汉语教学语法（体系）研究"这门课时，主要参考吕文华、卢福波两位学者的学术成果，因为她们在对外汉语教学语法体系研究领域用力最多、成果最集中；当然，如果要列出被参考的论文作者，那将是一串长长的名单：王还、吕必松、胡明扬、胡裕树、陆俭明、鲁健骥、赵淑华、赵金铭、刘月华、刘珣、崔永华、崔希亮、周小兵、张旺熹、李泉……举不胜举，恕不一一列出。可以说，这本教材凝结了对外汉语教学领域众多专家学者关于对外汉语教学语法及其体系研究的心血和智慧，借此机会，我们谨致谢忱。

二

对外汉语教学语法体系由于实用性是其生命力之所在，加之对外汉语教学语法的研究基础宽泛，注定了该体系是一个不断融合语言理论研究成果、汉语本体研究成果、语言教学研究成果、语言习得研究成果、汉外对比研究成果等的动态的开放体系。从研究上讲，要保持动态更新；从教学上讲，要保持相对稳定。研究就要不断找问题，教学则是不断地吸收研究得来的新成果。但是，要拿出一个为大多数学者所认同的具有规范性的特别实用的对外汉语教学语法体系，恐怕还需假以时日。因为需要学界统一认识的地方还不少，例如，修订《对外汉语教学语法大纲》，构词法要不要补充进去？补语的分类要不要重新审视？篇章语法的内容要不要增补进去？再如，"对外汉语教学语法体系研究"在加

后 记

强"对外"的针对性研究的同时,如何保证对外汉语教学语法体系的统一性?以对泰汉语法教学为例,泰国学生学汉语,汉语定中的语序,在泰语里是中定的语序;汉语状中的语序,在泰语里是中状的语序,这样一来,汉语补语的语序就会跟状语等搅在一起;另外,泰语里没有"把"字句,遇到"把"字句,用泰语翻译的教法就会出问题。再有,欧美汉学家将动结式、动趋式、动介式认定为复合动词,其后的补语认定为宾语;吕文华先生采用吕叔湘先生的短语词的说法,将部分动结式、动趋式、动介式连同后面的成分统称为短语词。这些观点怎么消化吸收?有没有可能结合汉语自身的特点,从汉语学习者不同阶段容易出现的语法偏误着眼,突出教学重点和难点?如果进一步细化、浅化下去,待解的问题还真的不少。

三

本教材分上、下编,每编各有五讲。上编主要从体系本身着眼,相对注重理论;下编主要从体现体系的方法等入手,更加注重实用。在编著过程中,我的部分研究生(她们同时也是在对外汉语教学第一线从事基础汉语教学的教师)在我原有讲义的基础上,进行了扩展,使得参考文献更加丰富,内容更加全面,极大地提升了本书的参考价值。我和他们的具体分工是:

第一讲　从理论语法到对外汉语教学语法(张潇)
第二讲　对外汉语教学语法体系的形成和发展(封亚莉)
第三讲　《对外汉语教学语法大纲》述评(李颖娟)
第四讲　对外汉语教学语法的层级划分与项目排序(杨建国)
第五讲　对外汉语教学语法新体系的构建探索(杨建国)
第六讲　对外汉语语法教学的意义和原则(杨建国)
第七讲　对外汉语语法课堂教学常用方法与技巧(上)(郝姗姗)
第八讲　对外汉语语法课堂教学常用方法与技巧(下)(郝姗姗)
第九讲　对外汉语虚词教学(范娟娟)
第十讲　外国人学汉语语法偏误分析(秦璐莹)

最后,由杨建国统稿、修改、润色完成全书。

本教材除了能满足研究生教学用,还可作为国外中文教师以及汉语国际教育志愿者的教学参考书。

由于编著者水平有限,书中难免有遗珠之憾或不当之处,敬请方家不吝指正!

作者邮箱地址:yangjg@blcu.edu.cn。

杨建国
2011年1月8日于北京语言大学